O MELHOR DE MIM

SETOR PESSOAL • BEM-ESTAR FÍSICO • EDUCAÇÃO • RELACIONAMENTOS • ATIVIDADE PROFISSIONAL • SUBLIMAÇÃO ESPIRITUAL • ENCONTROS SOCIAIS

O MELHOR DE MIM

SEJA VOCÊ MESMO, A CADA DIA MAIS

MIKE BAYER

ALTA LIFE
EDITORA

Rio de Janeiro, 2019

O Melhor de Mim — Seja você mesmo, a cada dia mais
Copyright © 2019 da Starlin Alta Editora e Consultoria Eireli. ISBN: 978-85-508-1022-5

Translated from original Best Self © 2019 by Michael Bayer. All rights reserved. ISBN 978-0-062-91173-5. This translation is published and sold by permission of HarperCollins Publishers the owner of all rights to publish and sell the same. PORTUGUESE language edition published by Starlin Alta Editora e Consultoria Eireli, Copyright © 2019 by Starlin Alta Editora e Consultoria Eireli.

Todos os direitos estão reservados e protegidos por Lei. Nenhuma parte deste livro, sem autorização prévia por escrito da editora, poderá ser reproduzida ou transmitida. A violação dos Direitos Autorais é crime estabelecido na Lei nº 9.610/98 e com punição de acordo com o artigo 184 do Código Penal.

A editora não se responsabiliza pelo conteúdo da obra, formulada exclusivamente pelo(s) autor(es).

Marcas Registradas: Todos os termos mencionados e reconhecidos como Marca Registrada e/ou Comercial são de responsabilidade de seus proprietários. A editora informa não estar associada a nenhum produto e/ou fornecedor apresentado no livro.

Impresso no Brasil — 2019 — Edição revisada conforme o Acordo Ortográfico da Língua Portuguesa de 2009.

Publique seu livro com a Alta Books. Para mais informações envie um e-mail para autoria@altabooks.com.br

Obra disponível para venda corporativa e/ou personalizada. Para mais informações, fale com projetos@altabooks.com.br

Produção Editorial Editora Alta Books	**Produtor Editorial** Juliana de Oliveira	**Marketing Editorial** marketing@altabooks.com.br	**Vendas Atacado e Varejo** Daniele Fonseca Viviane Paiva	**Ouvidoria** ouvidoria@altabooks.com.br
Gerência Editorial Anderson Vieira		**Editor de Aquisição** José Rugeri j.rugeri@altabooks.com.br	comercial@altabooks.com.br	
Equipe Editorial	Adriano Barros Bianca Teodoro Carolinne Oliveira Ian Verçosa	Illysabelle Trajano Keyciane Botelho Larissa Lima Laryssa Gomes	Leandro Lacerda Livia Carvalho Maria de Lourdes Borges Paulo Gomes	Raquel Porto Thales Silva Thauan Gomes Thiê Alves
Tradução Kathleen Miozzo	**Copidesque** Carolina Gaio	**Revisão Gramatical** Hellen Suzuki Thamiris Leirosa	**Diagramação** Lucia Quaresma	

Erratas e arquivos de apoio: No site da editora relatamos, com a devida correção, qualquer erro encontrado em nossos livros, bem como disponibilizamos arquivos de apoio se aplicáveis à obra em questão.

Acesse o site www.altabooks.com.br e procure pelo título do livro desejado para ter acesso às erratas, aos arquivos de apoio e/ou a outros conteúdos aplicáveis à obra.

Suporte Técnico: A obra é comercializada na forma em que está, sem direito a suporte técnico ou orientação pessoal/exclusiva ao leitor.

A editora não se responsabiliza pela manutenção, atualização e idioma dos sites referidos pelos autores nesta obra.

Dados Internacionais de Catalogação na Publicação (CIP) de acordo com ISBD

B357m	Bayer, Mike
	O Melhor de Mim: Seja você mesmo, a cada dia mais / Mike Bayer ; traduzido por Kathleen Miozzo. - Rio de Janeiro : Alta Books, 2019. 352 p. ; 17cm x 24cm.
	Tradução de: Best Self, Be You ISBN: 978-85-508-1022-5
	1. Autoajuda. 2. Autoestima. I. Miozzo, Kathleen. II. Título.
2018-1938	CDD 158.1 CDU 159.947

Elaborado por Vagner Rodolfo da Silva - CRB-8/9410

Rua Viúva Cláudio, 291 — Bairro Industrial do Jacaré
CEP: 20970-031 — Rio de Janeiro - RJ
Tels.: (21) 3278-8069 / 3278-8419
www.altabooks.com.br — altabooks@altabooks.com.br
www.facebook.com/altabooks

Dedico este livro à minha mãe, Aina Bayer, que me ensinou que não importa o tipo de dia que você esteja tendo, sempre deve ajudar a quem precisa, e ao meu pai, Ronald Bayer, que me ensinou que integridade é mais importante do que oportunidade e a sempre fazer a coisa certa. Também dedico este livro àqueles de vocês que estão procurando as melhores versões de si mesmos. Que sua jornada seja emocionante e recompensadora.

Agradecimentos

Primeiramente, gostaria de agradecer à minha incrível equipe da Dey Street Books e da HarperCollins Publishers — Lynn Grady, Kendra Newton, Heidi Richter, Sean Newcott, Kell Wilson, Benjamin Steinberg, Andrea Molitor, Nyamekye Waliyaya e Jeanne Reina. Desde o momento em que nos conhecemos, sabia que era a editora com que eu queria trabalhar. Uma menção especial à minha editora, Carrie Thornton, que foi a melhor colaboradora que um autor poderia querer.

Obrigado, Jan Miller e Lacy Lynch na Dupree Miller. Jan, seu carisma e franqueza são incomparáveis. Você me levou a escrever o melhor livro possível. Uau; este livro evoluiu muito com suas enquadradas.

Robin McGraw, obrigado por sua disposição em compartilhar um feedback brutalmente honesto que me tornou totalmente melhor. Sempre guardarei suas anotações. Sua sabedoria vai além do especial.

Às vezes, na vida, os unicórnios aparecem e chegam no momento perfeito. Parece bom demais para ser verdade. É tanta magia, amor e brilho! Dr. Phil McGraw, o que posso dizer? Obrigado por ser meu coach e meu mentor. Você me deu uma perspectiva e compreensão da generosidade completamente novas.

Phil McIntyre, obrigado por ser um querido amigo e confidente. Você e Shonda são exemplos belíssimos de uma família maravilhosa. E me inspiram.

Para Jay Glazer e a família da Unbreakable Performance — vocês me colocaram em forma. Minha resistência física para que este livro ficasse pronto em um cronograma maluco é por sua causa. Jay, sua lealdade é insuperável, e sou grato por sua amizade.

Ao meu irmão mais velho David e sua esposa, Carol — obrigado pelas horas que passamos no meu sofá falando sobre nossas infâncias, nossas jornadas e nos esforçando para sermos melhores. Obrigado por estarem no meu time principal.

Obrigada, Jennifer Lopez, por me ensinar sobre química, amor incondicional e como é implacavelmente ir atrás do que você deseja.

Joe Jonas, você é o motivo de eu adorar trabalhar com artistas. Você incorpora todas as qualidades que admiro em um artista: bondade, consideração e abnegação. Obrigado por todo o seu apoio.

Agradeço a Lisa Clark, a parceira de pensamento mais magistral que me ensinou como é conversar com uma pessoa realmente inteligente, e que é possível ser multitarefa *e* fazer muitas com maestria.

Para Tom e Robyn Wasserman, minha torcida organizada e suporte, enquanto trabalhava para criar caminhos que curassem e construíssem vidas melhores. À equipe dos CAST Centers, obrigado por acreditar em mim e lidar com meus métodos pouco ortodoxos de administrar uma empresa.

Finalmente, quero agradecer ao Melhor de Mim, Merlin. Que continuemos a lançar feitiços e viver a vida que merecemos.

Sobre o Autor

Mike Bayer, conhecido como Coach Mike, é fundador e CEO do CAST Centers, o centro de tratamento principal para artistas, atletas, executivos e qualquer um que queira viver com mais autenticidade, sucesso e alegria. Bayer é um life coach pessoal e de desenvolvimento cuja missão é ajudar as pessoas a alcançar uma boa saúde mental e, assim, se tornarem a melhor versão delas mesmas. Mike também criou a CAST Foundation, que aumenta a conscientização para promover mudanças culturais e sociais que estigmatizam os problemas de saúde mental. Bayer também é membro do conselho consultivo do Dr. Phil McGraw e faz aparições frequentes no *Dr. Phil Show* como o Coach Mike.

Sumário

Prefácio — xiii

Introdução — 1

1. Descobrindo o Melhor de Si Mesmo — 19
2. Compreendendo Seu Antagonista — 43
3. Sua Jornada Singular: Os Princípios da Mudança do Melhor Eu — 63
4. Identificando Seus Obstáculos — 81
5. **E**SFERAS: Seus Encontros Sociais — 105
6. E**S**FERAS: Seu Setor Pessoal — 127
7. ES**F**ERAS: Seu Bem-Estar Físico — 157
8. ESF**E**RAS: Sua Educação — 183
9. ESFE**R**AS: Seus Relacionamentos — 199
10. ESFER**A**S: Sua Atividade Profissional — 237
11. ESFERA**S**: Sua Sublimação Espiritual — 259
12. Formando Seu Melhor Time — 281
13. Sete Etapas para Atingir os Objetivos do Melhor de Si Mesmo — 303

Conclusão — 331

Prefácio

pelo Dr. Phil McGraw

Vamos fazer uma conta rápida: se você tiver 25 anos, viveu 9.125 dias. Se tiver 45 anos, viveu 16.425 dias, e, se tiver 50, 18.250 dias. Entre esses milhares de dias, aposto que apenas um punhado *realmente* é digno de destaque. Positiva ou negativamente, há apenas alguns dias "memoráveis", que você definiria como aqueles que mudaram sua vida.

E também aposto que, entre as centenas ou mesmo milhares de pessoas que encontrou, apenas algumas tiveram um impacto inesquecível em quem você se tornou. Apenas algumas pessoas marcaram, de forma indelével, quem você é.

Ao adquirir e ler *O Melhor de Mim: Seja você, cada vez melhor*, do life coach Mike Bayer, você adiciona a seu "time principal" uma daquelas pessoas que *jamais* vai esquecer.

Qualquer um com um cartão de visita e uma pasta de couro pode se considerar "life coach". Mas poucos têm consigo as credenciais, a experiência e a sabedoria que só poderiam ser provenientes da ajuda a pessoas complexas na exploração do complexo terreno de uma vida exigente e agitada no mundo em que vivemos, que está em constante mudança.

O coach Mike é um verdadeiro profissional, e *O Melhor de Mim* é sua Bíblia, o manual de instruções sobre como maximizar seu potencial, descobrindo a melhor pessoa que você pode ser da forma mais eficaz possível. Mike Bayer não é apenas um proclamador de palavras de ordem. Ele é um coach com bom senso e focado na prática, que lhe dirá como chegar aonde você quer estar, saindo de onde está, em todas as áreas da sua vida, seja pessoal, familiar, profissional, espiritual ou todas as opções anteriores. Ele não é um faz-tudo; apenas reconhece o denominador comum para todas as áreas da sua vida — *você*. Tudo começa e termina quando *você* é o *melhor de si mesmo*.

O coach Mike é um agente de mudança legítimo na vida das pessoas. Ele é autêntico: inteligente, perspicaz, sincero, honesto, direto e comprometido. Ao conhecer e trabalhar com ele, enquanto me ajuda a ajudar as pessoas a mudarem suas vidas para melhor, tenho visto essas características em ação. Tenho orgulho em chamá-lo de amigo, e de tê-lo na equipe do *Dr. Phil* e em nosso conselho consultivo.

Em *O Melhor de Mim*, Mike Bayer diz o que pensa. É o tipo de livro que você termina significativamente melhor do que quando começou. Nessas páginas, Mike será *seu* coach e, ao longo da jornada, seu líder por meio de uma série de perguntas ponderadas e provocativas, diferente de quaisquer outras que já tenha respondido.

Mike enxerga as pessoas como realmente são, sem julgamentos, e, dotado de gentileza e compaixão, faz com que se reencontrem. Durante a leitura deste livro, você sentirá o mesmo cuidado e a emoção de avanços significativos no exame de cada aspecto de sua vida em seu caminho até o melhor de si mesmo.

Como costumo dizer, você não pode mudar o que não reconhece. E chegou a hora de começar a ser verdadeiramente honesto. Você pode achar que a mudança em seu real sentido é algo impossível; que seus relacionamentos estão muito danificados para conseguir repará-los; sua vida, destruída; e que seus sonhos são algo muito distante. Quero dizer que nada disso é verdade, caso você esteja disposto a trabalhar e admitir que há trabalho a ser feito. Mas você deve ter as ferramentas necessárias — uma crença na possibilidade da mudança, um desejo de fazê-la e *O Melhor de Mim*, de Mike Bayer. O passado acabou; o futuro ainda não aconteceu. A hora é agora. O livro é *O Melhor de Mim*.

Introdução

O avião estava quase pousando, e, na última meia hora, realmente senti os efeitos do voo. Não há como ir direto de Los Angeles a Erbil, no Curdistão — não é exatamente uma rota comum —, então passei um dia inteiro viajando. Mas debaixo do desconforto físico havia uma empolgação que me impulsionava tanto quanto o avião.

A maioria das pessoas na minha vida achava que eu era louco por fazer essa viagem e não se fazia de rogada ao me dizer isso. Mas o que *elas* sabiam? Elas não entendiam a atração magnética que eu sentia por aquele lugar. Eu precisava ajudar. Aquelas pessoas fragmentadas e perdidas tinham sofrido muito. Quanto mais perto o avião estava da terra firme, mais seguro eu me sentia das razões pelas quais tinha voluntariamente saído do que era, com certeza, meu perfeito sonho americano e me colocado no que alguns considerariam o coração das trevas.

Trevas; elas são um estado interessante. Estar totalmente desprovido de toda a luz. Às vezes, é preciso caminhar pela escuridão para entender o que a luz realmente é; e esse não era um conceito novo para mim. Eu tinha ficado cara a cara com ele pela primeira vez, 16 anos antes, quando encarei meu reflexo magro e doente no espelho do banheiro depois de uma semana em espiral de loucura, e descobri que minha luz interior havia sido totalmente eclipsada pela escuridão do meu vício em metanfetamina. Como qualquer viciado em metanfetamina em recuperação lhe dirá, ela, mais do que qualquer outra droga, rouba sua alma e seu bom senso. Você fica totalmente privado de sono, não come e bebe pouquíssima água, então fica sem combustível, mas rodando por aí achando que é a pessoa mais inteligente de todas. Eu tinha 20 anos e simplesmente não entendia como passei de jogador de basquete da equipe da Fordham University para um zumbi completamente alheio à realidade, existindo em um estado de pura paranoia. Na verdade, cheguei ao ponto em que me convenci de estar possuído pelo diabo. Foi muito ruim. Eu estava completamente fora de controle. Ainda demoraria um pouco, depois de ter visto esse reflexo aterrorizante de mim mesmo, para eu ficar sóbrio, mas todo o restante que aconteceu na minha vida foi um resultado direto da minha jornada saindo da escuridão do vício.

Tentando afastar a memória da minha mente, cambaleei para frente enquanto os freios do avião faziam seu dever de diminuir a velocidade da aeronave pelo asfalto; o cinto de segurança me manteve firme no banco, agora, suavemente saltitante. *De volta à realidade*, pensei enquanto puxava meu foco mental de volta ao aqui e agora. Um universo alternativo seria uma descrição mais apropriada, percebi quando saí do avião e fui rapidamente conduzido a descer os degraus por um grupo de homens usando ternos pretos — todos cozinhando naquele calor —, e escoltado até um utilitário esportivo indefinível com janelas blindadas. Em questão de segundos, estávamos arrancando pela estrada do aeroporto. Pode ter parecido uma cena de filme, mas é um pouco mais desconcertante pessoalmente do que na telona. Chegamos a um prédio próximo, onde passei pela alfândega. Na primeira oportunidade, pedi para ir ao banheiro, e eles apontaram para uma porta, e fui até lá.

Quando virei a maçaneta, minha mente não estava no interior daquele prédio. De modo algum. Havia algo consideravelmente mais urgente de que eu precisava tratar primeiro. Perdi a conta de quantas vezes me envolvi nesse exato ritual (provavelmente umas duas mil vezes), mas nunca me esquecerei da primeira. Já faz 12 anos — é difícil imaginar. Se ao menos eu soubesse que seria algo tão importante na minha vida, teria pensado duas vezes antes de começar em um banheiro; mas, na verdade, é o lugar mais lógico. Aonde quer que você vá na vida — casas, mercearias, aeroportos, casas de shows, sets de filmagem —, é provável que haja um banheiro, e é provável que você tenha pelo menos um pouco de privacidade ali. (Mas não o bastante, aparentemente, porque é certo que, ao longo dos anos, recebi uns olhares de pessoas que me consideraram louco, e ainda fico um pouco envergonhado.)

Esse banheiro era normal — havia várias cabines, uma sequência de pias e um espelho de corpo inteiro perto da porta. Perfeito. Coloquei minhas malas no chão, peguei duas toalhas da papeleira, limpei o chão gentilmente, ajoelhei-me na frente de uma pia e fechei os olhos por um momento. Essa é a primeira parte do ritual que faço antes de cada novo empreendimento e simboliza humildade. Eu estava lá no Curdistão para servir aos outros, não para celebrar a mim mesmo. E lido com todo o meu trabalho dessa maneira. Ficar de joelhos, há séculos, tem sido um lembrete físico da conexão com nosso eu espiritual, com Deus ou com qualquer ser superior em que acreditemos. Descobri que isso funciona comigo. É uma forma compulsória de silenciar meu ego, dissolver quaisquer medos e me desligar dos resultados, porque, enquanto eu agir dentro da minha verdade, o resultado não importa.

Então me levantei e me olhei no espelho — essa é a segunda parte da minha rotina. Tendo quase 2m de altura e sendo o único norte-americano ali, era muito difícil me perder de vista, mas, se alguém que entrou no banheiro achou meu comportamento estranho, sequer percebi. Eu estava profundamente imerso no meu ritual. Em outros tempos, tudo teria parecido muito ridículo para mim, mas esse não era mais o caso, já que se tornara algo positivamente essencial.

Continuei a olhar profundamente nos meus olhos no espelho. Embora fosse difícil ignorar as escuras olheiras resultantes do longo voo ou as linhas e vincos que se formaram ao longo das bordas, lentamente a estética se tornou invisível aos meus olhos. O objetivo desse exercício é ver além de todas as distrações externas e diretamente na minha alma. Eu estava me registrando, certificando-me de estar completamente conectado e agindo por autenticidade antes de dar mais um passo nessa jornada.

É um ritual simples — olhar para si mesmo no espelho como um check-in mental —, mas profundo. Aprendi isso ao longo do caminho; os atos simples podem ser os mais poderosos em nossas vidas. Eu sabia que enquanto tirasse um tempo para entrar nesse estado meditativo, centrar-me e garantir que estou tomando decisões saídas da minha verdade espiritual, conseguiria aparecer como a melhor versão de mim mesmo e ter foco completo para o meu cliente. Em outras palavras, dessa forma consigo abordar cada situação de forma abnegada.

Então, fiquei lá naquele banheiro público curdo, a centímetros do espelho, olhando em meus olhos quando, como já havia acontecido muitas vezes, vi uma imagem mental de algumas das pessoas com quem trabalhei, como uma tapeçaria de rostos se desdobrando diante de mim. Veja bem, apesar de esse ritual objetivar olhar minha alma, memórias de outras pessoas vêm à mente, porque, com a ajuda delas, conecto-me com minha verdade, meu propósito e minha paixão. Essas são pessoas com quem estive nas trincheiras, e sou profundamente grato por aquelas experiências.

A imagem que se destacou em minha mente naquele dia foi a de Wyatt, um diretor-geral rico e roliço, com as bochechas ruborizadas de raiva, os olhos inchados e vermelhos. Esta foi provavelmente a quinquagésima intervenção que fiz em minha carreira, e foi há muitos anos, mas ainda sou assombrado por esse caso em particular. Sarah, a esposa desesperada de Wyatt, apavorada com o marido que ela mal reconhecia, pediu que eu fosse até sua casa e pusesse fim àquela violência. Este pai, outrora amoroso, a sufocou enquanto seus quatro filhos assistiram horrorizados. Ele estava com problemas nos negócios, pois seus funcionários se cansaram de ser oprimidos enquanto ele fervilhava e vociferava crueldades. Sua raiva se tornara um trem desgovernado, e ninguém sabia quão longe dos trilhos ele podia ir. Já naquele primeiro telefonema de Sarah, eu sabia que era a pessoa certa para a situação.

Ao me preparar para a intervenção, precisei ir às compras. Sarah me avisou que eu sequer teria uma chance se não usasse terno e gravata. Um pedido estranho, mas segui as instruções dela mesmo assim, na esperança de que isso me desse um pouco de respeito diante dessa figura egoísta. Então, lá estava eu, vestido com esmero em um terno emprestado (não podia comprar um na época), de pé no foyer dourado da mansão colonial, esperando.

De repente, ouvi seus passos barulhentos vindo pelo corredor. A tensão na sala imediatamente aumentou e crescia a cada passo ecoando pela casa.

Ele apareceu no foyer e, imediatamente, franziu a testa ao me ver, mas permaneceu em silêncio. Wyatt então começou a me rondar lentamente como um leão faminto, observando-me com os olhos espremidos. Finalmente, perguntou por entre os dentes: "Quem é você e por que invadiu minha casa?"

"Sou Mike, e sua esposa me convidou, portanto não estou invadindo. Prazer em conhecê-lo, a propósito."

"Minha esposa, é? Bem, ela não vai me impedir de chutar sua bunda para fora daqui", cuspiu Wyatt de volta para mim.

"Se eu for, ela vai junto", respondi calmamente. Sarah concordou com a cabeça, fortalecida pela minha presença — eu estava atuando exclusivamente como seu protetor.

Wyatt deu dois passos rápidos até mim e, num piscar de olhos, estávamos literalmente nariz colado com nariz. "Quem diabos você pensa que é? Saia daqui AGORA!", berrou ele. Dei um sorriso e, em vez de continuar encarando-o, fui até o sofá elegante, tirei os meus sapatos de couro preto brilhantes que havia comprado justamente para este dia, coloquei meus pés sobre o pufe e abri meus braços sobre as almofadas. Essa minha resposta foi assim porque aprendi que, se algo não estiver funcionando, não devemos forçar, e com um cara assim é preciso ser incontrolável e ridículo o suficiente para o desequilibrar. Meio que se equiparar a ele na loucura.

"Tem chá?" Eu estava realmente tentando irritá-lo, e funcionou. Wyatt olhou para mim como se eu tivesse duas cabeças.

Sarah, como boa anfitriã que era, respondeu: "Claro. Temos chá-preto."

"Algum chá de ervas? Hortelã, talvez?" Percebi que Wyatt estava começando a perder o controle. Estava perfeito. Eu queria provocá-lo porque, sob aquela fachada de raiva, vivia a dor. Quanto mais depressa chegássemos à dor, mais depressa faríamos progresso.

"Não, sinto muito, só temos chá-preto", disse ela.

"É mesmo? Uau. Eu achava que, com uma mansão como esta, você teria todo tipo de chá imaginável. Tudo bem, pode ser chá-preto. Ah, com mel, por favor." Ela se virou em direção à cozinha.

E bum! Wyatt surtou.

"Você vai permitir que esse cara, esse *estranho*, envolva-se em nossos assuntos particulares?" Wyatt rondava a esposa, mas ela permaneceu firme, inabalável.

"Pode apostar que sim. E você vai sentar-se e ouvir o que ele tem a dizer, ou eu vou embora com as crianças e será a última vez que você verá a todos nós." Surpreendendo até a si mesma, ela me olhou, e eu pisquei. Exatamente como quando praticamos antes, ela acertou em cheio. As palavras pareciam fluir dela.

Nossa primeira reunião tinha sido 24 horas antes, e foi ali que ela notou coisas importantes. Ela percebeu que seus filhos viam o pai desmaiado no chão com muita frequência; estavam aprendendo que as mulheres mereciam ser humilhadas e abusadas; e tinha permitido que aquele vampiro sugasse sua vida. Percebeu também que ela e seus filhos mereciam algo melhor. E, acima de tudo, que não queria mais ser parte do problema.

Wyatt estava tentando raciocinar. Ele não conseguia entender como perdera seu poder de manipulação sobre a esposa, geralmente subserviente. Com o rosto vermelho, marchou até a cozinha. A casa ficou em silêncio enquanto esperávamos o próximo movimento dele. Ele voltou com um copo na mão.

"Uísque. É o seu favorito?", perguntei.

"Alivia o estresse." Wyatt tomou um gole, sentou-se e afrouxou a gravata. "Belos sapatos", brincou ele, com mais do que um toque de sarcasmo em seu tom.

"Obrigado! Agradeço o elogio vindo de alguém que provavelmente tem um quarto dedicado aos sapatos", falei, mas pensando comigo mesmo que havia comprado esse par no dia anterior, pois eu nunca precisara de um par decente para uma intervenção antes.

Olhando ao redor da sala, vi um elevador. "Belo elevador. Quem tem elevador em casa?", perguntei. Humor serve para quebrar o gelo, mas também pode ser um movimento arriscado. Wyatt me olhou atravessado.

"*Eu* tenho. E é um saco. Fiquei preso nessa tralha maldita muitas vezes."

A conversa continuou e pareceu ser produtiva por um tempo, mas um uísque rapidamente se transformou em cinco, e o ego de Wyatt assumiu o comando quando mudei a discussão para o combinado, que começaria com ele indo para a reabilitação. Ele relutou, como eu esperava, então Sarah pegou as crianças e foi para um hotel. Ela já havia ameaçado ir embora dezenas de vezes antes, mas naquela noite cumpriu o que disse, tendo já arrumado suas malas para o caso de isso acontecer.

O que surpreendeu Wyatt não foi exatamente a visão de sua família partindo, mas a facilidade em como o fizeram. Como qualquer narcisista, ele florescia ao ver as pessoas com medo dele, mas eles não tinham mais medo. E isso o *aterrorizou*.

"Tenho alguns negócios de que preciso cuidar. Não posso simplesmente desaparecer."

"Conheço um lugar onde você terá acesso a telefone e e-mail. Você conseguiria continuar coordenando seus negócios."

Longa pausa.

"Tudo bem. Mas não esta noite, amanhã de manhã."

"Busco você às 8h."

E assim, na manhã seguinte, sentamo-nos lado a lado no banco de trás de um carro, a caminho de um novo capítulo na vida de Wyatt.

Pisquei para afastar essa memória, focando o momento presente, e entoei meu mantra em voz alta: "Você consegue." Esse mantra evoluiu ao longo dos anos — começou como "acredite em si mesmo", depois virou "você é amável", "seja você mesmo", passando para "você é suficiente", "diga sua verdade", "você está exatamente onde precisa estar", "eu amo você", e atualmente é "você consegue". O ritual permanece o mesmo, mas o mantra muda. Comecei todo esse ritual quando, aos 20 e poucos anos, me senti desamparado em minha primeira intervenção. Tudo deu errado naquele dia — minha impressora estava sem tinta, e eu não tinha memorizado o discurso que a empresa em que eu trabalhava exigia que eu dissesse à família. As coisas aconteceram em sequência, e, quando acabou, a família ligou e pediu seu dinheiro de volta, citando minha inexperiência. Mas eu me sentia bem, independentemente, porque estava conectado com o melhor de mim.

Naquela época, e todas as vezes desde então, meu ritual deu-me exatamente o que eu precisava — a sensação de que já venci, independentemente do resultado, porque fiz meu trabalho com um desejo verdadeiro e profundo de ajudar os outros. Eu não poderia controlar nem prever as *suas* ações, mas poderia ter certeza de que *eu* estava sempre partindo daquele lugar genuíno em meu interior e de que sou suficiente.

Respirei fundo, peguei meus pertences do chão do banheiro, encontrei minha equipe de segurança do lado de fora e seguimos. Ainda havia muito chão pela frente. Ir do ponto A ao B no Curdistão não era exatamente tão simples quanto meu trajeto cotidiano em Hollywood, mesmo com a realidade do tráfego de Los Angeles. Dito isso, senti-me em casa naquele lugar. Não há realmente nenhum lugar mais acolhedor do que o Curdistão — eles acolhem e abraçam todas as religiões e pessoas. É por isso que tantas pessoas buscaram refúgio na região. Falei com meu guia curdo algumas vezes pelo telefone antes de chegar, então tinha uma noção de para onde eu iria e quem me encontraria lá, mas, ainda assim, é difícil se preparar para entrar em um campo de refugiados do outro lado do mundo. O que eu sabia com certeza era que precisava de um descanso da minha clientela habitual, pelo menos por um tempo, e colocar minhas habilidades em prática de uma nova maneira.

Sempre consegui equilibrar minha vida buscando o polo oposto da minha realidade atual. Essa dicotomia me mantém firme e grato. A maioria dos meus clientes mais recentes eram celebridades com todos os recursos imagináveis à disposição, enquanto as pessoas daquele lugar viram suas casas serem destruídas por mísseis, suas famílias serem assassinadas, e foram despojadas de tudo, exceto daquilo que poderiam carregar. Mas essa viagem não foi apenas o resultado de escolher um lugar no mundo onde as pessoas precisavam de ajuda e ir lá para atuar como uma espécie de salvador. Na verdade, eu sabia que era altamente improvável que eu fizesse muita coisa para aquelas pessoas na semana seguinte.

Já havia visitado essa parte do mundo: oito anos antes, eu me senti atraído pelo Afeganistão, porque tive a sensação de que a forma como a região era retratada na mídia norte-americana — cheia de terroristas, onde todos são radicais — era imprecisa. Eu só precisava ver por mim mesmo. Além disso, ali era a capital mundial do ópio, e eu queria ver pessoalmente aquela realidade. Aprendo pela experiência e, quando quero me educar sobre alguma coisa, preciso estar imerso nela. Naquela viagem ao Afeganistão, visitei centros de reabilitação e desintoxicação, e, em alguns deles, métodos violentos eram empregados para livrar as pessoas da heroína. Eles simplesmente prendiam as pessoas e as deixavam tremendo, chorando e se contorcendo de dor enquanto seu corpo se desintoxicava das drogas cruéis às quais eram severamente viciados. Era angustiante. Eles precisavam desesperadamente de serviços de desintoxicação e reabilitação modernos e de medicamentos adequados. (Não voltei àquela região em particular desde então, e pode ser que agora ofereçam melhores modalidades de tratamento; mas, na época, essa era a realidade em algumas instalações, porque eles simplesmente não tinham os recursos necessários.) O que ganhei com aquela viagem e todas as seguintes foi uma compreensão mais sólida das necessidades do povo de lá e de que ajudá-lo faz parte de um propósito maior para minha vida.

Quando me reuni com funcionários do governo para compreender melhor a terrível situação, soube que o Curdistão, desde o início da guerra contra o EI, era o território mais acolhedor para os refugiados, incluindo os curdos *yazidis*, cristãos e sírios. Essas pessoas abandonaram suas casas depois que muitas de suas famílias foram mortas por terroristas. Havia milhares de órfãos. Essas cenas já eram comuns para nós no noticiário da noite ou nas primeiras páginas dos jornais, mas finalmente havia chegado a hora de testemunhar como realmente era a crise dos refugiados.

Ao nos aproximarmos do acampamento empoeirado, formado por fileiras e mais fileiras de tendas primitivas, com roupas esfarrapadas penduradas nos varais entre elas, imediatamente fiquei impressionado com o número de crianças correndo ao redor, rindo e brincando com prazer. Elas chutavam uma bola de futebol desbotada que estava rachando nas costuras, e foi por meio dessa imagem que pude entender — contra todas as probabilidades — que havia esperança naquele lugar. Havia luz.

Quando o carro parou perto do acampamento, saí e comecei a andar, e as crianças, com seus cabelos empoeirados e roupas surradas, foram ao meu encontro imediatamente. Eu sabia que muitas delas eram órfãs, e, embora sua realidade parecesse sombria, via apenas uma clara sensação de felicidade. Aquela inocência em seus olhos não fora perdida. Aquelas pessoas que tinham quase nada em termos de posses mundanas pareciam ter mais do que todos em esperança. Fui até lá para ajudá-las e, apenas algumas horas desde o começo da jornada, já sabia que era eu quem receberia esse presente. Meu coração estava cheio e transbordando.

Compartilho essa história com você porque foi a manifestação física de uma conexão mental e emocional com meu eu autêntico. Anos antes, se você tivesse me dito que eu iria para o Curdistão, acreditaria nisso tanto quanto se dissesse que eu estaria colonizando a Lua. Mas esse é o tipo de coisa incrível e inesperada que acontece quando se está vivendo uma vida coerente com quem você realmente é.

Seguir sua autenticidade, às vezes, significa dar um tiro no escuro, sem entender bem onde vai parar. Quando cheguei àquele avião, não tinha certeza do meu objetivo. Sabia que queria ajudar uma vasta comunidade de pessoas vitimadas pela guerra, embora os passos para alcançar isso fossem nebulosos, na melhor das hipóteses. Mas, assim que cheguei àquele acampamento, cercado por crianças órfãs, queria fazer o possível para criar e contribuir com programas que as impedissem de ser submetidas a uma lavagem cerebral para se tornarem a próxima geração de terroristas. Elas eram tão vulneráveis, tão indefesas, como minúsculos peixinhos cercados por tubarões sanguinários.

Se eu pudesse apenas aconselhá-las e ajudar na construção de sua autoestima, teriam menos chances de se tornarem vítimas dos grupos terroristas. As peças do quebra-cabeça ficaram mais claras para mim naquela viagem, e é uma jornada contínua alimentada pelo meu desejo de ajudar a mudar o curso de suas vidas.

O que tudo isso significa para você? Quero que perceba que *a jornada é o destino*. Nós, todos nós, estamos constantemente evoluindo e nos transformando, e não temos ideia de o que, quem ou onde seremos/estaremos ao fim de nossa transformação. E, ao longo do caminho, é provável que você descubra uma parte escura — que considero uma área desconectada do melhor de si mesmo —, e aí nosso trabalho é o realinhar e fazer a luz brilhar.

Parte da razão pela qual sei que posso ajudá-lo a conseguir isso é que o fiz em minha vida. Como mencionei, houve um tempo em que eu vivia *qualquer coisa*, menos uma vida autêntica, em que estava nas garras de uma complicada dependência de drogas. Embora sinceramente tenha tentado me curar diversas vezes com programas ambulatoriais, não entendia por que continuava recaindo no vício. Eu comprava metanfetamina, usava um pouco, depois jogava o resto no vaso sanitário e jurava para mim mesmo que aquela seria a última vez — estava tudo terminado. Então, três dias depois, estava comprando mais drogas. Eu não tinha nenhuma compreensão das dependências químicas e nem conseguia entender por que continuava voltando às drogas. Pintei meu apartamento de vermelho, convencido de estar possuído pelo demônio. Acreditava que havia uma câmera embutida no olho mágico da minha porta, observando-me em todos os momentos. Pensei que estaria sóbrio simplesmente ao parar de usar metanfetamina. Minha vida estava em frangalhos, e eu era completamente impotente. Isso aconteceu várias vezes até que finalmente entendi que, sem dúvida, precisava me internar na reabilitação. Foi o que fiz, e dessa vez segui todas as recomendações até o fim, porque queria me dar a melhor chance possível de recuperação. Na recuperação, finalmente consegui um roteiro para tal. Foi cansativo e demorou meses, mas rastejei para fora daquela escuridão do vício.

Como homem sóbrio, finalmente consegui me conectar com minha autenticidade. E, cara, como as coisas mudaram depois disso! Apesar de nunca ter ido bem na escola, de repente descobri uma paixão por aprender tudo o que podia sobre reabilitação do uso de drogas e álcool. E, com essa paixão recém-descoberta, encontrei confiança para construir por conta própria um negócio próspero e ajudar muitas pessoas no processo.

Passei cerca de metade da minha carreira nas trincheiras com pessoas em seus momentos mais difíceis, ajudando-as a cavar a saída. Durante a outra metade da minha carreira, ajudei pessoas que não estavam necessariamente em momentos difíceis, mas que sabiam que poderiam ser mais felizes e simplesmente não sabiam por onde começar. Muitos desses clientes vieram até mim de maneiras inesperadas, e acredito que as oportunidades surgiram em minha vida porque estou aberto a elas. Gosto desse equilíbrio de trabalhar com pessoas que enfrentam diferentes tipos de problemas. Busco equilíbrio em todas as áreas da minha vida. Isso me dá uma perspectiva ampla e também significa que não importa de onde você esteja começando, posso alcançá-lo e ajudar a levá-lo para onde você quer ir, porque acredito que existem algumas leis universais da vida que se aplicam a todos nós.

Posso apostar que a maioria das pessoas com quem trabalhei estava *muito* pior do que você. Comecei como conselheiro para abuso de álcool e drogas, e trabalhei em algumas das clínicas de reabilitação de maior prestígio no país. E então troquei de campo e me tornei um intervencionista. Isso significa que as pessoas me ligavam quando alguém próximo não estava disposto a mudar. Essas intervenções eram, frequentemente, situações muito voláteis. Ninguém espera voltar para casa para ver sua família, amigos e um estranho sentados na sala de estar, preparados para intervir. Geralmente é algo muito tenso e pode ser bem dramático, mas, no final, ajudei a mudar pessoas que não tinham interesse nenhum em mudar. Se você estiver lendo este livro e quiser mudar, então este foi um grande primeiro passo. A mudança está bem a seu alcance.

Quando abri os CAST Centers, em 2006, foi por causa do desejo de criar uma estratégia humanista para lidar com qualquer problema. Desde o início, quando atuávamos de meu minúsculo apartamento em Venice Beach, Califórnia, oferecemos várias abordagens baseadas em evidências para ajudar as pessoas a melhorar suas vidas. É muito mais do que apenas um simples diagnóstico. Na verdade, o problema é que as pessoas vivem suas vidas de forma incoerente com seu eu verdadeiro, ou porque estão seguindo os passos da família em vez de trilhar os próprios caminhos, ou estão fazendo o que funcionava para elas há dez anos e simplesmente não funciona mais. Elas se fecharam para o que a vida tem a oferecer por causa do medo ou de várias outras razões. Cada situação é única; algumas pessoas precisam de medicação; outras, de tratamento específico para depressão ou transtorno de estresse pós-traumático (TEPT). Em alguns casos, é necessária a terapia comportamental cognitiva. Talvez alguém esteja sofrendo com uma perda e simplesmente não consiga seguir em frente. Eu sentia que havia uma necessidade de um planejamento objetivo e individualizado que as pessoas seguissem para voltar aos trilhos ou abraçar sua nova realidade após um fato que mudasse suas vidas.

Imagine que a casa de alguém estivesse pegando fogo. Primeiro, você o coloca em segurança, retirando-o da estrutura em chamas, mas há muitos passos depois desse, certo? Não se trata apenas de deixar as pessoas fora de perigo — você não pode deixar o prédio virar cinzas. O corpo de bombeiros chega, apaga o fogo, e aí é preciso cuidar do pedido de indenização do seguro, limpar o que sobrou do incêndio, reconstruir ou se mudar, comprar novos móveis e assim por diante. Mas, quando alguém passa por um momento emocional significativo, é comum que não tome todas as medidas necessárias para lidar com ele de maneira saudável. Seria como colocar as pessoas de volta em sua casa incendiada e instruir que ignorem as cinzas.

Em meu trabalho como intervencionista durante todos esses anos, ajudei viciados em jogo que perderam a poupança da faculdade e aposentadoria de suas famílias, agorafóbicos que não saíram de casa por meses após a morte de um cônjuge, pessoas tomadas pela raiva e vítimas de violência doméstica, pop stars que precisavam ficar sóbrios no meio de uma turnê mundial, entre muitos outros casos. Então aproveitei essa experiência para me tornar um gerenciador de crises. Às vezes, não é necessário que alguém entre em tratamento, mas essa pessoa pode precisar de ajuda para atravessar uma crise de maneira definitiva. Isso acabou me levando a trabalhar com celebridades, pois elas precisam administrar as crises de forma aparentemente regular.

Eu sou como um agente de mudança, sei o que faz as pessoas mudarem. Há essa crença generalizada na sociedade de que as pessoas não podem mudar. Isso é 100% mentira. Se as pessoas não pudessem mudar, eu ainda estaria sem dinheiro e seria viciado em drogas. Se as pessoas não pudessem mudar, ninguém jamais perderia peso. Ninguém jamais deixaria de fumar. E todos estaríamos basicamente *fadados ao fracasso*. Vi pessoas contrariarem todas as probabilidades — trauma, perda, doença mental, deficiências físicas — e mudarem suas vidas. Pessoas mudam. Elas mudaram. Eu mudei. E você pode mudar.

Talvez parte de você sinta como se não pudesse mais receber ajuda e, assim, acaba aceitando as circunstâncias. Bem, uma coisa eu devo dizer — se você estiver vivo e respirando, ainda há esperança.

Lembra-se de Sarah, a esposa que pediu minha ajuda, desesperada, quando Wyatt, seu marido amoroso, transformou-se em um monstro selvagem? Bem, ela recuperou seu marido bondoso e gentil, e reencontrou sua voz. Wyatt foi para a reabilitação tratar o alcoolismo e participou de um tratamento para controle da raiva; mas, tão importante quanto isso, percebeu que o negócio que herdara estava acabando com sua alma. Ele passava mais de 70 horas por semana trabalhando em algo com que não se importava nem um pouco. Então, vendeu a empresa da família e comprou uma fazenda de cavalos. Ele não montava desde a adolescência, mas era o que faltava para ele. E, quando percebeu, não só tinha vários campeões puros-sangues em seus estábulos, mas estava gerenciando um acampamento de terapia equina bem-sucedido. Ele recebe cada dia com um propósito renovado. Recebo, com frequência, e-mails sinceros de Sarah com fotos de seus filhos, todos prosperando e colhendo os benefícios da decisão de enfrentar seus problemas. Os efeitos de quando alguém escolhe mudar e viver em sua autenticidade podem ser surpreendentes.

No ano passado, quando observei todas as pessoas que haviam mudado suas vidas por meio dos CAST Centers, comecei a ansiar por uma maneira de compartilhar essas estratégias com o resto do mundo. Estava desesperado para alcançar pessoas envergonhadas demais para falar sobre como se sentiam, ou que estavam apenas passando pela vida sem qualquer direcionamento, ou que simplesmente não viviam a vida a que tinham direito. Por isso criei o CAST on Tour, um evento em 70 cidades com palestrantes motivacionais e celebridades que saíram da própria escuridão para a luz. Mais de 30 mil pessoas compareceu aos eventos, que, em sua maioria, esgotaram assim que foram anunciados. As pessoas anseiam por conhecimento sobre como viver uma vida melhor. Dezenas de pessoas me abordavam depois desses eventos e me diziam que nunca haviam conversado sobre as dificuldades emocionais que enfrentavam, mas que agora estavam prontas para fazer uma mudança e se alinhar com seu melhor. Isso me estimula a testemunhar aquele momento de conexão, aquele poderoso avanço, em que, de repente, alguém entra em sincronia com o propósito de sua vida. Todos podem ser o melhor de si mesmos! Basta ter clareza sobre como é esse melhor e encontrar o caminho para abraçar essa versão das pessoas que são.

Recentemente, realizei uma pesquisa que gerou milhares de respostas, e uma das perguntas foi: "Você acredita que, atualmente, vive a melhor fase de sua vida?" É impressionante saber que 81% das pessoas responderam "não", mas isso não me surpreendeu nem um pouco. Como *você* responderia a essa pergunta? Aqui está a chave: sempre podemos melhorar.

Se você tem problemas em admitir para si mesmo que a atual fase de sua vida não está nem perto do que realmente deseja ou merece, saiba que não está sozinho. Mas como meu amigo Dr. Phil sempre diz: "Você não pode mudar o que não reconhece." Vamos reconhecer que algo precisa mudar. Estou aqui para ajudá-lo. Esse é o propósito deste meu primeiro livro. Estou muito feliz em compartilhar com você minhas ideias, as lições que desenvolvi durante anos de trabalho com clientes e os exercícios que ajudaram tantas pessoas a descobrirem o próprio eu.

Podemos concordar que você só tem uma chance de viver a vida, mas não há nenhuma regra dizendo que está preso à vida que tem. Ao longo das páginas deste livro, eu lhe apresentarei um plano personalizado para reinventar sua vida, descobrindo e tornando-se o melhor de si mesmo. Eu me reinventei várias vezes — na verdade, ao escrever estas palavras, estou passando por outra reinvenção. Cabe a você iniciar a mudança; mas, uma vez que começar, creio que se surpreenderá com a rapidez com que isso vai acontecer. Você consegue. Então vamos nessa!

SETOR PESSOAL • BEM-ESTAR FÍSICO • EDUCAÇÃO • RELACIONAMENTOS • ATIVIDADE PROFISSIONAL • SUBLIMAÇÃO ESPIRITUAL • ENCONTROS SOCIAIS

1

Descobrindo o Melhor de Si Mesmo

Você é único.

Talvez já tenha escutado isso, mas, desta vez, quero que deixe a ideia o inundar de outra maneira. Ninguém realmente sabe o que é estar no seu lugar, porque apenas *você* sabe. A soma de suas experiências, pensamentos, sentimentos, genética e espírito é singularmente sua. Nunca houve outro você, nem jamais haverá. Você não é melhor ou pior do que ninguém e, mesmo quando sente que não está sequer perto de ser bom o suficiente, é *o bastante* por causa de uma simples verdade: você é você. E você é único.

Quando nasceu, veio com algumas características inatas que o distinguem dos outros. Você carrega genes específicos que recebeu de seus pais. E provavelmente é grato por algumas dessas qualidades genéticas transmitidas; outras, bem, seria bom poder devolver! Mas o DNA é apenas parte da sua história — e uma pequena parte.

Nossas histórias começam bem cedo, apesar da incapacidade de controlarmos o que e quem está ao redor durante esse estágio da vida. As crianças são tábulas rasas, e, nos primeiros anos, os pais e algumas outras pessoas escrevem nelas para nós. Mas é importante conhecer nossas histórias, no entanto, para que saibamos nos expressar como adultos de maneira alinhada com quem realmente somos e, mais importante, entender se algum aspecto negativo dela tem afetado nosso comportamento atual.

É provável que você esteja se perguntando como é possível estar desalinhado com a própria verdade, então vamos analisar, de maneira objetiva, uma criação típica. Ela pode não representar sua experiência com precisão, mas, após muitos anos como coaching, aposto que não será tão diferente.

Não podemos escolher como somos criados. Todos nascemos em algum tipo de sistema familiar. A dinâmica familiar principal varia muito, e existem valores fundamentais dentro desses sistemas que não correspondem aos nossos valores pessoais. Discutiremos valores mais profundamente no capítulo sobre Relacionamentos, mas a ideia é que, em grande parte, a forma como nossa personalidade é inicialmente moldada resulta da dinâmica familiar em que somos criados. A maioria de nós participa de atividades escolares ou coletivas que começam a nos ensinar a socializar. Desenvolvemos nossos gostos pessoais. Em algum momento do início de nossas vidas, começamos a desenvolver uma intuição sobre certo e errado. Enfim, à medida que amadurecemos fisicamente, tornamo-nos responsáveis por cuidar de nós mesmos.

Na escola, aprendemos a importância de uma educação ampla; entretanto, mais tarde, muitos parecem se desconectar da ideia do aprendizado e se contentam com o conhecimento já acumulado. Acho que muitos deixam de desejar novas informações porque sentem que foram forçados a aprender coisas que se revelaram inúteis e, como resultado, ficaram decepcionados.

Vivemos nosso primeiro relacionamento no útero — com nossa mãe. Então, formamos relacionamentos com familiares mais próximos à medida que passamos de crianças indefesas a jovens adultos. A puberdade chega carregando uma avalanche de emoções confusas devido aos hormônios, e muitos de nós vivenciam o primeiro amor.

Enquanto nos preparamos para a independência, aprendemos sobre responsabilidade financeira. É provável que os primeiros empregos não reflitam exatamente o propósito de nossa vida, mas são uma base de treinamento sólida que nos transforma em adultos.

Dependendo da criação, podemos abraçar a religião ou a espiritualidade. Posteriormente, tomamos uma decisão consciente quanto à continuidade dessas práticas, fazendo mudanças ou escolhendo uma nova trajetória espiritual.

Tudo que foi dito acima é muito amplo, uma visão geral do cenário das trajetórias mais comuns da infância à vida adulta. Mas deixe-me perguntar: em que ponto dessa jornada aprendemos a nos conectar com o melhor de nós mesmos?

As escolas não nos ensinam essa habilidade; é provável que nossos pais não o façam também, pois talvez nem eles estejam em contato com o melhor de si mesmos, e, mesmo que estejam, pode não ser algo substancial. Nossos amigos certamente não têm a fórmula. Portanto, mais tarde, muitos de nós acabam sentindo que alguns aspectos de nossas vidas simplesmente não são ideais. Apesar de não conseguir definir bem, sabemos que algo não está certo. Então, qual é o problema? Não vivemos nossa verdade em uma ou outra esfera da vida.

A vida acontece ao nosso redor, e por meio das experiências definimos quem somos ou quem *acreditamos* ser. Certos acontecimentos ajudam a solidificar nossa autenticidade e outros nos afastam dela. Por exemplo, podemos descobrir uma paixão pelo trabalho voluntário em alguma área específica, uma atividade intrinsecamente gratificante que solidifica certos atributos do melhor de nós mesmos, como generosidade e altruísmo.

Por outro lado, se vivenciarmos algum tipo de abuso ou negligência e, como resultado, formarmos crenças negativas a nosso respeito, talvez nos afastemos ainda mais do melhor de nós mesmos. Podemos até começar a conceber falsas verdades sobre nós e o mundo ao redor. A mente é como uma câmera que observa nossas vidas e fotografa os momentos significativos. Tais momentos geram pensamentos e sentimentos diferentes, que então anexamos às memórias. Alguns são importantes, simplesmente se destacam. Outros desejamos nunca ter vivido, embora, às vezes, voltem à mente nos momentos mais inesperados.

Ao embarcar nesta odisseia de autodescoberta, você precisa lembrar que, não importa o que espera alcançar na vida, as orientações deste livro podem ser usadas para fazê-lo. Apesar de sermos únicos, nossas jornadas e objetivos, também, acredito que há certas ferramentas e conceitos universais que nos ajudam a chegar aonde queremos ir. Nos dias de hoje, principalmente, vivemos em um mundo que gosta de ditar como devemos ser — o que vestir, o que comer, em que acreditar politicamente, como nos apresentar e até o que devemos desejar da vida —, mas isso é artificial! Todas essas decisões você deve tomar sozinho, com base no que se alinha com quem você realmente é. Muitas das "regras" da sociedade simplesmente não se aplicam a nós como indivíduos, e, se gastarmos toda a energia tentando ser, fazer, falar e agir como a sociedade quer, simplesmente perderemos o tempo que poderíamos investir na descoberta e conexão com o melhor de nós mesmos.

Este livro é mágico porque ajudará na descoberta de quais áreas precisam de melhoria em sua vida e como fazê-la — caso decida fazê-la. Durante minha jornada de vida, descobri que sou apaixonado por ajudar as pessoas a se tornarem o melhor de si mesmas. É o que me motiva todos os dias. Descobri que os maiores desafios na vida das pessoas ocorrem quando elas não estão alinhadas com quem realmente são. Isso pode parecer excessivamente simplista, mas percebi que é uma realidade que quase sempre se comprova. Recentemente, cheguei a um ponto de minha carreira em que queria juntar tudo o que aprendi ao longo dos anos sobre como viver de forma coerente com o Melhor de Mim e colocar em um livro. Meu objetivo é simplesmente apresentar um guia para ajudá-lo a resolver problemas e se desenvolver a partir do melhor que há dentro de você.

Não importa de onde você parta, este livro o ajudará a melhorar sua vida de maneiras significativas e inesperadas. Ainda que esteja começando do fundo do poço — talvez venha enfrentando alguns dos seus maiores desafios —, este livro o ajudará a encontrar seu caminho e, no final das contas, sentir-se mais fortalecido do que nunca. Ou talvez você se sinta como se estivesse "se aquecendo", como se a vida estivesse boa, mas sabe, lá no fundo, que quer e merece mais. Este livro o ajudará a descobrir, ou redescobrir, seu propósito e revigorá-lo de formas inimagináveis. Sua vida pode até parecer muito boa no geral, mas sempre tem aquela área problemática que demanda atenção, e você ainda não encontrou a melhor maneira de lidar com ela. Aqui você obterá a clareza para enfrentar e resolver esses problemas de forma eficaz. Se você espera:

- Ter amigos melhores
- Melhorar o diálogo interior e a compaixão consigo
- Priorizar sua saúde de forma significativa
- Ampliar seu conhecimento e compreensão do mundo para evoluir
- Melhorar seus relacionamentos
- Ter uma carreira gratificante
- Desenvolver um senso mais forte de espiritualidade

Você *pode* alcançar seus objetivos. E mesmo que ainda não tenha certeza do que deseja mudar, mas sabe que não está vivendo a vida que considera ideal, juntos, podemos encontrar seu objetivo e o levar até ele.

Todos sabemos como a vida é imprevisível. Como não estarei presente para atuar como seu parceiro de pensamento quando surgirem problemas ou novas etapas da sua vida mudarem seu propósito, quero ter certeza de que há em você uma voz interior bem-definida que o guie. É preciso que você consiga conjurar uma opinião objetiva, crítica, lógica e objetiva quando as coisas ficarem difíceis. Para isso, usaremos o **Modelo do Melhor de Si Mesmo**, que é composto de exercícios que passei para meus clientes ao longo dos anos. Seja para um grande executivo ou alguém lutando para pagar o aluguel, o Modelo do Melhor de Si Mesmo funciona.

O Modelo o ajuda a avaliar a si mesmo e aos outros. Observamos o que realmente está funcionando em sua vida e o que não está, dentro das sete ESFERAS, um acrônimo que representa as seguintes áreas de uma vida plena: Encontros sociais; Setor pessoal; bem-estar Físico; Educação; Relacionamentos; Atividade profissional; e Sublimação espiritual. E como também acredito que o grupo de pessoas que você escolhe ter em sua vida é muito importante, analisaremos essas pessoas de maneira realista e objetiva. Determinaremos de quem você deve precisar mais e de quem pode ser melhor se afastar um pouco. Seus amigos íntimos podem ser o fator determinante do seu sucesso ou fracasso, então esta é uma etapa fundamental do processo.

A razão pela qual o Modelo do Melhor de Si Mesmo funciona para tantas pessoas é que não lhe direi quem você deve ser, porque o foco é que você seja o Melhor de Si Mesmo. No entanto descobri que algumas características são universais nas melhores versões de nós mesmos, e uma delas é uma voz interior gentil. Em nosso interior, não devemos criticar a nós mesmos nem aos outros. Por exemplo, rejeito a concepção de que aqueles que praticam bullying estão "apenas sendo honestos". Acredito que, geralmente, esses indivíduos externalizam a própria dor em forma de agressão. Além disso, para mim, alguém com baixa autoestima não está sendo o Melhor de Si Mesmo. Subestimar a própria história é simplesmente o resultado de algum tipo de dor. Também acredito que, em nosso interior, somos universalmente destemidos, desinibidos, honestos, capacitados, gratos e livres.

Encontraremos sua voz interior autêntica, primeiramente, esmiuçando as características de si mesmo que mais lhe agradam. Então, no Capítulo 2, veremos o que me refiro como falhas de caráter. Todos as temos e, geralmente, não as abordamos até sermos forçados ou encontrarmos alguém com o mesmo problema. Gostamos de manter essas "falhas" nas sombras, mas vamos fazer algo muito legal com elas ao trazê-las para a luz — vamos usá-las em seu benefício. Em outras palavras, elas dificilmente caracterizam defeitos; são apenas parte de você que vamos começar a usar de maneira diferente.

Assim que identificarmos essas partes de nós mesmos, agiremos de forma mais criativa. Juntos, identificaremos dois (ou mais, em alguns casos — eu, por exemplo, tenho vários) personagens bem-definidos que existem dentro de você. Você pode pensar neles como o clássico "anjo e demônio", "herói ou vilão", como quiser — mas seremos específicos e daremos nomes aos seus, e vou até pedir para você desenhá-los! Levo isso muito a sério; quanto mais detalhes você conseguir colocar nos seus personagens, melhor, porque então saberá qual deles está no comando quando você se comportar de determinadas maneiras ou tiver certos pensamentos e sentimentos.

Esse será um exercício significativo e altamente eficaz, por isso quero ter certeza de que você está dedicando atenção completa a ele. Além disso, é divertido!

> ### O PODER DE UM DIÁRIO
>
> Com frequência, ouço pessoas dizerem que gostariam de ter mais tempo para escrever um diário. Bem, é hora de começar! Já que este livro lhe pedirá para fazer bastantes análises pessoais por meio da escrita, recomendo que compre um diário em que goste de escrever ou baixe um app para tal em seu smartphone, se for o método que preferir. O material que escreverá será útil para você tanto agora quanto no futuro! Você pode consultá-lo sempre que estiver meio perdido, em frente a uma grande decisão ou apenas para manter sua nova conexão com o melhor de si mesmo.

Uma história que sempre me vem à mente quando penso nesse processo é a de um músico muito famoso com quem trabalhei anos atrás. Ele é uma das pessoas mais generosas, gentis, engraçadas e inteligentes com quem tive o prazer de trabalhar. E, além disso, é um cantor e animador incrivelmente talentoso. Um dia, recebi uma ligação de seu empresário pedindo que fosse encontrá-lo em Nova York. Eu não o via há algum tempo e, assim que nos reunimos, percebi que estava muito diferente de quando o vi da última vez.

Ele foi vocalista e líder de uma banda. As mulheres o adoravam, os caras queriam ser como ele, e, em certo momento, foi o maior astro do mundo. Mas o homem que vi naquele dia não era o cara cheio de vida e otimista que conheci. Sua equipe explicou que ele estava basicamente estagnado desde o término da banda. Ele recebia várias propostas para vários projetos, começava a trabalhar em um deles e, de repente, decidia não continuar. Agora que era artista solo, estava lutando para encontrar a própria identidade. E precisava se reinventar, porque sua identidade estava completamente amarrada à banda.

Fomos direto ao trabalho e listamos tudo o que sentia. Ele usava palavras como *deprimido, inseguro, desconfiado, obscuro*. Quando pedi que nomeasse seu Antagonista, não demorou muito para que sugerisse "Minus". Ele me explicou que Minus tirava toda a energia do ambiente. Perguntei com que frequência Minus costumava comandar sua vida, e ele respondeu que era cerca de 80%.

Então começamos a discutir o Melhor de Si Mesmo, a quem chamou de "Ralph". Assim que começamos a descrever Ralph, ele ficou visivelmente mais confiante. Ele explicou que Ralph era um esquilo. Este é o desenho que fez de Ralph:

Uma graça, não? Quanto mais Ralph tomava forma, mais meu cliente percebia que poderia deixá-lo comandar o show em vez de Minus. Claro, não foi uma mudança instantânea — precisávamos nos concentrar em quem Ralph realmente era, lá no fundo. Meu cliente logo aprendeu que podia consultar Ralph, a quem passou a considerar seu melhor amigo, a qualquer momento em que precisasse se sentir capaz e corajoso. Se Minus tentasse invadir o cenário, ele chamava Ralph para reassumir o controle. Que ferramenta poderosa!

Logo depois de trabalharmos juntos, meu cliente compôs um disco incrível pelo qual ganhou vários prêmios. Como você pode perceber, o trabalho que fazemos no mundo da mente gera efeitos tangíveis no mundo real. Isso porque pensamentos levam a ações ou a uma mudança de comportamento. Se você assumir o controle de seus pensamentos, o comportamento proveniente deles seguirá o mesmo caminho. Quando colocou Ralph no comando, rejeitou os pensamentos negativos, sentimentos e crenças limitantes que Minus criava e ampliava. Ele silenciou o barulho de Minus e se concentrou na confiança que Ralph lhe dava. O resultado foi a composição de músicas significativas e poderosas, que cativaram os ouvintes porque representavam sua alma.

Claro, não estou sugerindo que ao terminar esse exercício você chegará ao Top 100 da Billboard. Mas garanto que o ajuda a se reinventar e retornar àquela parte autêntica de você que havia se perdido.

> **SUA EXPERIÊNCIA ÚNICA**
>
> Este livro não apresenta fórmulas para tomar decisões. Você está em uma jornada de descoberta, e o importante é que adote uma postura curiosa, honesta, receptiva, disposta e focada ao longo do caminho. Este livro apenas surtirá efeito se você praticar, então pratique, porque você vale a pena! Se você simplesmente ler este livro de maneira passiva, não absorverá tudo o que merece. Responda às perguntas, faça os exercícios, dedique-se e valerá a pena.
> Este é também o tipo de livro que você pode consultar novamente, dependendo do que estiver acontecendo em sua vida, e garanto que os resultados serão diferentes. Como sua jornada está sempre se desenvolvendo, você pode utilizar o Modelo do Melhor de Si Mesmo em qualquer momento de sua vida.

Escreva Suas Características

Agora é sua vez de escrever suas melhores características, ou atributos, que considera autênticas. Ao pensar nelas, imagine-se em cenários diferentes e pergunte-se como se destaca neles. Todos devem ser atributos positivos. Mais tarde, você perceberá e compreenderá que todas essas qualidades vêm do Melhor de Si Mesmo, ao qual também me refiro como sua autenticidade, sua verdade, seu eu autêntico — todos significam a mesma coisa, o âmago do seu ser. Diversos clientes e amigos meus tiveram esse momento "eureca!" quando perceberam que suas características negativas não são realmente parte deles — são apenas sentimentos temporários. Em nosso âmago, somos todos bons.

Aqui estão alguns exemplos de perguntas que você pode se fazer para começar, mas, caso não se identifique com elas, tudo bem. Estou apenas apresentando ideias para inspirá-lo.

- Você tem compaixão consigo e com os outros?
- Você é otimista, procura sempre olhar o lado positivo das coisas?
- Você perdoa aqueles que tentaram ferir você?
- Você é corajoso porque fala por si mesmo ou por outras pessoas?
- Você é inovador, geralmente pensa fora da caixa?
- Você é gentil com os outros, mesmo quando ninguém está observando?
- Você é eficiente no trabalho?
- As pessoas o consideram um amigo leal e/ou um bom confidente?
- Você é carinhoso com seus filhos?
- Você é criativo e expressa essa criatividade com frequência?
- Você recolhe lixo quando encontra na rua?
- Você tenta resolver conflitos à medida que surgem?

Vamos considerar esta lista de características positivas. Você pode circular aquelas que se aplicam a você ou adicioná-las à própria lista.

abastado	admirável	alegre	amoroso
abnegado	adorável	altruísta	animado
acessível	afetuoso	amável	apaixonado
acolhedor	ágil	amigável	arrojado

articulado	cativante	corajoso	discreto
asseado	clemente	cordial	divertido
assertivo	coerente	cortês	doce
atencioso	companheiro	criativo	educado
atento	compassivo	cuidadoso	eficiente
ativo	competente	culto	elegante
atraente	compreensivo	curioso	eloquente
audacioso	comprometido	decente	empático
autêntico	comunicativo	decidido	empenhado
autoconfiante	conciliador	dedicado	encantador
autossuficiente	confiante	democrático	enérgico
aventureiro	confiável	desenvolto	engajado
bem-apessoado	consciente	desprendido	engenhoso
bem-humorado	constante	despreocupado	engraçado
benevolente	construtivo	destemido	entusiasmado
brilhante	contemplativo	determinado	equilibrado
brincalhão	contente	devotado	esmerado
calmo	convencional	digno	esperto
caloroso	conveniente	dinâmico	espiritualizado
carinhoso	convincente	diplomático	espirituoso
carismático	cooperativo	disciplinado	espontâneo

esportivo	genuíno	íntegro	nobre
estável	gracioso	inteligente	obediente
estiloso	grandioso	interessado	objetivo
estimulante	grato	intuitivo	organizado
estudioso	hábil	inventivo	otimista
ético	heroico	irreverente	ousado
expansivo	honesto	justo	paciente
experto	honrado	leal	pacífico
extasiado	hospitaleiro	legal	patriota
extrovertido	humano	líder	pensativo
feliz	humilde	limpo	persistente
fiel	idealista	lindo	perspicaz
filantropo	igualitário	livre	persuasivo
firme	impetuoso	lógico	piedoso
flexível	inabalável	maduro	pleno
focado	incorruptível	magnânimo	poderoso
forte	independente	meticuloso	polido
franco	indulgente	metódico	ponderado
galante	inovador	minucioso	pontual
generoso	inspirado	modesto	popular
gentil	inspirador	motivador	positivo

prático	realista	sagaz	solidário
precavido	realizado	são	sossegado
preciso	realizador	satisfeito	sutil
preparado	receptivo	saudável	terno
prestativo	refinado	seguro	tolerante
probo	reflexivo	sensato	trabalhador
proativo	relaxado	sensível	tranquilo
produtivo	reservado	sério	transformador
proficiente	resignado	servil	único
profundo	resiliente	simpático	valente
prolífico	resolvido	simples	valioso
próspero	respeitoso	singelo	verdadeiro
protetor	responsável	sóbrio	versado
prudente	revolucionário	sociável	vigoroso
racional	romântico	sofisticado	virtuoso
razoável	sábio	solícito	vivaz

Qualquer característica sua que considere positiva e que não está listada pode ser escrita abaixo:

Minhas Melhores Características _____
_____
_____
_____

Pode ser difícil escrever nossas melhores características, porque não passamos os dias exatamente pensando em como somos maravilhosos. Isso não é da natureza humana. Somos muito mais propensos a nos diminuir. Mas esperamos que até o final deste livro você tenha abraçado e reconhecido todas as suas melhores características — uma atividade muito mais produtiva e proativa!

Logo você verá a si mesmo objetivamente, como se olhasse de fora para dentro e realmente se *enxergasse*, talvez pela primeira vez. Isso requer uma maior consciência própria, portanto pode demorar. Você pode até pedir a alguém de confiança, se tiver, ajuda para começar. Se fizer isso, apenas certifique-se de que a pessoa não tenha motivos escusos e deseje apenas que você seja o seu melhor.

Exercício: Crie o Melhor de Si Mesmo

Volte para a lista de características que você acabou de fazer, aquelas de que mais gosta em si mesmo. Elas o ajudarão a dar forma ao personagem do Melhor de Si Mesmo. Quero lembrá-lo de que deve ser divertido: você pode dar um toque de humor ou levar a tarefa completamente a sério. Como achar melhor.

As perguntas a seguir o ajudam a começar.

O Melhor de Si Mesmo é/tem:
- Um gênero específico?
- Um animal?
- Uma criatura mística? Ou uma sábia voz dentro de você?
- Um personagem inspirado em um livro ou filme?

O Melhor de Si Mesmo tem um lema ou slogan?

O Melhor de Si Mesmo adota um comportamento específico quando alguém é gentil com você?

O Melhor de Si Mesmo adota um comportamento específico quando você se sente ameaçado?

O Melhor de Si Mesmo pensa a seu respeito?

O Melhor de Si Mesmo se move/caminha/dança de uma maneira específica?

Qual é o principal superpoder do Melhor de Si Mesmo?

Agora, escreva aqui uma descrição completa do Melhor de Si Mesmo:

_____
_____
_____
_____
_____

Compartilharei com você um pouco sobre o Melhor de Mim, um mago chamado Merlim. Sempre fui meio nerd quando se trata de jogos de fantasia. Por anos, joguei um RPG chamado *Magic: The Gathering*. No jogo, todos são magos, e, para vencer, você deve lançar feitiços. (Eu sei, tão nerd, mas tão divertido!) Meus amigos e eu sempre demos nomes uns aos outros enquanto jogávamos. Um amigo meu era a Besta; outro se chamava Kozar, o Guardião dos Portais. Para mim, magos do mundo fictício representam sabedoria, fé e o triunfo do bem sobre o mal.

Inspirado pelo meu amor por esse jogo, Merlim, o Melhor de Mim, é sábio, gentil, inteligente, carinhoso, esperto, acredita na vida, que tudo é possível e nunca age em função do ego. Ele é um cara legal porque tem a própria maneira de pensar e nunca dá um passo em falso. Nunca se sente inseguro nem teme perder algo. Ele é paciente, compassivo, autoconfiante, aceita a si mesmo como é e não guarda ressentimentos. Ele perdoa completamente, mesmo quando os outros estão errados.

Logo, qual é a melhor forma de visualizar o Melhor de Si Mesmo do que desenhar? Você pode usar caneta, giz de cera, marca-texto, lápis de cor, o que quiser. Desenhei uma imagem de Merlim quando fiz este exercício há muitos anos, e, ao contrário do meu Antagonista (vamos falar a respeito dele em breve), Merlim permaneceu praticamente o mesmo.

Não importa o que desenhe, fico muito orgulhoso de você por se esforçar. A maioria de nós não é artista; então, se não for muito mais do que um simples boneco, tudo bem! A imagem que você tem em mente é provavelmente mais detalhada do que seu desenho, e é isso o que importa. Você pode imaginar os olhares que recebo quando me reúno com grandes executivos para fazer este exercício! Mas os resultados sempre valem a pena.

36   O Melhor de Mim

Desenhe aqui o Melhor de Si Mesmo:

Descobrindo o Melhor de Si Mesmo   37

Agora, olhe para seu desenho. Dê um nome ao Melhor de Si Mesmo e escreva-o na parte superior da imagem que desenhou.

Aposto que, quando comprou este livro, você não imaginou que faria um projeto artístico! Estava tão inspirado quando criei Merlim que inventei um exercício diário para me lembrar de sua força (e, portanto, da minha própria força!) e acabei encomendando uma obra original de um artista chamado Ryan Pratt. Ele criou sua versão da Árvore da Vida, e, na árvore, Merlim está descansando nos galhos. Ela fica na entrada da minha casa, e adoro olhá-la todos os dias. Veja só:

Como Você Pode Ser o Próprio Coach?

As pessoas me contratam como life coach porque querem melhorar alguma área de suas vidas. Geralmente, estão estagnadas e precisam de ajuda para se libertar ou encontrar uma nova perspectiva. O papel do life coach varia — mas um bom não só o ajudará a identificar seus objetivos, como o orientará em seu caminho. Ele também deve se responsabilizar por tudo que você deseja realizar.

Como você verá ao longo deste livro, também o treinarei para identificar seus pontos fracos e armadilhas, pois eles são problemáticos. Gosto de perguntar às pessoas se têm colírio ou usam óculos escuros. O que quero dizer com isso é se elas enxergam a realidade ou se sua visão é distorcida pelo ego. Todos temos comportamentos ou padrões de pensamento que afetam negativamente nossas vidas e nos impedem de evoluir e crescer, como quando nos falta humildade ou temos uma necessidade insaciável de estar certos. Agora é a hora de enfrentá-los e, caso não produzam efeitos positivos, libertar-se e os substituir por comportamentos e padrões de pensamento positivos. Ou, caso você tenha predisposição a esperar o pior em certas situações, também é necessário se libertar. Quando eu não estiver mais ao seu lado para o orientar nas decisões que precisar tomar, certifique-se de dar algumas qualidades de "life coach" à sua faceta do Melhor de Si Mesmo, para que ele possa me substituir pelo resto de sua vida.

Aqui temos algumas perguntas para fazê-lo pensar como life coach:

- Como o Melhor de Si Mesmo o ajudará a ser destemido?
- Como o Melhor de Si Mesmo o ajudará a perder a vergonha de ser quem você é?
- Como o Melhor de Si Mesmo o ajudará a ser honesto consigo e com os outros?

- Como o Melhor de Si Mesmo o ajudará a manter essa voz interior, bondosa e compassiva, em todos os momentos?
- Como o Melhor de Si Mesmo o fortalecerá sob qualquer circunstância?
- Como o Melhor de Si Mesmo o ajudará a ser grato?
- Como o Melhor de Si Mesmo o libertará para ser quem realmente é?

Escreva aqui as características de "life coach" do Melhor de Si Mesmo:

_____
_____
_____
_____
_____
_____

À medida que prosseguirmos com o objetivo deste livro, "treine" o Melhor de Si Mesmo para fazer as mesmas perguntas que estou fazendo-lhe e o oriente com eficácia, sempre objetivando o total alinhamento com sua verdade. Observe as principais perguntas que faço em relação aos seus pensamentos, sentimentos, comportamento e padrões. Assim, você poderá fazê-las a si mesmo mais tarde.

Peço que crie o Melhor de Si Mesmo já no início do livro, porque você conseguirá extrair mais de tudo que fizer posteriormente se mantiver uma visão clara do Melhor de Si Mesmo ao longo do caminho.

Gratidão

Expressar gratidão é sempre uma excelente forma de se conectar com o Melhor de Si Mesmo. Tenha certeza de que pensar nos aspectos da sua vida pelos quais você é grato melhorará muito seu humor. Todos os dias, faço listas de gratidão assim que acordo porque, para mim, é uma excelente maneira de começar o dia. Outras pessoas fazem listas de gratidão durante um momento difícil, para reformular suas perspectivas. Listas de gratidão demandam pouco tempo. Inclusive, compartilharei alguns exemplos criados por meus amigos.

Lista de Gratidão do Eddy:

Sou grato por...

1. Família
2. Trabalho
3. Saúde
4. Amigos
5. Estudo
6. Cultura hispânica
7. Falar dois idiomas
8. Habilidades físicas
9. Religião
10. Ter tido uma infância maravilhosa

Lista de Gratidão do Jon:

Sou grato por...

1. Saúde e habilidades físicas
2. Minha casa
3. Segurança e bem-estar
4. Minha mulher
5. Meus pais
6. Lucy, Kashi, Vida (cachorros)
7. Meus amigos
8. Fluxo estável de rendimentos
9. Todos os meus clientes
10. Minha conexão espiritual

Lista de Gratidão da Casey:

Sou grata por…

1. Minha fé
2. Minha família
3. Por ter um trabalho que me completa
4. Minha habilidade de ler e absorver novas informações
5. Meu corpo, que me permite fazer exercícios e viver sem dores
6. Minha casa, que é segura e confortável
7. Poder comprar comida saudável
8. Toda a linda arte no mundo
9. A comunidade amável de pessoas ao meu redor
10. Cada vez que respiro

O que Você Colocou na Sua Lista de Gratidão?

Agora, pense em dez coisas pelas quais você é grato e as anote. Lembre-se: nada é tão insignificante que não possa ser adicionado à lista. Se estiver se sentindo grato pela cadeira confortável em que está sentado, anote! Ou caso tenha assistido a um programa de TV que fez você se sentir bem, anote. Às vezes a gratidão pode até mesmo vir de coisas inesperadas, como o trânsito, porque nele você tem mais tempo para ouvir um audiolivro ou pode ficar sozinho com seus pensamentos na volta para casa. Encontrar novas coisas pelas quais se sente grato é um exercício maravilhoso e uma forma divertida de estar ainda mais conectado com o Melhor de Si Mesmo no momento presente. Ao pensar em cada item da lista, aceite a sensação que ele traz e deixe que ela se irradie por seu corpo.

Depois de anotar essas dez coisas, confira o seguinte: você sente-se melhor do que quando começou? Mais feliz? Caso a resposta seja positiva, perceba que acabou de encontrar um exercício muito simples que pode ajudá-lo a ter um dia incrível, ou que pode ajudá-lo a se levantar em um dia difícil. Descobri que essa é uma excelente maneira de recuperar o equilíbrio.

Lista de Gratidão de _____

Sou grato por...

1. _____
2. _____
3. _____
4. _____
5. _____
6. _____
7. _____
8. _____
9. _____
10. _____

Agora que chegou ao fim do Capítulo 1, saiba que até o final do livro o Melhor de Si Mesmo pode se transformar. Ele provavelmente terá algumas novas características, com um caráter mais afinado, ou mudará completamente. Você pode olhar para sua criação e dizer: "Minha nossa, sou muito melhor do que pensei!"

No próximo capítulo, você fará um exercício semelhante, mas para o seu Antagonista. É igualmente importante e, para muitas pessoas, ainda mais fortalecedor, porque pode ser o que está impedindo-o de retomar as rédeas de sua vida. Nosso Antagonista corre na direção contrária do nosso Melhor, e o primeiro passo para tirá-lo do poder é reconhecê-lo.

2

Compreendendo Seu Antagonista

Ela estava parada no trânsito. Um engarrafamento daqueles é uma descrição mais precisa — sabe, daquele tipo em que a via expressa mais parece um estacionamento. Era um dia terrivelmente quente em San Fernando Valley, Los Angeles. "Correria?!", pensou, "isso deveria se chamar hora da parada". Parecia que os carros entrariam em combustão espontânea a qualquer momento. Segurou o volante com força, o ar-condicionado soprando um ar quente em seu rosto, e sentia um fluxo constante de suor no peito e nas costas. O telefone tocou.

"Alô?", falou com uma pontada de ansiedade não tão sutil.

"Olá, Suzanne! Você tem um segundo?" Ela ouviu minha voz, e um grande sorriso se formou em seu rosto. Mesmo que estivesse totalmente infeliz naquele engarrafamento de proporções épicas, pelo menos passaria um tempo conversando com um bom amigo.

"Olá, Mike! Claro que tenho, como vão as coisas? Estou voltando para casa."

"Você pode jantar comigo na quinta? Faz tempo que não conversamos!"

"Eu adoraria! Vamos fazer isso, sim."

"Que bom. Vou mandar os detalhes para você. Pode ser às 20h?"

"Sim, está perfeito. Mal posso esperar!"

"Legal. Conversamos mais tarde! Dirija com cuidado!"

"Tchau!"

Assim que a conversa terminou, a animação se foi, ela suspirou alto e olhou em volta. Finalmente os carros estavam andando; talvez ela chegasse a casa neste século. Então, sem aviso, um carro a cortou, com poucos centímetros de sobra.

Ela ficou totalmente... fora de controle.

"Você tá de sacanagem? Idiota! Que diabos pensa que está fazendo?" Suzanne continuou gritando uma série de impropérios, praticamente rosnando ao balançar os braços com indignação, o carro balançando para frente e para trás com seus movimentos bruscos. Ela estava desequilibrada.

Depois de um minuto de palavrões jorrando de sua boca como lava, buzinando tanto que outras pessoas começaram a gritar com ela, Suzanne finalmente respirou fundo. Conseguiu avançar no trânsito e parou do lado da pessoa que a cortou. Mas, antes de mostrar o dedo do meio, viu que a motorista era uma adorável senhorinha que simplesmente queria chegar a algum lugar. Igual a ela.

Agora, avancemos para o final da semana, quando Suzanne e eu nos encontramos para jantar. Sentamo-nos um em frente ao outro em nossa churrascaria favorita, comendo salada.

"Quando liguei, enquanto voltava para casa, você estava muito estressada?"

"Não mais que o normal. O trabalho meio insano, mas estou levando. Por que a pergunta?"

"Bem, porque, quando nos despedimos, você não desligou. Ouvi seu pequeno ataque de raiva ao volante."

Ela congelou e ficou boquiaberta. "Oh, meu Deus. Que vergonha!" E então ela riu. "Aposto que você não sabia que eu era tão boca-suja!"

"Não mesmo! Você definitivamente sabe xingar. É algo normal para você?"

"O quê? Gritar com babacas que me cortam? Acho que sim. LA é assim, né?! É algo normal. Vai me dizer que nunca gritou com ninguém por dirigir como doido, como a maioria das pessoas dessa cidade faz?"

"Não sofro assim com o trânsito. A raiva ao volante me fascina, na verdade. A pessoa no outro carro não a ouve. As janelas estão fechadas. Qual é a serventia?"

"Não se trata de a outra pessoa me ouvir. É só para liberar minha tensão."

"E você se sente melhor depois?"

Isso a fez se retesar. "Eu gostaria de pensar assim, mas às vezes fico tão irritada que sinto que meu coração vai pular. Então acho que a resposta é não."

"Pegue alguns guardanapos. Quero fazer um exercício com você."

"Lá vamos nós! Mais um dos seus exercícios."

"Ah, você adora. E este será divertido. Quero que anote todas as suas características de que não gosta, ou as que a prendem de alguma forma. Pode ser qualquer coisa que faça você se sentir menos do que o Melhor de Si Mesma."

Suzanne revirou os olhos, mas concordou para me agradar. Todos os meus amigos estão acostumados com essas coisas quando saem comigo, e Suzanne não é exceção. Na época, nós nos conhecíamos há cinco anos e até chegamos a trabalhar juntos. Tínhamos muito respeito um pelo outro. Não demorou muito para que ela fizesse a lista, e, quando terminou, entregou-me meio indignada.

"Certo, ótimo. Agora, vamos criar seu caráter de Antagonista."

"Meu o quê?"

"Seu Antagonista. Todos temos um ou vários. São as facetas acionadas por coisas negativas, como nossos medos e ansiedades. O objetivo do exercício é conhecer seus traços de Antagonista e os que o fazem surgir, para que você os controle. Você não quer acabar com o seu Antagonista comandando o show."

"Então, tipo, minha faceta vingativa e boca-suja que aparece quando estou irada no trânsito ou algo assim?"

"Exatamente! E, agora, para tornar essa faceta ainda mais tangível para você, quero que a desenhe neste guardanapo."

"Hmmm. Tá bom. Regina, acho que ela teria sobrancelhas enormes e grossas, bíceps protuberantes e um lindo par de chifres no alto da cabeça." Ela rabiscou no guardanapo e depois me mostrou sua obra de arte.

"Perfeito! Agora, próxima pergunta. Além de quando você está parada no trânsito caótico, em que outras situações Regina assume o controle?"

Suzanne pensou por um momento. "Sempre que me sinto cansada. Como se eu não pudesse mais suportar um segundo do que está me frustrando. Aí me transformo em Regina, e todos devem tomar cuidado. Pergunte ao meu marido."

"Você já tinha feito essa conexão antes? Que esse aspecto da sua personalidade sempre aparece quando se sente esgotada?"

"Não, definitivamente não. Mas agora que vejo dessa forma, percebo que provavelmente poderia fazer coisas para impedir que isso aconteça."

"Como o quê?", perguntei.

"Bem, eu provavelmente poderia ter me sentado e conversado bem mais cedo com meu marido, ou quem quer que estivesse me enlouquecendo, em vez de tentar ignorar ou abafar os sentimentos até explodir. Eu poderia dizer a ele que preciso que seque o box para evitar o mofo, em vez de esperar até que tome conta do banheiro e eu grite com ele."

"Certo. Então, já que estamos aqui, a partir dessa lista de características das quais não gosta em si mesma, há outra faceta de Antagonista que possa criar?"

"Com certeza, mas ela é muito diferente da Regina. É retraída, fica constrangida e se fecha. Sempre que entro em um novo território ou vejo que sou inexperiente naquela área, meio que me fecho."

"Pode desenhá-la também." Suzanne já tinha começado. Ela conhecia muito bem esse lado de si mesma. Estava desenhando uma pessoa pequena em uma grande mesa de reunião, cabisbaixa, com os cabelos cobrindo o rosto como um escudo. Seus joelhos estavam levantados, e os braços, ao seu redor.

"Essa imagem diz muito. Como se chama?", perguntei.

"Esta é a Nell."

"Então, a Nell aparece quando você se sente sufocada no trabalho?"

"Sim, ou em qualquer situação para a qual não me sinta preparada. Eu me lembro de uma vez em que precisei faltar à escola por um bom tempo porque fiquei doente, e então precisei fazer um teste para o qual não havia estudado. Eu era muito perfeccionista na escola, mas congelei e não consegui escrever a resposta. Revivo esse momento toda vez que me encontro em uma conversa ou situação sobre a qual não sei muito."

"Você não consegue confiar em seus instintos ou bom senso nesses casos?"

"Isso. Fico paralisada. Quer dizer, a *Nell* fica paralisada."

"Exatamente. Então, agora que você sabe o que a traz à tona, acha que pode mantê-la afastada?" A expressão facial de Suzanne foi de desalentada à iluminada em questão de segundos. Ao conseguir identificar Nell e conferir-lhe um rosto e nome, de repente Suzanne ganhou poder sobre ela.

"Quer saber? Acho. Sinto como se estivesse presa ao passado de alguma forma estranha e deixando que ele me domine. Isso é loucura?"

"Não, de forma alguma; isso é muito normal. Mas agora você retomou o controle e nunca mais precisará que ela o faça novamente."

"Sempre aprendo algo quando nos encontramos, Mike, mas isso está além. Fico muito feliz por você ter ouvido meu surto ao volante."

"Eu também, e agora posso andar de carro com você, porque, por um instante, pensei em nunca mais pegar carona contigo."

"Mas, veja bem, não é como se Regina fosse bater em alguém de propósito." Com isso, arqueei minhas sobrancelhas um pouco. "Sim, você está certa — vai saber o que aquela doida faria! Fico feliz que ela tenha ido embora."

Demos boas risadas e aproveitamos o resto de nosso jantar. Nas semanas seguintes, contatei minha amiga para ver se Nell ou Regina apareceram, e fico feliz em informar que Suzanne não tinha notícias de nenhuma delas.

Identificar suas facetas de Antagonista é um exercício profundo e não é exagero dizer que isso pode mudar a sua vida. Por várias vezes, vi pessoas alcançando coisas imagináveis em todas as áreas de suas vidas porque impediram que seus Antagonistas continuassem a atrapalhá-las.

Que tal outro exemplo de um Antagonista que uma das minhas clientes superfamosas identificou? Ela passava por problemas recorrentes em seus relacionamentos e não descobria por que era difícil manter uma relação saudável e sólida. Ela se via constantemente em relacionamentos que começavam bem, mas logo se tornavam abusivos. Todos diziam que ela estava com a pessoa errada, mas ela fazia vista grossa e permitia insultos, condescendência, infidelidade e até abuso emocional — às vezes físico — dos namorados, repetidamente.

Quando questionei o que pensava sobre um bom relacionamento, ela me deu uma definição que soava como qualquer ficção romântica já produzida. Era pura fantasia! Eu a ajudei a testar suas teorias de um relacionamento perfeito, levando-a para a rua em busca do que ela acreditava ser o casal perfeito, que tinha tudo o que desejava. O mais engraçado é que a maioria das pessoas ao nosso redor ficava em seus celulares ignorando umas às outras, ou parecia inerte — sabe, casais que estão sentados juntos à mesma mesa, mas que deixam evidente pela linguagem corporal e falta de contato visual que ambos, na verdade, estão a milhares de quilômetros um do outro. Claro, havia alguns que pareciam engajados em conversas animadas e até mesmo estar flertando, mas ninguém olhava profundamente nos olhos do outro, com as mãos dadas sobre a mesa e tocando os pés. Quanto mais olhávamos ao redor, mais ela percebia que suas expectativas para um romance de conto de fadas não existiam na realidade. Ela entendeu que estava agindo como uma romântica incorrigível, com ideais irreais. Então, nomeou sua Antagonista de "Rapunzel".

Isso não quer dizer que relacionamentos maravilhosos não existam. Claro que existem! Muitas pessoas estão em relacionamentos profundamente gratificantes, emocionalmente satisfatórios, apaixonados e amorosos, mas não estão flutuando em nuvens, com vestidos de gala e smokings, fazendo grandes gestos românticos todos os dias. A vida não é um filme! A partir do momento em que essa cliente aceitou esse fato e tornou mais realistas suas crenças sobre relacionamentos íntimos, suas expectativas se tornaram razoáveis.

No relacionamento seguinte, ela conseguiu se perguntar se os seus pensamentos e sentimentos vinham da versão Rapunzel de si mesma ou do Melhor de Si Mesma. Ela conseguiria, a partir de então, identificar facilmente qualquer coisa que se assemelhasse ao "pensamento de conto de fadas" e deixá-la de lado. E é um prazer informar que ela está em um relacionamento perfeitamente saudável, romântico e estável há anos. Conseguiu escolher um parceiro muito mais adequado quando mudou o foco de encontrar o príncipe que viraria seu mundo de cabeça para baixo ou a resgataria de uma torre — em vez disso, passou a procurar um homem estável e decente. Os pássaros podem não cantar toda vez que eles se beijam, mas, felizmente, isso não é mais motivo para ela ir embora.

Rapunzel ainda vive um pouco nela, mas tem menos influência, porque ela sabe o que procurar. Descobri que identificar essa faceta é muito mais poderoso do que apenas rotular nossos problemas. Se eu tivesse abordado seus problemas de relacionamento dizendo: "Nossa, você não para de tomar decisões erradas", ou "Você perdeu toda a noção da realidade, diria até que está delirando", ou "Você é viciada em amor", tudo teria entrado por um ouvido e saído pelo outro. Ela precisava chegar às próprias conclusões e aí criar dentro de si uma faceta que compreendesse totalmente; assim, poderia impedir que afetasse sua vida.

Aqui há outro exemplo. Minha cliente compartilhou comigo a história da sua Antagonista assim:

"Meu namorado e eu nos divertimos muito no show do Arcade Fire; era algo que planejávamos há muito tempo. Dançamos, cantamos nossas músicas favoritas e nos conectamos. Foi tão bom que não queríamos que acabasse!

"Aí perguntei ao Johnny: 'Que tal uma saideira antes de irmos para casa e ficarmos um *pouquiiiinho* mais? Não quero ir embora agora.'

"'Sim, parece divertido', disse ele.

"Fomos a um bar bem fofo na vizinhança; a namorada de um amigo do Johnny era garçonete. Ela foi muito receptiva e amigável, e nos cumprimentou com grandes abraços. Observei-a enquanto falava com Johnny; ela era bonita e tinha um jeito rebelde. Tinha tatuagens, e uma personalidade atraente e desinibida. Pequenos gatilhos começaram a surgir em minha mente, e a 'Ciumentona' — meu alter ego, o diabinho do meu anjinho, minha Antagonista — apareceu.

"A Ciumentona é passional, atacada, dramática, possessiva e ciumenta, assim como seu nome sugere. Ela é insegura e se sente pouco atraente e inferior aos outros. Acha que seu namorado atual, e qualquer outro que tenha tido, está sempre secando outras mulheres.

"Enquanto assistia a Johnny e essa garota interagirem, comecei a me fazer perguntas. 'Johnny está atraído por ela? Uau, ele parece muito interessado na conversa e está sendo excessivamente atencioso.' Todos esses pensamentos corriam pela minha mente, e minhas emoções fervilhavam.

"Primeiro, a culpa e a raiva projetaram toda a minha energia negativa em direção ao comportamento dele, e então isso se transformou em insegurança e comparação. 'Será que ele acha que ela é mais bonita do que eu? Ele é fisicamente atraído por esse tipo de garota? Ela é magra e alta, eu sou curvilínea e baixa, nunca serei magra nem alta. Ele me ama e diz que sou bonita o tempo todo, mas será que isso é sincero?' O tom da noite imediatamente mudou, e meu humor foi de mal a pior. A semente havia sido plantada em minha mente e nenhuma garantia ou comunicação ajudaria, porque minha pior faceta estava no controle e eu já tinha decidido como me sentia.

"Johnny não fazia ideia do que tinha acontecido; ele estava apenas conversando e sendo sociável; é da natureza dele ser amigável! Quando o confrontei, ele não sabia do que eu estava falando. A melhor noite que já tivemos se transformou em briga. Antes de dormir, eu me perguntei: *O que senti foi real ou tudo coisa da minha cabeça?*

"A Ciumentona entra sorrateiramente e cria essas situações para jogar gasolina no incêndio, manter suas atitudes possessivas e ciumentas vivas; gosta de criar dramas que não existem. Ela não precisa ser paranoica nem suspeitar de seu namorado, Johnny está com ela porque é atraído e apaixonado por ela."

Exercício: Identifique Seus Traços de Antagonista

Como a vida está em constante evolução, é irreal pensar que você pode agir de dentro do Melhor de Si Mesmo o tempo todo. Em vez disso, a ideia é simplesmente reduzir o tempo que você perde com seu Antagonista.

Tenho algumas inseguranças em certas áreas da minha vida, então meu objetivo constante é ter segurança a respeito de qualquer novo empreendimento e me concentrar em aproveitar a jornada. Até mesmo enquanto escrevia este livro senti um pouco de insegurança. Como você descobrirá, eu era fraco na escola, particularmente nas aulas de inglês. Redações definitivamente não eram meu forte, então você pode imaginar como a ideia de escrever um livro fez eu me sentir! Comecei a me preocupar com o que os outros pensariam da maneira como escrevia e me perguntava se eu era bom o suficiente. O mesmo vale para aparições na televisão — que também é uma empreitada nova para mim. Pensava tanto na imagem que os produtores e espectadores fariam de mim que isso começou a afetar minha confiança. Mas tudo isso vem do medo, e notei que minhas inseguranças realmente surgem quando penso demais se as pessoas gostam de mim ou do meu trabalho. Mas, quando Merlim (o Melhor de Mim) entra na mistura, não fico nada inseguro. Imagino o Antagonista como alguém que tenta nos sabotar, fazendo tudo o que pode para nos impedir de ser nós mesmos — assim, impede você de aproveitar a jornada da vida.

Primeiro, como Suzanne, anote suas características que você considera falhas de caráter. Algumas perguntas para pensar sobre elas são:

- Você nutre sentimentos de impiedade própria ou para com os outros?
- Você se irrita rápido?
- Costuma fazer escolhas problemáticas conscientemente?
- Sente-se impaciente a maior parte do tempo?

- Age como um sabe-tudo?
- Tende a desistir antes de atingir um objetivo?
- Acredita que não é bom o suficiente?
- Deixa as pessoas tirarem vantagem de você?
- Costuma agir de forma egoísta?

Quero que você pense na última vez que agiu de forma negativa e depois pensou: *Cara, eu não estava sendo eu mesmo naquele momento. Não lidei bem com isso.* Talvez não seja tão óbvio — talvez seja mais como um sentimento ruim que perdura. Pode até ser que você não goste da pessoa que você se torna quando fala com certos membros da sua família. Algo acontece, você recebe o gatilho e, de repente, desliga o telefone.

Outro exemplo é quando as pessoas criam uma falsa narrativa em um relacionamento devido ao comportamento do parceiro. Como um marido que chega à casa do trabalho e quer relaxar na frente da televisão. A esposa pode ver esse padrão e começar a acreditar que ele não gosta de passar o tempo com ela ou que não sente mais atração. Ela pode ir tão fundo nessa história que começará a acreditar que não merece ser amada. Esse é o Antagonista em ação.

Tudo de que não goste em você deve entrar na lista. Curiosamente, percebo que meus clientes a acham muito mais fácil de criar do que a lista do Melhor de Si Mesmo. Mas é por isso que estou tão animado para sua jornada por este livro — porque vamos acabar invertendo o roteiro e melhorando sua vida.

Esta lista é apenas para você — deixe de lado sentimentos de culpa ou vergonha. Enterrar nossa cabeça na areia e permanecer em negação sobre certos aspectos pessoais confere poder a eles. Lembre-se, as coisas parecem mais assustadoras quando ficam encobertas pela escuridão. Então, vamos jogar luz sobre elas!

Vamos considerar esta lista de características de Antagonismo. Você pode circular aquelas que se aplicam a você ou adicioná-las à sua própria lista.

abusado	avarento	covarde	distraído
acomodado	ávido	crápula	dominador
acusador	bagunceiro	cretino	egocêntrico
amargo	bravo	crítico	egoísta
angustiado	brutal	depressivo	espalhafatoso
ansioso	bruto	derrotista	esquisito
antiético	burro	desagradável	estabanado
antipático	calculista	desajeitado	estranho
antissocial	cansativo	desconfiado	estúpido
apático	carente	desequilibrado	esquivo
apagado	chato	desleixado	evasivo
arbitrário	cínico	desobediente	exagerado
ardiloso	cismado	desonesto	execrável
arrogante	ciumento	desprezível	exigente
artificial	comodista	desregrado	facínora
asqueroso	competitivo	destrutivo	falso
atrapalhado	compulsivo	detestável	fanático
atroz	conformista	dispensável	fatalista
autoritário	confuso	dissimulado	fechado

fofoqueiro	indiscreto	irritável	ofensivo
fraco	inerte	letárgico	opressor
frio	infame	leviano	paranoico
ganancioso	infantil	limitado	parcial
grosseiro	inferior	maçante	passivo
grudento	inflexível	malandro	pedante
hipócrita	influenciável	maldoso	perdido
hostil	ingrato	malicioso	permissivo
ignóbil	inibido	mentiroso	perturbador
ignorante	inquiridor	mercenário	perverso
impaciente	insatisfeito	mesquinho	pesaroso
imprudente	inseguro	metido	pessimista
impulsivo	insensível	miserável	possessivo
incapaz	insignificante	mordaz	preguiçoso
incoerente	instável	narcisista	presunçoso
inconsequente	intolerante	negativo	pretensioso
inconstante	intransigente	negligente	problemático
inconveniente	invejoso	obcecado	questionável
indelicado	irascível	obsessivo	rabugento
indesejável	irrealista	obtuso	reacionário
indiferente	irresponsável	odioso	rebelde

reclamão	ríspido	temperamental	vadio
reprimido	rude	tenso	vaidoso
repulsivo	sedentário	torpe	vingativo
ressentido	soberbo	tóxico	vulnerável
retraído	sombrio	traiçoeiro	
ridículo	soturno	trapaceiro	
rígido	tacanho	trouxa	

Qualquer característica sua que considere negativa e que não está listada pode ser escrita abaixo:

Traços do Antagonista _____
_____
_____
_____
_____
_____

Crie Seu Antagonista

Consultando as características negativas que você escreveu acima, vamos agora começar a dar forma ao seu Antagonista. Ao mergulhar em sua imaginação para este exercício, lembre-se de que deve ser um exagero dessa versão de si mesmo. Acredito que é saudável conseguirmos rir de nós mesmos, ainda que apenas um pouco. Se estivermos tão bitolados que não consigamos zombar de nós mesmos às vezes, então estamos nos levando muito a sério. Além disso, o exagero de nossas características nos ajuda a lembrá-las. Assim, quando pensamos ou nos comportamos de uma certa forma, podemos parar e avaliar: "Estou agindo de acordo com o Melhor de Mim ou de acordo com meu Antagonista?" E temos imagens poderosas associadas a ambos.

Uma das minhas facetas de Antagonista é o "Angelos". Ele gosta de provocar pessoas, é impaciente e realmente levanta sua cabeça feiosa sempre que sente que as pessoas estão sendo desonestas. Ele não tem compaixão e se recusa a aceitar que algumas pessoas contam mentiras por conta do próprio medo. Ele é impulsivo. Não suporta conversas sobre notícias, clima e esportes. E é desconfiado. Meus amigos sabem dessa faceta e a apontaram para mim no passado, mas posso dizer honestamente que a frequência de aparições do Angelos é de baixa a inexistente hoje em dia.

Enquanto você trabalhar no desenvolvimento do seu Antagonista, lembre-se de que não há problema se precisar criar várias facetas diferentes, que são várias versões do seu Antagonista. Você pode dar a cada uma delas o próprio conjunto de qualidades e aparências.

Da mesma forma que um roteirista cria seus personagens antes de escrever uma palavra sequer de diálogo em um roteiro de filme, quero que você tenha uma visão completa de quem é a sua faceta de Antagonista. Quanto mais clara a imagem estiver em sua mente, mais fácil será para você prever o que pode fazer com que ela reaja ou influencie seu comportamento. E também ajudará o Melhor de Si Mesmo a mantê-la afastada.

Aqui estão algumas perguntas para você começar a criar seu Antagonista:

Seu Antagonista tem/é:

- Um gênero específico?
- Um animal?
- Uma criatura mística?
- Um personagem inspirado em um livro ou filme?

Seu Antagonista tem um lema?

Seu Antagonista se move/caminha/dança de uma maneira específica?

Seu Antagonista adota um comportamento particular quando alguém é gentil com você?

Seu Antagonista adota um comportamento particular quando você se sente ameaçado?

No que seu Antagonista acredita em relação a você?

O que seu Antagonista veste?

Escreva uma descrição completa do seu Antagonista aqui: _____
_____
_____

Cite cinco eventos recentes ou situações nas quais você reconhece que seu Antagonista estava no controle.

1. _____
2. _____
3. _____
4. _____
5. _____

Agora, pegue uma caneta ou lápis, marca-texto ou pincel; está na hora de desenhar seu Antagonista. Dê o máximo de detalhes que puder!

Desenhe sua faceta de Antagonista aqui:

Antes de prosseguir, reserve um momento para atribuir um nome ao seu Antagonista e escrevê-lo na parte de cima da imagem que criou.

Agora pergunte a si mesmo como você lidaria com essas cinco situações se estivesse agindo como o Melhor de Si Mesmo. Em outras palavras, o que o Melhor de Si Mesmo lhe diria de diferente se estivesse no comando?

1. _____
2. _____
3. _____
4. _____
5. _____

Veja só! Aposto que você está vendo um padrão aqui! Estou levando-o a cavar fundo e olhar para si mesmo. Mesmo que tenha revirado os olhos uma ou duas vezes até agora, eu entendo. Você provavelmente está um pouco fora de sua zona de conforto, mas é certamente um trabalho que vale a pena ser feito.

Compartilharei com você um cenário em que muitas vezes me encontro e que provocava a vinda do Angelos com facilidade. Como CEO de uma empresa, gerencio muitos funcionários diferentes, e quando um deles não apresentava um bom desempenho eu o confrontava, sem me importar com quem mais poderia estar presente na sala no momento. Eu não pensava em como isso poderia ser humilhante para a pessoa — é claro que eu não fazia *de propósito*, mas simplesmente não pensava em seus sentimentos. E isso tudo era por causa do Angelos. Eu agia impulsivamente em vez de focar o pensamento em como orientar o funcionário em questão para que ele se destacasse. Quando entrava na mentalidade do Angelos, eu simplesmente não me importava com quem estava falando e o confrontava ali mesmo. Percebi, porém, que esse tipo de comportamento não criava mais paz na minha vida — muito pelo contrário! Criava mais tensão não resolvida, e o desempenho do funcionário muitas vezes também não melhorava. Quando Angelos entrava em cena, todos perdiam.

A Evolução do Antagonista

Agora que você tem uma compreensão bem clara das várias versões do seu Antagonista, na próxima vez que se deparar com uma situação que normalmente o traria à tona, você pode escolher deixar o Melhor de Si Mesmo lidar com ela. Pode ser uma decisão tomada em segundos, que se tornará automática com o tempo. Você começará a invocar inconscientemente o Melhor de Si Mesmo, em vez do Antagonista, para enfrentar cada desafio ou obstáculo em seu caminho.

A vida não é estática — está em constante movimento e mudança, assim como seu Antagonista. Nossas experiências moldam nosso cenário mental e emocional, então é possível que uma nova versão do seu Antagonista surja. Sugiro que você verifique consigo mesmo de vez em quando e faça esse exercício todo novamente. Você pode se surpreender com as descobertas.

Todas as mudanças que acontecerem em sua vida — um novo emprego ou troca de carreira, mudança, perda de um ente querido e assim por diante — são bons momentos para ter certa consciência adicional do seu Antagonista. Isso pode ajudá-lo a manter o equilíbrio em todos os níveis.

Como vemos aqui, o processo simples que fizemos nos dois últimos capítulos é incrivelmente empoderador e perspicaz em sua jornada para se tornar o Melhor de Si Mesmo. No próximo capítulo, vamos colocar todos os itens certos em sua bagagem enquanto seguimos pela emocionante estrada à frente.

3

Sua Jornada Singular:
Os Princípios da Mudança do Melhor Eu

Somos todos artistas. Defino como artista alguém que se expressa por meio da própria verdade. Todos temos a capacidade de fazer algo que seja bonito, de que outros possam se beneficiar e que seja singular para nós. Não estou falando sobre o tipo de arte que requer um pincel e uma tela; há tantas formas diferentes e singulares de arte no mundo quanto pessoas.

Acidentalmente descobri minha forma de arte, como acho que acontece a muitos de nós. Minha jornada de vida tem sido cheia de reviravoltas, altos e baixos, e até alguns momentos de estagnação, e foi por meio dessas experiências que me conectei comigo mesmo e com os outros. Dentro dessas conexões, deparei-me com minha arte, que está ajudando as pessoas a encontrarem a liberdade de serem a melhor versão de si mesmas. Presumo que você pode dizer que a *minha* arte está ajudando-o a descobrir a *sua*. E essa é a essência da jornada em que você está agora, ao aplicar o melhor modelo de si mesmo à sua vida.

Todos com quem trabalhei lhe dirão que, em algum momento, perguntei: "Qual é a sua arte?" Em geral, eles me olhavam confusos. O que estou realmente perguntando é como eles expressam a essência de quem são no cotidiano, seja por meio da profissão escolhida, da interação com a família, de hobbies e assim por diante.

Por exemplo, os terapeutas que emprego nos CAST Centers expressam sua arte singular a cada dia que trabalham com os clientes, sempre com o propósito maior de libertá-los daquilo que os prende. A equipe de nossa casa de transição afiou sua arte de ajudar as pessoas a se sentirem cuidadas e amadas. A mulher que limpa os escritórios antes de todos chegarem tem uma arte de fazer um espaço parecer organizado e bem cuidado. O gerente de RH tem uma arte de manter a paz e resolver todas as *questões* e colocar todos os pingos nos *i*'s. É realmente uma maravilha estar entre um grupo de pessoas que estão ativamente expressando suas formas de arte singulares diariamente, com um objetivo comum que inspira e motiva a todos.

As pessoas costumam me dizer: "Você deve se sentir muito bem consigo mesmo, porque o trabalho de sua vida é ajudar os outros a melhorarem." Mas sempre fujo desse tipo de conversa, porque, se você está vivendo como o Melhor de Si Mesmo em todas as áreas da vida, não importa se sua arte é fabricar peças hidráulicas, criar programas de computador, desenhar roupas, servir mesas, construir móveis, escrever canções, cultivar hortaliças, decorar interiores ou qualquer outra coisa — você pode e vai se sentir bem consigo mesmo. Isso é o que eu quero para você!

Cinco Princípios para a Mudança

Acho que neste estágio você percebe que acredito completamente que sua jornada de vida é diferente daquela de qualquer outra pessoa. No entanto há algumas ferramentas fundamentais que provaram ser, mais uma vez, essenciais para uma experiência bem-sucedida com o Modelo do Melhor de Si Mesmo. Essas ferramentas, que chamei de cinco princípios para a mudança, ajudam-nos na preparação mental para o processo pelo qual passaremos.

Para que você tenha a mentalidade certa para a mudança, quero ter certeza de que está comprometido em abordar tudo com:

- Curiosidade
- Receptividade
- Foco
- Honestidade
- Disposição

Curiosidade

Sou naturalmente uma pessoa muito curiosa e, por isso, faço muitas perguntas, especialmente quando conheço alguém. Hoje em dia, sequer percebo. Mas sou grato pela minha curiosidade inata, porque aumenta minha capacidade de ajudar as pessoas. Muitas vezes, por meio de perguntas simples, mas poderosas, consigo ajudá-las a se conectarem com as próprias questões e a experimentarem avanços. Apenas sigo minha curiosidade.

Porém percebi que nem todos têm a mesma curiosidade inata e, especificamente, descobri que muitos lutam contra ela. Eles simplesmente passam pela vida até que se veem em frente a uma crise que os força a repensar; mas, quando somos curiosos a respeito de nós mesmos, sentimo-nos inspirados a mudar.

Curiosidade significa simplesmente "um forte desejo de conhecer ou aprender algo". Se você deixou de ser curioso, não pode explorar a si mesmo. Sei que às vezes é assustador ir a fundo, remover essas camadas, limpar a poeira de algo que está guardado, plantado em sua psique por décadas, criando raízes insidiosamente. Mas, ao lançar a luz nas partes obscuras de sua mente e coração, verá que o que quer que esteja lá não é tão assustador quanto parece e retomará o controle de maneiras que nunca imaginou serem possíveis.

Quando pensamos na curiosidade das crianças, vêm à mente imagens de crianças passando as mãos pela areia e olhando enquanto ela cai por entre os dedos, ou observando maravilhadas um bando de pássaros partindo em voo, ou grunhindo de alegria enquanto tomam um banho com espuma. Isso é aprendizado por experiência; elas entendem o mundo ao redor usando todos os sentidos, e esse é o tipo de curiosidade que quero que você tenha, especificamente aplicando a *você mesmo*. Quero que se conscientize de seus padrões de pensamento, comportamento e o modo como age no mundo.

Walt Disney disse certa vez: "Nós continuamos seguindo em frente, abrindo novas portas e fazendo coisas novas porque somos curiosos, e a curiosidade continua nos conduzindo por novos caminhos." Isso representa a natureza profunda da curiosidade e o que pode fazer por nós se simplesmente a abraçarmos e cultivarmos. E, mesmo que o principal objetivo para eu aconselhar que você seja uma pessoa curiosa se refira a seu autoconhecimento, a curiosidade também extrapola para o mundo exterior, as novas ideias, perspectivas e crenças. Curiosidade é o meio pelo qual você pode absorver conhecimento. Sem curiosidade, não se pode verdadeiramente aprender.

> **SINAL DE ALERTA**
>
> Quero lhe mostrar algo. Às vezes, quando as pessoas se tornam profundamente curiosas sobre si mesmas, caem em um buraco de autodepreciação. O mergulho profundo leva-as apenas a pensamentos e comportamentos negativos. Se sentir que está seguindo nessa direção, pare imediatamente e mude de rumo. Ser curioso não o deve machucar. Simplesmente deve começar a observar conexões entre seus pensamentos e comportamentos, e ver, e eu quero dizer realmente enxergar a si mesmo como você é, para que descubra aonde quer ir.

Honestidade

Como o objetivo fundamental pelo qual trabalhamos é o alinhamento com o Melhor de Si Mesmo, você pode entender por que a honestidade é imperativa. Se mentir (algo que o seu Melhor não faria) para si mesmo, incluindo sobre medos que surgirem no caminho, apenas colocará obstáculos para o próprio progresso. Thomas Jefferson disse: "A honestidade é o primeiro capítulo no livro da sabedoria." E não é sabedoria o que buscamos? Em todos os momentos, façamos a escolha sábia. A sabedoria começa com a honestidade.

Honestidade e integridade são a mesma coisa — ambas se referem a fazer o que é certo. Quero que, nesse processo, você saiba agir corretamente. Sem total honestidade, não será capaz de se conectar com o Melhor de Si Mesmo. Você pode pensar que se alinhará se guardar segredos, mas saiba que isso o fará falhar. Se estiver tentando evitar alguma coisa, é hora de enfrentá-la — e prometo que a confissão e suas consequências não são tão ruins quanto imagina. Nossos segredos nos adoecem. Segredos e vergonha o impedem de alcançar resultados positivos ao fazerem-no tropeçar durante a jornada. Estou animado para ajudá-lo a fazer as pazes com todas as suas "questões", então devemos concordar que a melhor maneira de começar é sendo honesto consigo mesmo.

Receptividade

Escolher ser receptivo é como abrir os olhos de nossa mente para que enxerguemos as respostas que estiveram lá o tempo todo, mas que estavam ocultas porque éramos cegos.

Como nossos cérebros são programados para a sobrevivência, não temos a mente naturalmente receptiva quando se trata de novas coisas ou ideias. Como nossos cérebros reconhecem que o que fazemos no momento funciona, evitamos mudanças. Não estamos em grave perigo, então apenas mantemos o *status quo*. Basicamente, o lema de nosso cérebro é "se não está quebrado, não conserte". Mas não estamos falando de escapar de um perigo imediato; em vez disso, estamos falando de atualizar nosso sistema operacional para partirmos da sobrevivência para o *desenvolvimento*.

A receptividade é fundamental enquanto modificamos e ajustamos como você vive sua vida. Vamos colocar tudo na mesa e trabalhar juntos para descobrir como até mesmo pequenas mudanças podem ter grandes resultados positivos. Quanto mais receptivo você estiver a novos conceitos, maior é sua probabilidade de sucesso. Estar receptivo essencialmente significa ser capaz de aprender. Uma das maiores realizações da minha vida é sentir a liberdade de estar sempre aberto ao aprendizado. Posso garantir que sua vida melhorará se você permanecer receptivo à ideia de que nem sempre tem a resposta, novas informações podem ser adicionadas às que tem, e que você pode fazer coisas melhores do que as que faz agora. Lembre-se do que disse o filósofo grego Sócrates: "A única verdadeira sabedoria é saber que você não sabe nada." Abrace essa ideia. Envolva seus braços ao redor dela e lhe dê um grande abraço, porque, quando você aceita a noção de que realmente não sabe nada, imediatamente se torna uma esponja, absorvendo novas ideias e pontos de vista.

Imagine que tenha passado toda a sua vida de pé atrás de uma parede. Você nunca ousou sequer pensar em sair de trás dela até que, finalmente, um dia, um amigo o pega pela mão e o arrasta para o outro lado. Lá, você testemunha, pela primeira vez, quão majestoso é o nascer do sol. Deixe este livro ser esse amigo que o pega pela mão, e o nascer do sol, a beleza do Melhor de Si Mesmo. Esteja aberto a tudo o que surgir em seu caminho.

Disposição

Há mais de 16 anos, consegui finalmente ficar sóbrio e, durante o processo de recuperação, aprendi que precisava fazer o que fosse preciso para ficar limpo. Eu sabia que não queria sofrer uma recaída, então fiz tudo que me foi sugerido pelos meus mentores, padrinhos e terapeutas. Isso incluía ir a reuniões de 12 passos e telefonar para um mentor todos os dias, oferecer-me como voluntário para retribuir à comunidade, orar todas as manhãs e rever o meu dia todas as noites. Eu estava desesperado por uma solução porque já não tinha resposta para o meu vício; portanto, pedia sugestões a qualquer um que tivesse o que me faltava (a paz de espírito). Tenha certeza de que qualquer pessoa que tenha feito uma mudança radical em sua vida, seja sobriedade, perder muito peso ou fazer uma grande mudança de carreira, manteve sua disposição. Ela é o passo da ação — estar disposto a permanecer em ação, não apenas em pensamento.

Você também precisa estar disposto a fazer o que for necessário para se aperfeiçoar. Sim, é possível que possa exigir que você saia da sua zona de conforto, então é preciso estar disposto a fazer isso também. Como disse antes, isso não precisa ser difícil! Acho que você ficará chocado ao descobrir que, depois de ter visualizado corretamente seu objetivo, não será tão difícil fazer o que for necessário para alcançá-lo. Acredito que se você estiver disposto a fazer algo, aí realmente o fará. Sir Richard Branson, o magnata britânico que fundou o Virgin Group, disse: "A vida é muito mais divertida se você disser sim no lugar de não." É exatamente disso que estou falando. Esteja disposto a dizer sim e então continue com a ação, e você não se arrependerá.

Foco

O princípio final para a mudança é o foco, em que você também pode pensar como permanecer no caminho certo. Pergunte a qualquer líder o motivo principal pelo qual alcançou seu nível extremo de sucesso e ele responderá com uma palavra: *foco*.

Oprah Winfrey disse uma vez: "Sinta o poder que vem de se **concentrar** no que o empolga." Oprah certamente parece muito feliz fazendo o que ama, não parece? Warren Buffett: "Os jogos são vencidos pelos jogadores que se **concentram** no campo de jogo, não por aqueles cujos olhos ficam colados no placar." LL Cool J disse: "Mantenha o **foco**; vá atrás dos seus sonhos e continue perseguindo seus objetivos." Ele obviamente conseguiu fazer as duas coisas, e eu diria que valeu a pena! O famoso empresário e investidor Mark Cuban disse: "O que eu aprendi é que você só precisa **focar**, acreditar em si mesmo e confiar em sua própria capacidade e julgamento." O foco é fundamental.

Um situação real que pode mostrar o poder de foco é ver o lado bom — pensar no que pode acontecer quando *não* estamos totalmente focados em uma tarefa importante. Enviar mensagens de texto e dirigir são realmente o exemplo final (e mais difundido) de pessoas tentando dividir seu foco entre tarefas, e isso tem resultados fatais. De acordo com o National Safety Council, 1,6 milhão de batidas de carro por ano é resultado direto do uso de telefones celulares durante a condução. Isso é um em cada quatro acidentes de carro. Pelo menos nove pessoas são mortas todos os dias por causa de um motorista distraído. Não podemos estar em dois lugares ao mesmo tempo, física ou mentalmente. Para realizar o trabalho necessário com o intuito de melhorar nossas vidas, precisamos minimizar as distrações e criar um cenário que suporte o foco necessário.

Agora precisamos determinar o que realmente é o foco para você. Qual é a sua maneira singular de manter o curso? Eu digo "singular" porque todos têm maneiras diferentes de se concentrar. Por exemplo, ao ler este livro, você pode achar melhor se concentrar nele lendo sozinho em seu quarto silencioso com uma xícara de chá e uma caneta. Porém você pode prosperar com energia ao seu redor, então seria melhor que o lesse em um café com seu notebook. Caso não tenha certeza, faça um pequeno experimento, teste alguns ambientes diferentes e determine qual deles permite que você fique mais sintonizado. Desde o primeiro minuto, precisamos ter certeza de que você está presente e totalmente focado no trabalho que está fazendo.

Eu fico focado quando começo a me colocar no ambiente certo. Os cafés funcionam para muitas pessoas fazerem seu trabalho, mas eu preciso de uma cadeira confortável e o mínimo de distrações possível. Também priorizo o que estou tentando focar e ignoro todo o resto da minha lista de tarefas.

O que Recarrega Sua Bateria de Autenticidade?

O que você estava fazendo da última vez que se sentiu realmente vivo, com a corda toda? Quando sentiu que estava totalmente conectado à sua vida?

As respostas a essas perguntas podem surgir em sua mente, permitindo que você reviva esses momentos. Porém você ainda pode estar coçando a cabeça e se perguntando se *realmente* se sentiu assim. Mas ter esses momentos de rejuvenescimento máximo, sentindo-me totalmente carregado, é o que gosto de chamar de recarregar sua bateria de autenticidade. Esses momentos são fundamentais e necessários em sua vida.

Vamos explorar juntos e descobrir o que recarrega sua bateria de autenticidade.

- Agora mesmo, tire um momento para pensar sobre o que faz você se sentir realmente vivo e escreva aqui: _____
_____
_____
_____

- Quando foi a última vez que você fez essa atividade? _____
_____
_____
_____

- Com base no tipo de atividade que você identificou como o que recarrega sua bateria de autenticidade, o que isso lhe diz sobre o Melhor de Si Mesmo?
_____
_____
_____
_____

- Quais áreas da sua vida combinam com o Melhor de Si Mesmo? _____
_____
_____
_____

- Quais áreas da sua vida não combinam com o Melhor de Si Mesmo? __
_____
_____
_____

Quando você olha as informações que escreveu acima, sente que aquilo que faz na sua vida, em geral, combina com quem você é autenticamente? Se sim, isso é empolgante, porque significa que nosso trabalho em conjunto será focado em ajustar e/ou resolver problemas em áreas específicas.

Por outro lado, parece mais que seu eu central está soterrado por pilhas de coisas bagunçadas na vida? Tudo bem também, porque estamos prestes a começar a cavar!

Agora, Classifique Sua Prontidão para a Mudança

É hora de começar sua jornada. Você está realmente pronto? Gostaria que você se avaliasse, em uma escala de 1 a 10, nos cinco fatores que discutimos: curiosidade, honestidade, abertura, disposição e foco.

1 = Nada 5 = Chegando lá 10 = estou 100% dentro!

1. Quão curioso você é para aprender sobre quem você realmente é, mesmo que descubra que essa pessoa é diferente de quem você é agora?

CIRCULE UM: 1 2 3 4 5 6 7 8 9 10

2. Quão honesto você será consigo mesmo ao fazer os exercícios deste livro? Você vai elucidar todos os cantos da sua vida e mente?

CIRCULE UM: 1 2 3 4 5 6 7 8 9 10

3. Quão aberto você está para revolucionar sua vida?

CIRCULE UM: 1 2 3 4 5 6 7 8 9 10

4. Você está disposto a tomar qualquer medida que seja necessária para melhorar sua vida e criar uma conexão consistente com o Melhor de Si Mesmo?

CIRCULE UM: 1 2 3 4 5 6 7 8 9 10

5. Quão focado você está nas tarefas propostas nas páginas e exercícios deste livro?

CIRCULE UM: 1 2 3 4 5 6 7 8 9 10

Se você não circulou 10 em todas essas perguntas, pergunte a si mesmo: o que você precisa fazer agora para chegar ao 10? Escreva aqui: _____

_____

_____

_____

Se você não estiver totalmente certo do que precisa fazer para se sentir pronto, continue a ler. E, não se preocupe, tudo é um processo. Vamos chegar lá juntos.

Estágios da Mudança

Agora que você se comprometeu a permanecer curioso, honesto, aberto, disposto e concentrado, quero falar com você por um minuto sobre os estágios de mudança/melhoria. Aqui estão eles:

Os Estágios de Mudança/Melhoria[*]

- **Pré-contemplação:** Você não tem intenção de alterar nenhum dos seus comportamentos atuais. Você provavelmente não sabe que há um problema.
- **Contemplação:** Você se conscientizou de que precisa atuar em alguma área da sua vida, mas ainda não tem intenção de mudar.
- **Preparação:** Você está decidido a agir para corrigir o problema. Você está convencido de que precisa mudar algo para melhorar algumas ou

---

[*] *The Transtheoretical Model* (Prochaska e DiClemente, 1983).

todas as áreas da sua vida e acredita que é capaz de fazer o que é exigido de você.

- **Ação:** Você está ativamente modificando seu comportamento para melhorar sua vida.
- **Manutenção:** Você mantém seu comportamento alterado e novos comportamentos substituíram os antigos.

Passei muitos anos fazendo intervenções nas quais ajudava pessoas que viviam em absoluta resistência por medo das consequências da mudança. Muitas acabaram fazendo um giro de 180° em suas vidas, e algumas delas até trabalham para mim hoje.

Todos temos sinais de alerta quando precisamos fazer uma mudança, e, se você é como a maioria das pessoas, provavelmente passou por cima ou ignorou todos eles. Mas estou aqui para ajudá-lo a identificar sinais de alerta que surgem em diferentes partes de sua vida, para que possa ajustar seu comportamento e, dessa forma, evitar problemas ainda maiores. Não vamos esperar até que você se encontre em uma crise antes de reconhecer a necessidade de mudança.

Quando trabalhava como intervencionista, muitas vezes recebia telefonemas de pais de filhos adultos desesperados para que eles mudassem. Entre esses pais estavam Cindy e John; eles me telefonaram sobre o filho deles de 19 anos, Marty, que havia abandonado a faculdade e se mudado para o porão deles. Ele passava a maior parte do tempo jogando videogames (o que fazia a noite toda, depois dormia até o meio-dia), comendo as refeições preparadas por Cindy e vagando pela casa. Ele, claro, não tinha motivação para mudar. E por que teria? Para ele, a vida estava ótima. Ele não tinha gostado muito da faculdade, então apenas voltou ao ninho para passar um período não especificado de tempo.

John achou que a melhor maneira de motivar Marty a participar da vida era contratá-lo em sua empresa — uma cadeia local de restaurantes. Marty deveria trabalhar na sede (para que John pudesse vigiá-lo) das 9h às 17h, todos os dias. Mas, apesar de ser pago como funcionário em tempo integral, ele aparecia por algumas horas, *talvez* uns três dias por semana. E, mesmo quando respeitava o horário, não fazia muito no escritório, e seus colegas de trabalho relataram que ele não era um membro da equipe e não aderiu ao mesmo código de ética que todos eles seguiam — ele chegava atrasado, ficava constantemente no celular mandando mensagens e assim por diante.

Sentei-me com John e Cindy para conversar sobre a situação e, o tempo todo, pude ouvir Marty jogando seus videogames lá embaixo no volume máximo. Abordei isso por partes — eu precisava colocar John e Cindy no mesmo pensamento. Eles precisavam estar alinhados e entender que Marty só teria motivação para mudar se: 1) houvesse consequências na vida real caso ele não escolhesse mudar, ou 2) sofresse tamanha dor emocional, física ou espiritual que simplesmente não pudesse aguentar mais um dia disso. Todos sabíamos que ele estava vivendo uma existência sem dor, então ele precisava de consequências. Imediatamente.

John disse: "Certo, então precisamos expulsá-lo? Para que ele veja como é a vida nas ruas?"

Cindy, horrorizada, entrou na conversa: "John, você está falando do nosso filhinho! Não podemos fazer isso! Estou exausta de servi-lo, mas precisamos ajudá-lo! Ele está tão perdido!"

Eu simplesmente disse: "Marty deve fazer esta escolha por si mesmo. Se ele vai morar aqui, precisa obedecer a algumas regras. John, se ele não chegar ao trabalho no horário todos os dias, deve sofrer consequências. Caso contrário, você está apenas recompensando o mau comportamento. Você faria isso com qualquer um dos seus outros funcionários?"

John sacudiu a cabeça veementemente. "De jeito nenhum."

Fiz uma pergunta aos dois. "Então, em suas mentes, qual é o cenário ideal aqui?"

Cindy foi a primeira a falar: "Se Marty vai morar aqui, precisa ajudar na casa. E isso inclui ele fazer compras, cozinhar e cuidar de si mesmo, além de nos ajudar nas tarefas domésticas. Ele é um adulto e realmente precisamos que ele aja como tal."

John concordou com a cabeça e acrescentou: "Tentamos de todas as maneiras fazer com que ele seja responsável, mas acho que ambos percebemos que não temos sido consistentes e que, finalmente, estamos permitindo esse comportamento dele."

Em quase todos os casos, os pais estão completamente conscientes de que estão permitindo o comportamento de seus filhos. Eles realmente só precisam de alguém que essencialmente lhes dê permissão para adotar uma abordagem diferente e recuperar seu poder. Foi aí que eu entrei. O próximo passo seria me reunir com todos os três. Então, descemos as escadas do porão para o quarto de Marty. Seus pais entraram primeiro e eu os segui. O quarto era praticamente o que eu esperava e vira dezenas de vezes antes — bagunçado, escuro, com embalagens de comida e latas de refrigerante espalhadas, e um garoto esguio de moletom confortavelmente aconchegado em sua poltrona. Parecia um dormitório universitário. Ele deu uma revirada de olhos ofegante quando viu seus pais, mas, no momento em que seus olhos me registraram, ele se sentou um pouco mais ereto e suas pupilas dilataram-se um pouco — estilo clássico de alguém pego de surpresa. Meu tamanho tende a causar um pouco de medo nos caras, e, neste caso, isso seria útil.

"Marty", começou seu pai. "Sua mãe e eu conversamos com você antes sobre seu modo de vida, mas hoje é o dia em que as coisas vão mudar. Este é o coach Mike e pedimos que ele viesse aqui hoje."

"Olá, Marty. Prazer em conhecê-lo", falei.

"Hum. Beleza... Então, o que exatamente está acontecendo?" Ele se levantou, um olhar de perplexidade se espalhando por seu rosto.

"Amamos muito você, como sabe, mas temos permitido esse comportamento e isso não ajuda em nada, então de agora em diante as coisas vão ser diferentes", disse Cindy, com uma firmeza calma que surpreendeu Marty. Então, nos sentamos e conversamos sobre um plano específico que Marty deveria seguir para continuar morando na casa, com uma clara data de validade. Eles disseram a ele que agiríamos em fases — eu visitaria a família uma vez por semana, por um período de tempo, para ter certeza de que todos estivessem de acordo com suas expectativas (ele seguindo as regras, eles não permitindo aquele comportamento), e então, uma vez a cada duas semanas, à medida que nos desenvolvermos e progredirmos pelas etapas da estratégia. Não havia espaço para Marty interpor ou discordar. Ele precisava fazer uma escolha. Poderia concordar com este novo regime e fazer sua parte ou deveria sair de casa imediatamente.

Veja bem, às vezes uma pessoa não passará pelos estágios de pré-contemplação, contemplação e preparação por conta própria. Nesse caso, com esse particular conjunto de circunstâncias, Marty não tinha qualquer impulso para passar por esses estágios de mudança. Ele não *queria* mudar! Mas seus pais, assim que se tornaram uma unidade e definiram uma estratégia clara, ajudaram a levá-lo diretamente à ação. As consequências de Marty optar por não seguir suas novas regras eram tangíveis, de modo que serviu como motivação para ele.

E assim que entrou em ação — e lembre-se de que a *escolha* de entrar em ação foi dele no final, porque seus pais o fizeram escolher entre entrar nos eixos ou sair — ele começou a se sentir bem consigo mesmo. Houve um período de transição, e, claro, ele teve seus momentos de retrocesso, mas no geral ele estava se tornando um participante em sua própria vida, em vez de espectador. Eventualmente, todos concordamos que seria melhor para ele se encontrasse um emprego fora dos negócios da família, então ele conseguiu um emprego vendendo seguros. Continuamos a ter nossas reuniões e avaliando onde eles estavam no processo, criando, assim, estratégias para avançar. Quanto mais independência Marty alcançava, maior sua autoestima e menos defensivo ele se tornava em relação aos seus pais. Ele estava se transformando de um adolescente birrento em um cara cooperativo e membro ativo de sua família e da sociedade.

Cerca de um ano depois dessa reunião inicial, Cindy me ligou com uma atualização: "Mike, mal consigo acreditar na transformação que vi em Marty. Ele se mudou para seu pequeno apartamento, e no dia em que se mudou fui dar uma olhada no porão para ver se algo havia ficado para trás e vi o console de videogame ainda na TV. Mencionei isso e ele disse que cansou dos videogames — porque eles o faziam perder muito tempo! Imagine só! E quer saber o que mais? Ele arrumou uma namorada! E ela é adorável! Muito obrigada!"

"Imagina! Tenha orgulho de si mesma também. Eu sei que você e John lutaram muito para manter nosso plano, mas vocês perseveraram."

Entrar em ação o mais rápido possível dá frutos porque começamos a nos ver sob uma nova luz. Testemunhamos em primeira mão que somos capazes do que nos é exigido, porque estamos realmente começando a *fazê*-lo! Não temos absolutamente nada a perder entrando de cabeça nas mudanças em nossas vidas — mas temos muito a perder se decidirmos adiar isso. É aí que os dias podem se transformar em semanas e semanas em meses — e então, de repente, percebemos que desperdiçamos anos fazendo as mesmas coisas quando podíamos usar esse tempo para evoluir e melhorar nossa vida em diferentes e surpreendentes formas.

.

Preparando o Seu Caminho...

Lady Gaga disse uma vez: "Nunca deixe que ninguém nesse mundo diga que você não pode ser exatamente quem você é." Ela está totalmente certa, e às vezes *você* é quem atrapalha que você seja exatamente quem você é. É por isso que no próximo capítulo você aprenderá a identificar e lidar com quaisquer obstáculos que possam ameaçar seu progresso no caminho para viver cada dia como o melhor de si mesmo. E não queremos que nada atrapalhe isso!

4

Identificando Seus Obstáculos

Em qualquer jornada, é provável que haja barreiras. Elas podem assumir diversas formas e são ligeiramente diferentes para cada um. Ao trabalhar para chegar ao Melhor de Si Mesmo, quero que fique de olhos bem abertos e atento a qualquer coisa que impeça seu sucesso. Se conseguir prever uma barreira, provavelmente saberá se desviar.

Há alguns fatores universais quando falamos dessas barreiras, e vamos falar sobre eles neste capítulo para que identifique todas as áreas que precisam de atenção ou os empecilhos que precisa vencer. Se você realmente entender o que impede sua conexão com seu interior, descobrirá como eliminar esse problema e prosseguir.

Questionário de Inventário de Medo

Em nossas vidas, com frequência, sucumbimos ao medo. Podemos não perceber que ele é o responsável por deixarmos certos fatores atrapalharem nosso caminho; logo, torna-se indispensável examinar o que nos limita e descobrir se é o medo que está por trás desse limitador. Franklin D. Roosevelt disse em seu discurso de posse: "A única coisa que devemos temer é o medo em si." E por que ele disse isso? O medo é mentiroso. Ele o leva a acreditar que não é bom ou capaz o suficiente, que todos estão julgando-o, e então faz você agir como se isso fosse verdade. Na maioria das vezes, as coisas que tememos nunca ocorrem. Reflita sobre isto: gastamos tempo e energia preocupando-nos com algo que talvez nunca aconteça. E se pudéssemos dedicar essa capacidade intelectual a algo positivo, que nos ajudasse a progredir em nossas vidas, em vez de nos deixar estagnados? Nós podemos. É possível. O primeiro passo é ser honestos com nós mesmos a respeito de nossos medos, para que não se entranhem em nossas mentes.

Não quero que nenhum de seus medos fique entre você e o Melhor de Si Mesmo, então vamos reservar um tempo para identificá-los e, em seguida, enfrentá-los, um por um.

Parte 1: Do que você tem medo?

Começaremos este processo com uma pequena livre associação. Farei uma pergunta a você e peço que escreva todas as palavras que lhe ocorrerem imediatamente depois que a ler. Não hesite nem por um momento — apenas escreva. E não pare até esgotar as palavras ou começar a repeti-las.

Perceber do que temos medo é um passo vital neste processo, ainda que este seja um exercício muito intenso e, em geral, muito carregado emocionalmente. É difícil elucidar seus medos, mas vale a pena no final. Em algum momento de nossas vidas, todos já permitimos que o medo nos dominasse de alguma forma. Quando dominar a capacidade de reconhecer o que desencadeia seu medo, assim como, precisamente, quando surge, conseguirá evitar que ele crie raízes e molde sua vida. *Você* controla sua vida, não o medo. Então, vamos nos livrar do medo!

Está pronto? Que bom! Agora, a pergunta:

Quais são alguns dos medos que o impediram de fazer mudanças em sua vida?

_____
_____
_____
_____
_____

Parte 2: Padrões do medo

Talvez você não tenha percebido que alguns desses medos rondavam sua mente, ou talvez apenas estivesse evitando-os. Mas saiba que não está sozinho. Outras pessoas superaram esses mesmos medos. Você também pode. Ao ter ousadia e coragem suficientes para trazê-los à tona, você dá o primeiro passo para enfrentá-los. Agora, vamos para o próximo passo.

Olhando para sua lista, você percebe algum padrão? Podemos agrupar facilmente vários dos seus medos em categorias mais amplas, como humilhação, sensação de inutilidade ou falta de aprovação? Talvez a maioria de seus medos se reduza à ideia de você não merecer ser amado ou valorizado pelos outros. Olhando essa lista, parece que há um tema geral? Por exemplo, você percebe que o ponto principal é seu medo de não conseguir seguir o plano necessário para que sua vida mude? Ou o fracasso o deixou petrificado? Ou o que outras pessoas pensam? A sensação de que você não merece nada melhor? Analise com atenção e anote o que perceber.

Meu principal motivo para temer a mudança é:

_____
_____
_____
_____

Parte 3: Desafie seu medo

Você está indo muito bem — veja o quanto aprendeu a respeito de si mesmo em alguns minutos! Quando realmente começamos a fazer essas perguntas, passamos a nos entender e a nossas motivações em um nível completamente diferente. Agora, vamos elaborar o ótimo trabalho que fez até aqui.

Imagine seu cérebro como um músculo. Assim como pode ir à academia e treinar para fortalecer seus bíceps, pode treinar seu cérebro. Na verdade, quer você esteja fazendo isso de forma consciente ou não, seu cérebro é constantemente treinado para seguir certos padrões de pensamento. Aprofundando um pouco mais esse conceito, pode ser que, inadvertidamente, seu cérebro esteja treinado para temer coisas de que você não precisa. Isso mesmo, você pode estar vivendo cada dia e tomando decisões com base no medo de algo que não é *real*.

Para entender melhor, considere um exemplo simples: imagine que você está se preparando para uma apresentação no trabalho. Seus tópicos estão preparados, você pesquisou e sabe exatamente o que quer dizer, porém, toda vez que tenta praticar o discurso, congela, fica paralisado de medo. Você imagina seus colegas de trabalho rindo alto enquanto você está na cabeceira da mesa de reunião. E se imagina aparecendo nu no encontro. Você se atém a um certo argumento que quer apresentar e fica com um nó na garganta toda vez que tenta articulá-lo. É apenas uma apresentação de dois minutos, que você tem todas as habilidades e a experiência para conduzir, mas sua mente está presa em uma teia de medo pegajosa. Acreditar nas mentiras que o medo conta pode gerar consequências na vida real.

No dia a dia, você gasta tempo e energia — que são preciosos — com medo de algo que não existe e não representa uma ameaça verdadeira? Perdeu o controle sobre sua tomada de decisão em ampla escala? Sua imaginação venceu a queda de braço com sua razão?

Consulte sua resposta na Parte 2 — a razão pela qual você tem medo de mudar. Agora, vamos testar esse medo:

1. Ele é baseado em fatos?
2. Ele trabalha em favor de seus interesses?
3. Ele gera progresso quanto a metas saudáveis?

Essas perguntas o ajudam a determinar se seu medo é racional ou não.

Por exemplo, se estiver infeliz no trabalho e quiser começar o próprio negócio, sente medo de não conseguir sobreviver ou de acabar perdendo tudo? Esse medo é bem racional, mas há uma forma de lidar com ele. O que o ajudará a superar o medo e começar esse negócio? A resposta é uma base de segurança financeira. Nesse caso, você identificou o medo do fracasso financeiro, então a maneira de evitar que o medo se torne uma realidade é economizar dinheiro suficiente para que possa sobreviver por _____ meses (preencha com o número de meses que considerar adequado) antes de pedir demissão do emprego atual. Fazendo isso, você mitiga o risco e efetivamente elimina esse medo. Agora que o obstáculo do medo foi removido, você pode continuar sua jornada para se tornar o próprio patrão com confiança.

A partir deste momento, quero que escreva seu medo racional e legítimo, o que ele impede que você realize em sua vida e, em seguida, elabore um plano que possa colocar em prática para evitar que esse medo se torne real.

Meu medo é: _____
_____
_____
_____

Está me impedindo de: _____
_____
_____
_____

Meu plano para impedir que meu medo se torne realidade é: _____
_____
_____
_____

Aqui temos um exemplo:

Meu medo é: *Ser rejeitado.*

Está me impedindo de: *Inovar, conhecer novas pessoas e permitir que a vida aconteça naturalmente. Isso causa ansiedade quando preciso conhecer novas pessoas; sinto como se não fosse eu mesmo quando estou perto de colegas de trabalho, porque quero que gostem de mim, e sinto a necessidade de tentar controlar tudo.*

Meu plano para impedir que meu medo se torne realidade é: *Quando me sentir rejeitado, devo acreditar que a vida está me apresentando algo novo e melhor, e que preciso encontrar felicidade nessa certeza.*

Faça isso quantas vezes precisar com todos os medos que surgirem em seu caminho. Assim que você elaborar um plano para cada um, eles perderão o poder e você os tornará impotentes.

Parte 4: A fé sempre vence o medo

Para mim, o oposto do medo é a fé. Há um velho provérbio inglês que mandei gravar em um chaveiro anos atrás. Ele diz: "O medo bateu à porta. A fé atendeu. Ninguém estava lá." Se você tem fé de que as coisas vão dar certo e acreditar que é capaz de fazer o necessário, seus medos perdem todo o poder e, por fim, deixam de existir. Para muitas pessoas, superar os medos é uma questão de deixá-los de lado e substituí-los pela fé.

Da próxima vez que sentir que o medo está aparecendo e impedindo a mudança positiva, tente esta técnica de visualização:

1. Feche os olhos e imagine o medo. Reúna, em sua mente, todas as imagens que o acompanham, bem como sentimentos negativos que ele produz dentro de você.
2. Agora coloque todos esses itens dentro de uma grande caixa de papelão em sua mente.
3. Então diminua a caixa e continue diminuindo gradualmente até que caiba na palma da sua mão.
4. Agora imagine-se de pé na beira de um enorme desfiladeiro, tão profundo que não se pode enxergar o final.
5. Jogue a caixa e veja-a caindo até perdê-la de vista.
6. Imagine-se dando a volta e encontrando um chuveiro ao ar livre.
7. Deixe que a água caia e que uma sensação calorosa e amorosa lave todo seu corpo.
8. Abra seus olhos e abrace a sensação de ter sido refrescado e renovado pela fé.

Você pode utilizar essa técnica sempre que precisar, pois ela o fortalece e o ajuda a se libertar de seus medos.

Ego Versus o Melhor de Si Mesmo: A Escolha É Sua

Considero o ego a maior ameaça à capacidade de ser o Melhor de Si Mesmo. Esclarecendo, não sou psicanalista, então não considero o ego sob uma perspectiva freudiana. Quando falo sobre isso, considero o ego como a representação de um nível profundo de medo. Mas não medos óbvios, tal qual a fobia de aranhas ou de cães, e sim um medo relacionado aos nossos sentimentos a respeito de nós mesmos e como achamos que o mundo nos vê. Quando deixamos os medos se enraizarem em nosso interior, eles podem se tornar parte de nós — como se fossem parte do DNA da nossa personalidade. Sei que isso parece algo traiçoeiro, mas é muito provável de acontecer.

Se por acaso se pegar pensando, fazendo ou dizendo coisas que não pertencem genuinamente a "você", é obra do ego. Toda vez que perde a paciência ou ataca alguém, ou entra em uma discussão acalorada em que parece ter perdido o controle, é obra do ego. Ou se você afirma ser melhor em algo do que realmente é para evitar constrangimentos, promete mais e entrega menos, ou até mesmo se conta uma pequena mentira — tudo isso é manifestação do ego. Você também pode se lembrar de outros exemplos — todos nos envolvemos com o ego de vez em quando. Mas não quero que deixe seu ego atrapalhar você de ser o Melhor de Si Mesmo!

A notícia realmente empolgante é: se tiver receio de que o ego esteja atrapalhando-o, há esperança! Você derrotará seu ego com muito mais facilidade do que imagina, e eu o ajudarei. Primeiro, vamos descobrir como reconhecer o ego e depois como silenciá-lo.

Passo 1: Reconhecendo o ego

Para realmente entender se nosso ego está no comando de algum aspecto de nossas vidas, precisamos entender os tipos de pensamentos, sentimentos e ações que temos quando estamos sob seu efeito. E lembre-se de que o ego nem sempre se manifesta de forma extrema. Todos podemos apontar alguém da cultura popular, dos esportes ou da política que consideramos como "egocêntrico" ou, no mínimo, "egoísta". Não estou aqui para julgar ninguém, então não vou citar nomes. Mas a questão é que sempre nos lembraremos de alguns exemplos extremos de ego inflado. O seu, no entanto, pode aparecer de maneira mais sutil. Nossas reações podem ser desagradáveis quando estamos dominados pelo ego, e isso não é divertido para nós nem para aqueles em volta. Quero poupá-lo de muito tempo e mágoa, ajudando-o a sintonizar-se e ter uma consciência acurada de quando está agindo sob efeito do ego, e não do Melhor de Si Mesmo.

Agora vamos falar sobre algumas maneiras comuns de o ego mostrar a que veio em nossas vidas. Há aqueles egos inflados mais óbvios e também os medos mais silenciosos, mais difíceis de reconhecer, impulsionados pelo ego, então vou separar esses exemplos nessas duas categorias. A lista não é enorme, porém mostra uma visão ampla das formas que o ego pode assumir em sua vida.

Ego inflado/Exemplos óbvios

Defensivo

- Você já conversou com uma pessoa melindrável demais? Quando você diz a essa pessoa "você está agindo na defensiva" e ela não consegue reconhecer nem negar é porque a resposta é sim! Assumir uma posição defensiva decorre da falta de capacidade de aceitar uma crítica construtiva.

Competitivo/Com necessidade de autoafirmação

- É quando alguém se esforça para provar que algo dito por ele é verdade. Ele até mesmo perde horas investindo na briga apenas para provar que estava certo.

Orgulhoso/Soberbo

- É uma forma de egoísmo/megalomania, uma necessidade constante de lembrar a todos ao seu redor de como ele é incrível. Por exemplo, pense naquele ex-jogador de futebol famoso que ainda fala sobre seus dias de glória de 20 anos atrás sempre que tem uma oportunidade.

Vingativo

- Quando uma pessoa propositadamente machuca quem considera que a prejudicou. A lógica pela qual essa pessoa justifica suas ações é frágil.
- Para ela, isso a ajuda a derrubar outras pessoas.

Possessivo

- Aquele que se recusa a compartilhar. Ele protege tudo o que vê como sua "posse". (Inclusive pessoas!)

Venenoso

- Seja online ou pessoalmente, essas pessoas acreditam que se sentirão melhor falando mal dos outros. Com frequência, sentem prazer em proferir o insulto perfeito ou elaborar uma narrativa desagradável a respeito de outras pessoas.

Narcisista

- Pessoas que são tão tomadas pela insegurança, que se olham no espelho a todo momento: na academia, em janelas, no retrovisor, na câmera do telefone (selfies!) e assim por diante.

Desonesto

- Pessoas que evitam ser sinceras e honestas por medo de ser julgadas, rejeitadas etc.; que se entregam a mentiras sobre si mesmas ou sobre os outros, para criar uma realidade falsa que preferem à realidade propriamente dita.
- É quem mente por omissão, deixando de fora detalhes importantes de sua vida ou narrativa, para proteger sua máscara.

Agressivo

- Acho que uma das expressões mais puras do ego inflado é quando alguém recorre à ameaça ou à intimidação. O bullying se tornou um problema sério na sociedade atual e é consequência imediata do ego.

Vitimista

- É quando alguém se recusa a aceitar sua responsabilidade em um problema. (Vamos explorar esse assunto mais a fundo em outra parte deste capítulo, pois acredito que essa questão é cada vez mais frequente e não quero que você adote esse comportamento!)

Importante: Há vítimas reais de circunstâncias terríveis, mas não é delas que estamos falando. A vítima de um crime é diferente de uma pessoa com mentalidade de vítima. Sentir-se ofendido por algo não faz de você uma vítima de verdade, além de ser desrespeitoso e prejudicial às verdadeiras vítimas.

Exemplos menos óbvios do ego

Inseguro/Busca aprovação

- Pessoas que baseiam sua autoestima somente na opinião dos outros a respeito delas.

Carente

- Aqueles que temem a solidão geralmente são assim, porque estar só não lhes proporciona a adrenalina/validação de que necessitam.

Dissimulado/Falso defensor

- Pessoas que intimidam outras por não compartilharem da mesma visão de mundo. Essa é uma questão predominante no cotidiano de campi universitários. Também identifiquei, online, algumas pessoas que afirmam trabalhar em prol da saúde mental, mas que intimidam outras por suas crenças.

Vulnerável

- Essas pessoas não acreditam que têm falhas de caráter ou qualquer necessidade de se desenvolver. Em vez de aceitarem críticas, refletirem, considerarem se/como poderiam aplicá-las a suas vidas, apenas sentem o orgulho ferido, e, com frequência, isso as leva a surtar.

Estagnado/Preso no passado

- Pessoas que se apegam ao passado quando o presente não traz satisfação ou experiências positivas como tiveram.
- Outra versão dessa manifestação do ego são as pessoas que lembram os outros de experiências negativas como forma de infligir culpa ou dor.

Derrotista/Duvida de si mesmo
- Aqueles afetados por sentimentos de incapacidade, que constantemente buscam algo para compensar seu sentimento de insignificância, seja fazendo com que outros se sintam inseguros ou por meio do isolamento.

Deslocado/Constantemente se desculpando (a ponto de parecer falso)
- Aquelas pessoas que dizem "me desculpe" inúmeras vezes por terem um profundo desejo de ser amadas e aprovadas, devido ao fato de não aceitarem a si mesmas.

Suscetível/Preocupado com a opinião alheia
- Uma pessoa atormentada por uma aflição constante a respeito de si mesma (aparência, desempenho, status, inteligência etc.) e que busca seu significado e valor por meio de outras pessoas.

Às vezes é difícil reconhecer esse tipo de comportamento em nós mesmos, então uma boa forma de chegar à verdade é perguntar a um amigo de confiança ou a um ente querido se já testemunhou você se comportando sob influência do ego. Nem sempre é fácil ouvir as respostas, mas você deve permanecer aberto ao feedback construtivo.

Outra excelente maneira de testar seus pensamentos ou comportamentos para descobrir se são provenientes do ego é perguntar ao Melhor de Si Mesmo o que ele pensa. Você pode encenar uma verdadeira conversa entre você e o Melhor de Si Mesmo e debater a questão. Pergunte: "Estou me comportando dessa maneira por causa de algum medo profundo ou em nome do Melhor de Mim?" Ou então: "Esse comportamento é indício do Melhor de Mim ou parece surgir do ego?" Motivações como essas facilmente o ajudam a conseguir as próprias respostas sobre padrões de pensamento ou comportamentos nos quais está envolvido. Lembre-se da última vez que ficou muito frustrado, ansioso ou, no geral, não gostou da forma como determinada situação se desenrolou. O que o Melhor de Si Mesmo teria feito? Como teria reagido? Isso o ajuda a ser bem preciso.

Agora, se qualquer uma das características/manifestações do ego sobre as quais falamos até agora trouxer lembranças de coisas que disse ou fez, ou se forem similares a algumas das características do Antagonista que anotou no Capítulo 2, você não deve patologizar seu comportamento. Não há nada de errado com você. Como mencionei, todos temos nossos encontros com o ego de vez em quando. O objetivo é simplesmente identificar o ego agindo em sua vida para que possa contê-lo, em vez de deixá-lo assumir o comando.

Recuse-se a Entrar no Jogo da Culpa

Se eu precisasse escolher uma mentalidade devastadora da cultura atual que considero mais perigosa seria a de *vitimista*.

Desempenhar o papel de vítima significa julgar alguém ou algo, alheio a você, por coisas que estão dando errado em sua vida. Isso tem a ver com o que se chama de "*locus* de controle".

Quem tem um *locus* interno de controle acredita que pode influenciar acontecimentos e seus resultados. Alguém com um *locus* externo de controle culpa forças externas (outras pessoas, circunstâncias ou mesmo o destino) por tudo. Tenho a impressão de que, na sociedade atual, cada vez mais pessoas parecem ter um *locus* externo de controle. Por exemplo, se alguém estiver com problemas para conseguir um emprego e culpar o atual cenário político ou econômico, está deixando aflorar um *locus* externo de controle. Se alguém pega resfriados com frequência e culpa seus colegas ou ambiente de trabalho por ser cheio de germes, esse alguém tem uma mentalidade de *locus* externo de controle. Outro exemplo é alguém que está constantemente endividado e culpa a inflação ou o alto custo de vida, em vez de assumir a responsabilidade pelo próprio planejamento financeiro e orçamentário. Se alguém passa por um divórcio ou por um término problemático e ainda culpa o/a ex cinco anos depois, esse alguém tem um *locus* externo de controle. Basicamente, escolhemos ter um *locus* externo de controle sempre que apontamos o dedo para longe de nós mesmos, não importa o que esteja acontecendo em nossas vidas.

Sabe qual é o problema desse tipo de pensamento? Ele tira seu poder. Ao entrar no jogo da culpa, você joga as mãos para o alto e diz: "Bem, sou uma vítima, e não há nada que possa fazer." O momento em que culpa alguém por algo que sente ou vivencia é o mesmo em que desiste do seu poder. Ao desistir, fica à mercê da vida. Você se recusa a assumir a responsabilidade por ela. Como pode imaginar, esse é um padrão muito destrutivo. Para manter a conexão com nosso Melhor, precisamos sempre nos responsabilizar pelo que acontece em nossas vidas e encontrar formas de ter controle, mesmo quando o mundo parece tentar nos destruir.

Claro, coisas ruins acontecem e fogem ao nosso controle. Mas o ponto é: temos 100% do controle de nossas reações a elas. Podemos optar por sofrer com depressão, ansiedade, raiva, ressentimento ou frustração e simplesmente viver em negação. Ou podemos escolher reagir de maneira que beneficie a nós e àqueles que estão em volta. Se formos reprovados em um teste, podemos analisar o que deu errado e estudar de forma mais eficaz antes de refazê-lo. Se ficamos resfriados com frequência, podemos aprender a melhorar nossa imunidade e saúde. A lista continua, mas o importante é que temos uma escolha: culpar alguém ou algo que não podemos controlar ou encontrar uma forma de assumir a responsabilidade e mudar nossas atitudes para que o resultado seja diferente.

Eis algumas perguntas para determinar se você entrou no jogo da culpa em certos aspectos de sua vida:

- ☐ Você acha que não está subindo de cargo no trabalho porque seu chefe não gosta de você?
- ☐ Acredita que algumas pessoas são simplesmente "sortudas", mas você não é uma delas?
- ☐ Culpa seus pais/educação por quaisquer problemas que teve em seus relacionamentos íntimos?
- ☐ Alguma vez já culpou um professor por uma nota baixa em uma matéria?
- ☐ Você sente inveja de pessoas que ganham dinheiro enquanto você sequer consegue ter estabilidade financeira?
- ☐ Acredita que nunca perderá peso por ser geneticamente predisposto ao sobrepeso, portanto sequer tenta?

Essas perguntas específicas podem ou não se aplicar a você, mas dão uma ideia de como é a mentalidade vitimista. Quero que fique atento para qualquer aspecto de sua vida em que possa estar colocando a culpa pela própria infelicidade, falta de sucesso ou por situações difíceis em alguém ou algo.

Outra coisa a lembrar é que seu *locus* de controle se aplica a coisas boas e ruins. Então, se conseguimos algo positivo, como ganhar um prêmio, economizar certa quantia de dinheiro ou até mesmo ter um bom dia, dizer que foi por causa de alguém ou alguma outra coisa em vez de reconhecer nosso papel na realização também é um exemplo de *locus* externo de controle. Não se trata de pegar todo o crédito para si, mas é definitivamente importante reconhecermos o papel que desempenhamos em *todos* os aspectos de nossas vidas.

Lembre-se, outras pessoas podem fazer ou dizer algo com a intenção de prejudicá-lo, mas, no final, *você* decide como isso o afetará. Qualquer interferência externa é apenas ruído. Você está no controle do volume, então o desligue! Seus sentimentos pertencem a você — não deixe que os outros os influenciem.

Passo 2: Desligue o som do ego

Sempre que pensamos em relação a nós mesmos: "Não sou inteligente o suficiente", "Preciso provar que consigo atuar nesta área" ou "Tenho pavor de _____ (ser demitido, não ser notado, ser rejeitado, falhar etc.)", temos "ruído", ou pensamentos baseados no ego. E estão todos relacionados ao medo. A falta de confiança deriva do medo. A necessidade da aprovação dos outros, também. E sempre que dizemos a nós mesmos que algo nos amedronta e, portanto, precisamos fazer algo para evitar que esse medo se torne realidade, nossas ações derivam puramente do medo.

Felizmente, há um poderoso antídoto para esses pensamentos baseados no medo: as afirmações. Elas são as verdades essenciais a respeito de nós mesmos. Se observar as características do Melhor de Si Mesmo, no Capítulo 1, perceberá que são afirmações já criadas por você. E estão prontas para ser usadas. Como sabe, tais características compõem a *sua* verdadeira essência. Ao listá-las e conhecê-las, cria uma energia que tira o foco do medo.

Certa vez, trabalhei com uma mulher que eu percebia atrair uma grandeza incrível para sua vida, porque todos os dias fazia as afirmações mais gentis e amorosas para si mesma. Ela era uma atriz incrível. Divorciada, criou seus vários filhos sozinha, e, quando trabalhamos juntos, ficou claro que suas afirmações eram o que precisava para se manter centrada.

Afirmações são como alimento para a alma. E nos regeneram energeticamente. A quantidade de pessoas que nunca fez afirmações me impressiona. Não sei como sobrevivem! É verdade que nem sempre é fácil fazê-las, mas elas são poderosas.

Lembre-se, não há maneira "certa" ou perfeita de fazer este ou qualquer exercício deste livro. Descubra o que é mais confortável para você ou siga estas instruções como inspiração para criar sua versão.

Exercício: Afirmações

- Olhe-se no espelho ou na câmera do seu smartphone. Geralmente, quando nos olhamos no espelho, vemos basicamente nossa estética: a roupa que usamos, nosso cabelo ou talvez até mesmo aquela verruga que o dermatologista deveria ter examinado. Mas, para o propósito deste livro, você deve enxergar além da estética. Qual foi a última vez que olhou — e quero dizer, realmente olhou — em seus próprios olhos?

- O que você vê? Quem é você? Que aspectos realmente ama a respeito de si mesmo? Você enxerga alguém forte? Bondoso? Generoso? Leal? Amoroso? Engraçado? Extrovertido? Quieto? Pense em palavras que descrevam não como o mundo o enxerga, mas como você se enxerga — palavras **positivas** que sejam *verdadeiras* a respeito de si, em todos os níveis.

- O ego dentro de você pode dificultar isso, pois faz com que se afaste de seus aspectos positivos e foque os negativos. Você pode até pensar em algo **positivo**, como "sou uma pessoa amorosa", mas, em seguida, a voz do ego aparece e diz "sim, mas se as pessoas realmente me conhecerem vão descobrir que não sou *tão* amorosa". Tenha cuidado com essa voz.

- Escreva de cinco a dez verdades a respeito de si mesmo, começando com a frase "Eu sou…". Escreva-as aqui:

    1. Eu sou _____
    2. Eu sou _____
    3. Eu sou _____
    4. Eu sou _____
    5. Eu sou _____
    6. Eu sou _____
    7. Eu sou _____
    8. Eu sou _____

9. Eu sou _____
10. Eu sou _____

Agora, diga essas frases em voz alta para si mesmo, enquanto se olha no espelho.

Na primeira vez que as pessoas fazem afirmações, geralmente se sentem intimidadas, ou até mesmo tolas, mas fica mais fácil com o tempo. Elas são os pilares de nosso trabalho juntos, porque alcançam seu âmago e o ajudam a permanecer conectado com o Melhor de Si Mesmo.

Diminuindo o Ruído

Hoje em dia, recebemos mais informações do que conseguimos processar, e é muito fácil permitir que todo esse "ruído" nos impeça de conseguir o que queremos e de manter a clareza em nossas mentes. É por isso que tenho muito cuidado com o tipo de conteúdo que permito entrar em minha vida. Assim como devemos ter cuidado com os alimentos que comemos, para nos certificar de que nossos corpos sejam alimentados adequadamente, creio que também devemos ser exigentes quanto às informações que consumimos. Precisamos nutrir nossa mente, não a inundar com conteúdo descartável que não nos serve nem alimenta nossas paixões.

Constantemente, somos bombardeados por informações que não escolhemos, e parece que estamos sendo obrigados a ouvir certo tipo de música que não queremos. Basta pensarmos nos outdoors, comerciais, anúncios em mídias sociais, pop-ups em sites — a lista é interminável! O ruído supera todo o resto quando somamos esses fatores. Como resultado, ficamos estressados e irritados, e nem mesmo sabemos o porquê. Era comum termos mais controle sobre o fluxo de informações que consumíamos, mas agora elas vêm de todos os lugares, em todos os momentos.

Você pode ter uma reação emotiva a algo que viu no jornal. Acho que isso se deve em parte a esse conceito de um painel de "especialistas" debatendo uns com os outros as notícias do dia. Eles geralmente discutem detalhadamente as vidas de pessoas que não conhecem. Imagine que esse quadro falasse de *você*, como se soubesse o que acontece em sua vida. É bizarro. Acredito que devemos nos informar a respeito dos assuntos mundiais, mas o encorajo a receber essa informação de fontes em que confia, que não sejam tendenciosas, para que seu ego não se sobressaia. Quando desligar a TV depois de ver o jornal, deve se sentir mais informado, não estressado.

Uma pergunta: você está aumentando o som do Melhor de Si Mesmo ou está fazendo mais ruído? Há formas de reduzir o ruído e até mesmo de torná-lo mais benéfico. Por exemplo, em suas redes sociais, você pode optar por seguir somente os líderes de pensamento do seu interesse, aumentando assim o volume das informações úteis para sua jornada. Além de tudo, aprendi a deixar de seguir as pessoas nas redes sociais se me bombardeiam com pensamentos negativos. Posso amar quem uma pessoa é e não gostar do ruído que faz online. Isso não significa que não possa ser amigo dela, apenas que não quero ouvir o ruído.

Certa vez trabalhei com um artista da música country que tinha tudo para ser um astro. Tinha muito talento e beleza, mas permitiu que o ruído da vida interferisse e o impedisse de maximizar o próprio potencial. Nesse caso, o ruído surgiu na forma de haters da internet que implacavelmente o atormentavam nas mídias sociais. Qualquer pessoa com até um grama de fama pode dizer que esse tipo de assédio é comum atualmente, mas esse artista em particular cometeu um erro fatal — respondeu aos haters. Nunca faça isso! Quando excedeu esse contato, chegou a um ponto sem volta e viu sua carreira virar uma pilha de cinzas ao seu redor. Ele simplesmente não conseguiu ignorar o ruído e pagou o preço. Quando o Dr. Phil e eu conversamos sobre esse assunto, ele disse: "Não dê pérolas aos porcos!"

Nos últimos anos, minha carreira se tornou pública, e há mais comentários online sobre mim. Estar na mídia é uma novidade para mim — até bem recentemente eu trabalhava estritamente nos bastidores. Ainda assim, havia muito ruído. Agora que meu trabalho e vida são muito mais públicos, o ruído ficou mais alto. E, quando o ruído é direcionado a você por pessoas que não o conhecem, lembre-se de que você não lhes deve nada — não precisa ler o que dizem e certamente não precisa responder. Continue focado nos próprios objetivos.

Sua Rotina Impede Seu Progresso?

Sua rotina, principalmente a matinal, pode ajudar ou impedir que sua missão esteja alinhada com o Melhor de Si Mesmo. Com apenas alguns ajustes simples, você cria um ritmo diário e uma rotina que ajudam a tornar esse alinhamento muito mais fácil de ser alcançado.

Sempre digo que considero importante cumprimentar o dia em vez de o deixar cumprimentar você. O que quero dizer é: programe seu despertador à noite e determine que vai acordar com uma intenção positiva para o dia. Também incentivo que dedique alguns minutos, ao começar o dia, focando todas as coisas em sua vida pelas quais é grato. Não se esqueça dos elementos simbólicos quando fizer essa lista: foque menos objetos materiais e mais os presentes significativos. Criar essa lista interna de gratidão coloca seu dia nos eixos. Você pode fazer isso a qualquer momento da manhã que preferir. Quando estou em casa de manhã, sento-me na minha cadeira favorita com os pés para cima e coloco um dos meus travesseiros nas costas, para ficar bem confortável.

> **APROVEITE SUA JORNADA PARTICULAR**
>
> De vez em quando, todos caímos na armadilha de nos comparar com outra pessoa. Na sociedade atual, que é obcecada pelas mídias sociais, é muito fácil nos pegarmos comparando nossas vidas com as dos outros. Por exemplo, eu poderia me comparar a outros life coaches – aqueles com muito mais seguidores do que eu e que palestram por todo o país –, mas minha intenção seria medir em que sou melhor ou pior do que eles. Não, obrigado, seria apenas uma intenção orientada pelo ego, e não seria derivada do Melhor de Mim. Claro, eu poderia me enganar e acreditar que estou apenas estudando ou pesquisando. Mas o ponto principal é que, se estou buscando uma melhora e trabalho bem para ajudar os outros, preciso concentrar-me nas pessoas que me inspiram, não nas a quem estou me comparando.
>
> Todos têm, em algum momento, sentimentos de inadequação. Às vezes, nos sentimos indignos de amor e que não somos suficientes. Isso faz parte da nossa jornada, e todos precisamos trilhar esses caminhos. Trabalhei com famílias de todo o mundo – ricas, pobres e tudo mais – e garanto que a luta é completamente interna. Tenha algumas soluções preparadas para a próxima vez que esses sentimentos surgirem – agora que você reconhece isso, é hora de criar algumas soluções que pode implementar facilmente quando precisar.

Lembre-se de que sua rotina deve ser autêntica. Pergunte a si mesmo: isso condiz com minha realidade e facilitará minha descoberta de quem realmente sou? Por exemplo, se você acorda apenas quando seu filho grita por você, todas as manhãs, e nunca mais tem um momento para recuperar o fôlego, sua rotina certamente bloqueia seu progresso. É difícil conectar-se com o Melhor de Si Mesmo se a montanha-russa da vida entrar em ação antes de você reservar um tempo para refletir sobre isso. Você pode pensar em sua lista de gratidão no caminho para o trabalho ou, assim que levantar, sair direto para uma caminhada e focar aquilo pelo que é grato — no entanto, é preciso organizá-la.

Alguns outros rituais matinais a ser considerados são: escrever seus objetivos para o dia; fazer ioga ou alongamento; ouvir música meditativa; começar o dia com uma refeição saudável que lhe dê energia e fazer afirmações no espelho depois do banho.

Qualquer que seja sua realidade, incentivo que tente algumas novas rotinas e veja qual funciona melhor para você.

Conecte-se ao Poder dos Rituais

Para combater quaisquer coisas que impeçam sua capacidade de ser o Melhor de Si Mesmo, quero compartilhar com você algo mais que funcionou para mim de maneiras surpreendentes — conectar-me com o poder dos rituais.

Você se lembra do ritual que compartilhei na introdução? Ele me alinha poderosamente para o meu dia, todos os dias. Faço esse ritual antes de reuniões importantes, já o fiz antes de cada sessão de escrita deste livro. Faço esse ritual o tempo todo! Agora é a sua vez.

Exercício: Qual É Seu Mantra?

- Pense em qual frase, quando dita enquanto se olha no espelho, animará e energizará você, fará se conectar com seu interior e se sentir humilde, de modo que não aja em função do ego nem tente se autoafirmar.
- Lembre-se: seu mantra não precisa ser o mesmo pelo resto da vida — o meu mudou várias vezes. Ele deve evoluir, assim como você. Alguns dos meus mantras foram: "Você é suficiente", "Você consegue", "Seja você mesmo", "É o propósito de Deus", "Você é melhor do que pensa".

Depois de descobrir seu mantra, sugiro que crie algum tipo de ritual para quando o entoar. Como leu, gosto de me olhar nos olhos, ajoelhar-me como um gesto simbólico e em seguida o entoar. Funciona para mim, mas você precisa encontrar o que funciona para você. Talvez seja necessário tentar alguns métodos diferentes até encontrar o certo. Trabalhei com algumas pessoas que gostavam de ficar sozinhas em seus camarins alguns minutos antes de irem para o palco, fazendo exercícios de respiração. Um outro cliente gostava de escrever 25 coisas pelas quais era grato a cada dia, e esse era seu mantra diário. Pode ser até mesmo brincar com seu animal de estimação ao acordar.

Depois de criar o próprio mantra, é hora de colocá-lo em prática. Sugiro que o recite antes de uma apresentação de trabalho, um encontro, uma conversa difícil, um evento familiar ou qualquer outro momento que seja importante para você e que esteja alinhado com a sua verdade. As pessoas ao seu redor sentirão a energia positiva emanar de você.

A Seguir

Sei que abordamos inúmeros tópicos neste capítulo. Lembre-se: as informações e os exercícios podem ser consultados sempre que se sentir estagnado de alguma forma, estiver preocupado com algo ou sentir medo. E não esqueça: você pode sempre perguntar ao Melhor de Si Mesmo o que precisa fazer!

Agora vamos passar a uma abordagem bem específica que o ajuda a se alinhar verdadeiramente com o Melhor de Si Mesmo, podendo assim abraçar a vida ideal. Vamos conseguir isso entrando nas sete ESFERAS de sua vida. Agora você está preparado para essa jornada e, se levá-la a sério, pode ter certeza de que sua vida estará prestes a mudar para melhor.

5

Seus Encontros Sociais

Quase todos os setores têm ferramentas de avaliação e triagem. Um médico ou terapeuta utiliza avaliações clínicas, mas minha intenção era criar uma ferramenta de triagem apropriada para o trabalho de um life coach. Por esse motivo, criei ESFERAS, uma ferramenta que examina todas as áreas da vida de uma pessoa para ajudar na identificação de seus pontos fortes e fracos. ESFERAS significa Encontros sociais, Setor pessoal, bem-estar Físico, Educação, Relacionamentos, Atividade profissional e Sublimação espiritual.

Neste capítulo, estamos nos concentrando no primeiro "E" do acrônimo ESFERAS, que significa Encontros sociais. De acordo com nossos objetivos, vamos observar seus encontros sociais no que diz respeito a suas habilidades de comunicação, mas também vamos realmente mergulhar em como você se sente quando interage com os outros. Você consegue ser o Melhor de Si Mesmo em qualquer situação social?

Pode parecer curioso a você que dediquemos esse tempo observando seus encontros sociais, pois isso pode não lhe parecer uma prioridade. Bem, como já foi dito, minha principal meta neste livro é ajudá-lo a encontrar a liberdade de ser o Melhor de Si Mesmo *em todos os momentos* — o que significa quando você está sozinho, com seus entes queridos e por aí pelo mundo, vivendo. Você já começou a fazer essa mudança *internamente*, então agora precisamos nos concentrar em como você pode se transformar no Melhor de Si Mesmo *externamente*.

Ao final deste e de todos os capítulos de ESFERAS, você encontrará um questionário que o ajudará a enxergar, em termos bem claros, o que funciona ou não na área da sua vida em questão, e que tipos de ações o ajudarão a superar barreiras inerentes. Primeiro, vamos trabalhar no capítulo e pensar em sua vida social.

Os Benefícios da Socialização

Há muitas pesquisas sobre o poder da socialização. Você pode se surpreender ao saber que o tempo gasto na interação com outras pessoas induz a sentimentos de felicidade, combate a depressão e até mesmo aumenta sua capacidade mental.

Pesquisadores da Universidade de Michigan descobriram que "a interação social ajuda a exercitar a mente das pessoas. E essa socialização acarreta benefícios cognitivos. É possível que, quando as pessoas se envolvem social e mentalmente com as outras, recebam impulsos cognitivos relativamente imediatos"*. Então, a socialização é considerada uma forma de exercício para

---

* O artigo é "Mental Exercising Through Simple Socializing: Social Interaction Promotes General Cognitive Functioning", escrito por Oscar Ybarra, Eugene Burnstein, Piotr Winkielman, Matthew C. Keller, Melvin Manis, Emily Chan e Joel Rodriguez, da Universidade de Michigan, e publicado por SAGE na edição de fevereiro de *Personality and Social Psychology Bulletin*.

o cérebro — ajuda a torná-lo mais inteligente, da mesma forma que exercitar seu corpo o torna mais forte.

Em uma pesquisa da Gallup-Healthways com mais de 140 mil norte-americanos, pesquisadores descobriram que ficamos mais felizes nos dias em que passamos 6–7 horas socializando com amigos ou familiares.* Isso já diz muito! O tempo que passamos socializando se correlaciona diretamente à nossa felicidade. Abrir espaço em sua agenda para interagir com amigos ou familiares é importante, e eu diria que isso enriquecerá sua vida à medida que você faz novos amigos pelo caminho.

Durante sua jornada única, pense em formas de aproveitar a energia e ideias das pessoas que o cercam. Nunca se sabe quando a inspiração ou uma conexão verdadeira pode aparecer — pode ser em um grupo de meditação ou na fila do mercado! Porém não vai ser quando você estiver sentado sozinho no sofá de casa!

Inventário de Habilidades Sociais

O exercício de inventário a seguir pode ajudá-lo a parar e observar como se dá sua interação com os outros de maneira objetiva. Durante este exercício, certifique-se de entender completamente cada afirmação antes de respondê-la e, então, faça-o da forma mais honesta possível.

---

* James Harter e Raksha Arora, "Social Time Crucial to Daily Emotional Well-Being in U.S.", www.gallup.com, 5 de junho de 2008.

PARTE 1: Clareza nas Mensagens

	GERALMENTE	ÀS VEZES	RARAMENTE
1. Você sente dificuldade em conversar com as pessoas?			
2. Quando tenta explicar algo, os outros tendem a colocar palavras em sua boca ou terminar suas frases para você?			
3. Em uma conversa, suas palavras geralmente saem do jeito que você gostaria?			
4. Para você, é difícil expressar suas ideias quando diferem daquelas dos que o cercam?			
5. Você supõe que o outro sabe o que você quer dizer e deixa que faça as perguntas?			
6. As pessoas parecem interessadas e atentas quando você fala com elas?			
7. Acha difícil reconhecer como os outros reagem ao que diz, enquanto está falando?			
8. Você pede que os outros digam como se sentem sobre o que você está tentando dizer?			
9. Está ciente de como seu tom de voz afeta os outros?			
10. Em uma conversa, procura falar sobre coisas que interessam tanto a você quanto ao outro?			

PARTE 2: Ouvir

	GERALMENTE	ÀS VEZES	RARAMENTE
11. Em uma conversa, você tende a falar mais do que o outro?			
12. Faz perguntas ao outro quando não entende o que ele disse em uma conversa?			
13. É comum que você tente descobrir o que a outra pessoa vai dizer antes que termine de falar?			
14. Você percebe que não está prestando atenção às suas conversas com os outros?			
15. Consegue, com facilidade, identificar a diferença entre o que a pessoa está dizendo e como pode estar se sentindo?			
16. Depois que a outra pessoa termina de falar, você esclarece o que ouviu antes de responder?			
17. Quando conversa com alguém, tende a terminar frases ou tentar adivinhar as palavras da outra pessoa?			
18. É comum que você preste mais atenção aos fatos e detalhes, e frequentemente perca o tom emocional da voz do locutor?			
19. Em uma conversa, você deixa a outra pessoa terminar de falar antes de reagir ao que ela está dizendo?			
20. Você tem dificuldade de ver as coisas do ponto de vista da outra pessoa?			

PARTE 3: Dar e Receber Feedback

	GERALMENTE	ÀS VEZES	RARAMENTE
21. Você tem dificuldade de ouvir ou aceitar críticas construtivas dos outros?			
22. Evita dizer algo que acha que pode aborrecer alguém ou piorar as coisas?			
23. Quando alguém fere seus sentimentos, você discute isso com ele?			
24. Em uma conversa, você tenta se colocar no lugar da outra pessoa?			
25. Sente-se desconfortável quando alguém lhe faz um elogio?			
26. Tem dificuldade de discordar dos outros porque teme que as pessoas fiquem zangadas?			
27. É difícil para você elogiar ou enaltecer os outros?			
28. Frequentemente ouve das pessoas que você sempre parece achar que está com a razão?			
29. Acha que os outros parecem ficar na defensiva quando você discorda do ponto de vista deles?			
30. Ajuda os outros a entendê-lo dizendo como se sente?			

PARTE 4: Manipular Interações Emocionais

	GERALMENTE	ÀS VEZES	RARAMENTE
31. Você tem a tendência de mudar de assunto quando os sentimentos da outra pessoa entram na discussão?			
32. Sente-se incomodado quando alguém discorda de você?			
33. Tem dificuldade de pensar com clareza quando está com raiva de alguém?			
34. Quando surge um problema entre você e outra pessoa, consegue discutir isso sem ficar com raiva?			
35. Está satisfeito com a forma como lida com as diferenças com os outros?			
36. Fica de mau humor por um longo tempo quando alguém o perturba?			
37. Pede desculpas para alguém quando parece ter magoado essa pessoa?			
38. Admite quando está errado?			
39. Evita ou muda o assunto se alguém expressar seus sentimentos em uma conversa?			
40. Quando alguém fica chateado, acha difícil continuar a conversa?			

Tabela de Pontuação

Você foi muito bem ao completar o inventário! Espero que já tenha percebido a utilidade de entender quão clara é sua comunicação com os outros. Agora, volte e examine todas as suas respostas e, antes de cada pergunta, escreva a pontuação apropriada usando esta tabela. Por exemplo, se respondeu "geralmente" para a Pergunta 1, deve escrever 0 na frente dela no inventário. Se respondeu "raramente" para a Pergunta 2, escreva 3 antes dela.

Cada parte do inventário tem dez perguntas no total. Depois de pontuar todas, some-as e escreva os resultados abaixo. Repita o processo para todas as quatro partes.

Parte 1 (Clareza nas Mensagens)   Pontuação Total:
Parte 2 (Escutar)   Pontuação Total:
Parte 3 (Dar e Receber Feedback)   Pontuação Total:
Parte 4 (Manipular Interações Emocionais) Pontuação Total:

TABELA DE PONTUAÇÃO

PERGUNTA	GERALMENTE	ÀS VEZES	RARAMENTE	PERGUNTA	GERALMENTE	ÀS VEZES	RARAMENTE
1	0	1	3	21	0	1	3
2	0	1	3	22	3	1	0
3	3	1	0	23	3	1	0
4	0	1	3	24	3	1	0
5	0	1	3	25	0	1	3
6	3	1	0	26	0	1	3
7	3	1	0	27	0	1	3
8	3	1	0	28	0	1	3
9	3	1	0	29	0	1	3
10	3	1	0	30	3	1	0
11	0	1	3	31	0	1	3

PERGUNTA	GERALMENTE	ÀS VEZES	RARAMENTE	PERGUNTA	GERALMENTE	ÀS VEZES	RARAMENTE
12	3	1	0	32	0	1	3
13	0	1	3	33	0	1	3
14	0	1	3	34	3	1	0
15	3	1	0	35	3	1	0
16	3	1	0	36	0	1	3
17	0	1	3	37	3	1	0
18	0	1	3	38	3	1	0
19	3	1	0	39	0	1	3
20	0	1	3	40	0	1	3

Seu Perfil de Habilidades Sociais

Agora, vamos interpretar sua pontuação em cada parte.

- Se pontuou na faixa de 1–15, essas áreas precisam ser melhoradas.
- Se pontuou na faixa de 16–21, essas áreas precisam de uma atenção especial.
- Se pontuou na faixa de 22–30, essas áreas são pontos fortes.

Anote suas áreas com pontos fortes e aquelas que precisam de um pouco mais de atenção ou melhorias.

Área(s) com Pontos Fortes: _____

_____

Área(s) que Precisa(m) de uma Atenção Especial: _____

_____

Área(s) que Precisa(m) ser Melhorada(s): _____

_____

O Que Fazer Agora?

Clareza nas Mensagens:

Caso suas pontuações indiquem que você precisa dar mais atenção ou que há espaço para melhorias na área de enviar mensagens claras, pergunte-se por que isso pode ser um desafio para você. Isso poderia ser proveniente de uma crença limitante que você desenvolveu sobre sua capacidade de se comunicar com as pessoas? Será que você está permitindo que algo de seu passado defina como fala com as pessoas no presente? Suas ações estão dominadas pelo medo ou ego de alguma forma? Às vezes, as pessoas têm tanto medo de não serem ouvidas que acabam manifestando isso em suas vidas. É fácil cair na armadilha de se tornar um sabe-tudo se tiver medo de não ser levado a sério. Se você focar tanto a mensagem que deseja transmitir que se esquece de ouvir genuinamente as ideias dos outros, sua mensagem provavelmente será perdida, porque não há nenhuma oferta sua de reciprocidade.

ANSIEDADE SOCIAL PARALISADORA

Caso você sofra de extrema ansiedade social, a boa notícia é que há solução. Pode ser necessário consultar-se com um terapeuta profissional ou life coach para livrar-se dela. Como aprendemos ao criar o nosso Melhor, a ansiedade social não vem desse Melhor. E é muito possível superá-la.

Frequentemente descubro que as pessoas que geralmente sofrem com uma simples conversa costumam acumular alguns medos ou ansiedades que as atrapalham. Por outro lado, talvez simplesmente não tenham consciência da forma como se comunicam e, nesse caso, devem consultar as perguntas da Parte 1 e estudá-las com afinco. Pense em como você pode definir metas específicas para melhorar sua capacidade de se comunicar claramente com os outros.

Ouvir:

Caso suas pontuações indiquem que suas habilidades de escuta precisam ser melhoradas, pergunte-se por que esse pode ser o caso. Ser um bom ouvinte significa estar disposto a não mais se concentrar no que você quer dizer e realmente se abrir para as ideias do outro. Você tem medo do que podem dizer? Está desesperado para ser a única pessoa com boas ideias? Deixou seu ego obscurecer sua capacidade de ouvir? Eis a boa notícia: a habilidade de ouvir exige pouca prática para ser muito melhorada. Da próxima vez que falar com alguém, tente ouvir o que essa pessoa tem a dizer e diga-lhe: "Então, como você disse…", e repita o que foi dito por ela. Assim, você garante que ouviu e realmente compreendeu o que ela queria dizer.

Outra forma de agir é sendo um espelho para ela, para que a pessoa veja como você está recebendo seu tom, e se essa era a intenção. Isso é bom para ambas as partes. Quando somos bons ouvintes, provavelmente estamos agindo a partir do nosso Melhor, e não do nosso ego, porque não agimos de forma egoísta — pelo contrário, estamos nos doando ao outro. A atenção é direcionada à outra pessoa e a seus pensamentos, necessidades, ideias ou desejos. Comunicação é uma via de mão dupla, então vamos nos certificar de aprimorar as habilidades de escuta, assim como a capacidade de fala.

Dar e Receber Feedback:

Se as pontuações totais mostrarem que é preciso maior abertura para dar e receber feedback, pergunte a si mesmo quando percebeu que tinha dificuldades de aceitar o feedback dos outros — negativo ou positivo. Alguém o intimidou no passado e essa experiência influencia seu presente? Você acha que não merece receber elogios? Por outro lado, no passado, você já deu feedback a alguém e a resposta foi negativa? Quando está socializando de verdade, precisa ter disposição para deixar todas essas experiências para trás e viver no presente com os outros.

Dar e receber feedback é fundamental, pois é assim que nos ajudamos mutuamente a melhorar a nós mesmos e continuamos em nosso caminho de crescimento impulsionados para seguir em frente. Caso alguém esteja disposto a ser honesto com você, é importante estar disposto a aceitar essa honestidade. Por exemplo, quando alguém lhe fizer um elogio, encare como um presente do tipo mais sincero e aceite de forma cortês. A apresentação é tudo, por isso, se estiver dando feedback a outra pessoa, faça de uma forma que possa ser ouvida. Em outras palavras, despejar negatividade em alguém e dizer que essa pessoa está fazendo algo errado provavelmente entrará por um ouvido e sairá pelo outro. Ninguém quer ser atacado. Mas se você apresentar as informações de uma maneira gentil, atenciosa, buscando soluções, somente *depois* de ter certeza de que as pessoas estão abertas a ouvir tudo, seu feedback será útil para elas.

Manipular Interações Emocionais:

Caso suas pontuações mostrem que você precisa se concentrar no modo como lida com as interações emocionais, pense em como trata esses momentos. Todos já passamos por situações altamente complexas, e elas podem nos deixar desconfortáveis. Mas estar fora de sua zona de conforto é apenas uma oportunidade de se conectar mais profundamente com sua autenticidade e com o outro. Em vez de congelar e deixar o ego tomar conta quando as emoções estão afloradas, busque formas de entrar em acordo com a outra pessoa e agir com compaixão por ela e por si mesmo. Por exemplo, se alguém estiver expressando emoções para você, é importante que você tenha consciência de que não precisa resgatar essa pessoa de alguma forma. Quando alguém está chorando, por exemplo, pode ser que você sinta que precisa fazer algo para que ele pare de chorar. Mas deixe que ele expresse sua emoção, sem resposta sua; permita que as emoções sejam todas despejadas, até que o choro pare. Realmente acho que a coisa mais gentil a fazer é oferecer um lenço a alguém, caso esteja chorando.

Deixe que eles peçam qualquer outra coisa de que precisem — eles dirão se você pode fazer algo. Mas é importante perceber que as emoções de terceiros não são responsabilidade sua. Você só é responsável pelas suas. Se alguém estiver chateado com você por algum motivo, entenda também que essa chateação não é sua responsabilidade. Caso alguém grite com você, e na sua cabeça não haja motivo algum para isso, então não é problema seu — é dessa pessoa. É claro que, caso você precise se desculpar com alguém, deve fazer isso, aí o outro decide se aceita ou não.

Por vezes, a energia em um ambiente ou conversa pode ficar bastante caótica quando há emoções intensas envolvidas, e, nesses momentos, por muitas vezes, simplesmente seguro a almofada ao meu lado para não sentir a necessidade de me envolver. A única forma de não estar no drama é não se envolver nele. Em algumas famílias, as reuniões são como uma panela de pressão de emoções. Ainda mais durante as festas. Pode ser preciso que você se mostre mais fechado em seu ambiente familiar, porque pode ser mais tóxico do que sua vida em casa, e tudo bem; e não é sua responsabilidade consertar sua família, até porque não se pode consertá-la. Você é responsável por suas próprias emoções e nada mais.

A vida é problemática. Confusa e, muitas vezes, emotiva. Na verdade, às vezes, parece até uma montanha-russa. Emoções são parte importante de nossas vidas, além de serem uma das formas pelas quais crescemos e nos conectamos com os outros. Não fuja de suas emoções ou dos sentimentos dos outros; pelo contrário, abrace e use-os para aprofundar seu relacionamento consigo mesmo e com as pessoas que o cercam. Cada um de nós representa um fio diferente na trama da sociedade, e todos estamos entrelaçados de interessantes e bonitas formas. Abraçar as emoções humanas que todos experimentamos faz com que nossas vidas sociais floresçam.

Ferramentas Simples para Se Socializar de Forma Autêntica

Poucos de nós nascem com habilidades sociais fantásticas; é algo que precisamos aprender e continuar a praticar para melhorar. Aqui, deixo algumas dicas para uma experiência positiva de socialização na próxima vez que estiver em um grupo.

- *Tenha algo em mente que deseje compartilhar:*
    Prepare-se para essa reunião pensando em algumas informações que descobriu, ou em uma experiência que teve recentemente, para contribuir com a conversa sem ter que procurar em sua mente alguma coisa para dizer. Tenha apenas certeza de que é algo apropriado para o grupo em questão.

- *Faça-se presente:*
    Quando estiver socializando, fique atento ao momento presente. Mantenha sua mente focada. Absorva seu entorno, a conversa que está tendo, as pessoas que o cercam. Seu próprio prazer de participar dessa socialização aumentará, e os outros aproveitarão

ainda mais sua companhia. Costumo meditar cerca de uma hora antes de participar de um evento, e sempre faço meu ritual e entoo meu mantra com antecedência, para continuar conectado com o meu eu autêntico e, assim, projetar essa autenticidade para aqueles que me cercam.

- *Faça perguntas*:

    Na maioria das vezes, as pessoas gostam de falar sobre si mesmas, então pergunte sobre seus interesses, trabalho, hobbies ou família. Não basta *agir* como se realmente se preocupasse com suas respostas, tenha certeza de que *realmente* se preocupa com elas.

- *Seja um bom ouvinte*:

    As melhores pessoas para se ter uma conversa são aquelas que sabem ouvir. Mantenha-se participativo na conversa, ouvindo atentamente e engajando-se com as respostas que ouve. Além disso, não interrompa quando outra pessoa estiver falando.* Pode ser um hábito seu começar a falar quando está ansioso, dizendo o que vem à mente, mas acho que é uma ideia melhor ouvir um pouco mais e esperar que os outros parem de falar, e então compartilhar seus pensamentos.

- *Mantenha a linguagem corporal aberta*:

    As mensagens que você envia com seu corpo são muito poderosas. De fato, há quem diga que as mensagens não verbais respondem a até 70% de sua comunicação. Mantenha uma postura confiante e ereta, com os ombros para trás. Evite cruzar os braços à sua frente para não parecer defensivo ou inseguro. E lembre-se de sorrir, mas lembre-se sempre de dar um sorriso autêntico. Como um estudo da Penn State mostrou, as pessoas percebem se o seu sorriso é falso, mas um sorriso autêntico pode fazer com que elas o

---

* " 'Is Service with a Smile' Enough?" *Organizational Behavior and Human Decision Processes* (janeiro de 2005).

percebam como simpático, cortês e competente. Tente sorrir com todo o seu rosto, não apenas com a boca.

Quando comecei a trabalhar na frente das câmeras, percebi que, quando ouvia alguém falar, meu rosto era uma mistura de preocupação, raiva, tédio e cansaço. Eu me assistia e gritava para a tela: "O que está fazendo, Mike? Você parece morto!" Mas, na verdade, eu estava simplesmente observando as pessoas, olhando para as informações não verbais, ouvindo suas palavras e tom, tentando me conectar com elas. Com isso, quero mostrar que nem sempre podemos presumir o que alguém está pensando somente pela aparência! Estando na frente das câmeras, aprendi que posso intimidar as pessoas quando fico com um certo semblante no meu rosto. Então pratiquei e aprendi a sorrir mais, o que realmente me trouxe melhores resultados e comecei a me sentir melhor. Ainda sou autêntico, mas estou mais leve, confortável e consciente.

- *Fique atento ao seu tom:*

    O tom e o volume da sua voz transmitem muito significado ao outro. Diferentes situações exigem diferentes tons, certamente, então o ponto mais importante é entender seu público e onde vocês estão. Há momentos que pedem um tom formal em vez de informal, um tom engraçado em vez de um sério, respeitoso ou irreverente, e entusiasmado ou prosaico. Escolha seu tom com sabedoria, porque o tom que transmite é tão importante quanto as palavras que diz!

- *Converse, não palestre*:

    Todos têm uma opinião, mas, a menos que alguém peça a sua, não grite-a aos quatro ventos. Não presuma que alguém compartilha da sua opinião sobre um determinado tópico — especialmente em um tema polêmico. Você pode alienar ou ofender alguém do grupo ao começar a "palestrar". Não estou sugerindo que você esconda como verdadeiramente se sente em relação a determinado tema — em vez disso, busque o momento certo para discutir seus sentimentos e opiniões.

- *Mantenha contato visual:*

    Não há nada pior do que falar com alguém que está desatento. Você tem a capacidade de fazer com que a outra pessoa se sinta ouvida, olhando nos olhos dela. Não importa o que aconteça, não olhe para o telefone ou para suas mãos enquanto estiver conversando com alguém. Isso acontece muito hoje em dia, e sei que muitos têm problemas com isso. Além disso, evite colocar seu telefone sobre a mesa quando estiver fazendo uma refeição com alguém, evitando olhar para baixo cada vez que ele apitar. Lembre-se de sorrir e manter contato visual com uma pessoa enquanto ela estiver falando, para que saiba que você está atento ao que é dito por ela.

- *Dê um feedback positivo*:

    Quando entrar em um ambiente social, absorva os detalhes que podem ser comentados de maneira positiva e verdadeira. Elogie! Não há melhor maneira de fazer alguém se sentir confortável e aberto com você do que fazendo um elogio genuíno.

- *Reconheça estranhos*:

    Só porque você não conhecia determinada pessoa, não quer dizer que deva ignorá-la em um ambiente social. Caminhe até um estranho, aperte sua mão e se apresente. Nunca se sabe; essa pessoa pode se tornar um amigo para a vida toda!

Redes Sociais

Agora, mais do que nunca, parece que grande parte da nossa vida social está interligada à nossa vida nas redes sociais. Não há dúvida de que as redes sociais se tornaram uma ferramenta essencial na era moderna — uma forma de estar próximo de amigos e familiares em todo o mundo, assim como construir uma marca e desenvolver negócios. Como tudo na vida, podemos optar por usar as redes sociais de maneira saudável e útil ou usá-las de maneira destrutiva. Seu perfil em uma rede social agora é a "primeira impressão" que o mundo tem de você. É parte da nossa identidade.

A questão é: você está sendo o Melhor de Si Mesmo nas redes sociais? Ou é o seu Antagonista que é exposto por aí? Faça a si mesmo essa pergunta quando observar seus vários perfis de redes sociais e seus comentários nas páginas de outras pessoas.

Veremos agora mais algumas perguntas sobre sua vida nas redes sociais:

- Suas conversas online são positivas e edificantes? Em outras palavras, seus amigos e conhecidos veem seus posts e sorriem ou eles lhes causam desconforto?
- A identidade de seu perfil das redes sociais combina com sua identidade na vida real? Pense além dos filtros ou das ferramentas de edição que pode usar nas fotos — as palavras que escreve (para amigos e estranhos) refletem o Melhor de Si Mesmo?
- Quanto tempo gasta lendo seus vários feeds de notícias? Você sabia que passar duas horas por dia nas redes sociais equivale a um mês inteiro de cada ano? Tem certeza de que é assim que quer usar seu tempo?
- Você interage com postagens negativas nas redes sociais, que o deixam triste, deprimido, irritado ou indignado? Isso está agindo a seu favor?

- Você se pega comentando ou postando sobre questões sociais que o incomodam, mas não tomando qualquer atitude quanto a isso na vida real?
- Usou as redes sociais para lidar com problemas que tem medo de enfrentar na vida real?
- Já atacou alguém que conhece nas redes sociais, em vez de discutir seu problema frente a frente?

Com base nas suas respostas às perguntas acima, será que você precisa fazer algum ajuste na forma como interage com as redes sociais? Tenha isso em mente enquanto trabalha no questionário de encontros sociais que vem a seguir.

Seu Questionário ESFERAS de Encontros Sociais

PARTE 1: Avalie sua vida social em uma escala de 1–10. "1" significa que você acha que sua vida social está em apuros e precisa de sua atenção imediata. "10" significa que você considera que sua vida social está em uma forma fantástica e requer pouca ou nenhuma melhora. Aspectos da sua vida social a ponderar para a atribuição de sua classificação incluem:

- Suas habilidades de comunicação, tal qual ouvir as pessoas e como você aceita e dá feedback.
- Qualidade e quantidade de interações sociais.
- Sua vida nas redes sociais.
- E, mais importante, se o Melhor de Si Mesmo é quem aparece em todas as suas configurações sociais.

Classificação de Encontros Sociais: _____ a partir de _____ (data)

PARTE 2: Agora, liste alguns comportamentos que funcionam em sua vida social e por que isso acontece.

Exemplos:

- Sinto-me confiante e autêntico quando estou socializando.
- Abro espaço em minha agenda para uma vida social animada.

Comportamentos que funcionam na minha vida social são:

_____ Por quê? _____
_____ Por quê? _____
_____ Por quê? _____

PARTE 3: Pode citar alguns comportamentos que você sabe que impedem que consiga o que quer em sua vida social?

Exemplos:

- Não acho que eu tenha boa desenvoltura em encontros sociais, então faço o máximo de esforço para evitá-los.
- Não sou autêntico em minhas interações com os outros em ambientes sociais e/ou nas minhas redes sociais.

Comportamentos que não funcionam para mim em minha vida social são:

_____ Por quê? _____
_____ Por quê? _____
_____ Por quê? _____

PARTE 4: Baseado em tudo que acabou de escrever, pense no que precisa fazer para aumentar sua classificação atual para 10 nessa ESFERA de sua vida.

Você fará isso observando os comportamentos que precisa *manter* porque estão funcionando, que precisa *interromper* porque estão impedindo que faça o que quer fazer, e aqueles comportamentos que precisa *começar* a ter.

Para que minha vida social atinja a nota 10,

preciso continuar: _____

preciso parar: _____

preciso começar: _____

No final dos sete capítulos ESFERAS, você encontrará um capítulo dedicado à criação e obtenção de novas metas para cada área de sua vida. Consulte a emocionante exploração que fez em sua vida social e use as informações valiosas que descobriu para promover sua jornada e melhorar sua vida como um todo.

Agora, vamos nos aventurar juntos em sua vida pessoal e descobriremos novas informações sobre seu relacionamento mais importante — aquele com você mesmo.

6

Seu **ESFERAS**etor Pessoal

No capítulo anterior, falamos sobre como projeta sua autenticidade de forma externalizada para o mundo em situações sociais. Agora, neste capítulo, vamos direcionar nosso foco para dentro e investigar o relacionamento mais significativo em sua vida — aquele com você *mesmo*.

O principal objetivo das páginas seguintes é certificar-se de que tenha muito respeito e compaixão por si mesmo. Parece algo óbvio, certo? É surpreendente o quanto isso é difícil para algumas pessoas. Ou talvez não seja para você, porque é atormentado pela simples sensação de não gostar de quem é. Porém saiba que o tempo que você gasta cuidando de si mesmo e alimentando uma autoimagem autêntica e positiva é um tempo bem gasto, e os benefícios serão refletidos em todas as outras ESFERAS de sua vida.

Neste capítulo, avaliaremos e melhoraremos como você funciona nestas áreas-chave: diálogo interno, autocuidado e suas paixões expressas em hobbies e diversão. Com muitos dos meus clientes e amigos percebi que a esfera da vida pessoal facilmente se perde na batalha do cotidiano. Outras ESFERAS podem eclipsá-la, e, se permitirmos, uma vida interior rica desaparece completamente. É por isso que gosto de uma citação de Robin McGraw, esposa do Dr. Phil. Para mim, é brilhante; uma mensagem muito significativa e importante a lembrar. *Não é egoísmo cuidar de você primeiro*. Isso é básico, mas é bem fácil se esquecer de cuidar de si mesmo primeiro. Robin me inspira muito, e ela realmente entendeu algumas coisas da vida. Ela sabe que os pais, especialmente, sofrem com esse conceito porque querem que os filhos sempre tenham o melhor, então, muitas vezes, acabam ignorando a si mesmos na lista de prioridades.

Robin testemunhou isso em primeira mão com a própria mãe. Em *What's Age Got to Do with It?: Living your happiest and healthiest life* ["E Quem Falou de Idade?: Vivendo sua vida mais feliz e saudável", em tradução livre] escreveu:

> *Muitas de minhas lembranças de minha mãe são de ela servindo aos outros: cozinhando para nossa família de sete pessoas, assando nossos bolos favoritos para nossos aniversários, passando as camisas do meu pai, inclinada sobre a máquina de costura fazendo todas as nossas roupas, e, anos depois, cuidando e mimando seus netos. Até mesmo seus últimos momentos nesta terra foram gastos para cuidar de outra pessoa além de si mesma — um verdadeiro símbolo de como viveu. Na época, eu tinha 32 anos, e Phillip e eu acabáramos de nos mudar para uma nova casa. A mudança não saiu como planejamos — um atraso fez com que os carregadores chegassem depois da meia-noite e uma chuva torrencial transformou nossa casa de caixas em uma bagunça de papelão molhado e fedorento. Enquanto vasculhava meus pertences encharcados, minha mãe tentou me consolar fazendo uma*

torta de abóbora. E essa foi a última coisa que ela fez antes de morrer. Imagine só, ela estava morrendo de ataque cardíaco enquanto sovava massa de torta! Mais de duas décadas depois, me lembrar disso ainda me dá um nó na garganta e traz lágrimas aos meus olhos. Admiro e tento imitar inúmeras qualidades de minha mãe, como sua fé cristã, seu amor inabalável por sua família e sua força em momentos difíceis, mas sua decisão de negligenciar a si mesma não é uma delas. Desde o dia em que ela morreu, prometi não levar à frente o legado de autonegligência.

Para se apresentar como o Melhor de Si Mesmo como pai, mãe, modelo, empregado/empregador, amigo, filho, filha, irmão etc., antes você deve cuidar de si mesmo. Se não o fizer, como terá energia emocional ou física para cuidar dos entes queridos, como realmente deseja, de alguma maneira? Então, sugiro que você se lembre dessa verdade várias vezes ao dia, até que ela se internalize.

Tendo isso em mente, vamos ao que interessa!

Diálogo Interno

Você já ouviu as mensagens que envia a si mesmo? Algumas pesquisas interessantes mostram que somos realmente capazes de mudar a estrutura do nosso cérebro ao alterarmos a maneira como falamos com nós mesmos.[*] Considero esta uma ideia empolgante. Acho que muitas pessoas acreditam que seu cérebro é construído de uma forma específica, e que não podemos mudá-lo. Mas, como os neurologistas descobriram, ele é maleável. É um conceito conhecido como neuroplasticidade, que os cientistas definem como "a capacidade do sistema nervoso de responder a estímulos intrínsecos ou extrínsecos, reorganizando

---

[*] *Translational Psychiatry* (2016): e727.

sua estrutura, função e conexões".* Significa que, essencialmente, o cérebro e o sistema nervoso mudam ao longo de nossas vidas reagindo a ocorrências dentro de nosso corpo, assim como a ocorrências externas. Também podemos considerar a plasticidade do cérebro como sendo "a capacidade de fazer mudanças adaptativas quanto à estrutura e função do sistema nervoso".† O que realmente me empolga sobre as últimas descobertas da neuroplasticidade é que não precisamos manter nosso cérebro na mesma condição para sempre. Você pode mudá-lo — e há muitas formas de fazer isso.

Agora, quero discutir como você pode mudar a estrutura e a função do seu cérebro por meio do seu diálogo interno — as mensagens que sua mente envia ao seu cérebro. Se afirmarmos a nós mesmos que somos capazes, fortes e inteligentes, nossos cérebros agirão de acordo. Porém, se dissermos que somos incapazes, fracos e burros, nossos cérebros acatarão tais comandos de forma literal. Vivemos de acordo com a verdade que dizemos a nós mesmos.

Em um estudo conduzido por pesquisadores do Instituto de Psiquiatria, Psicologia e Neurociência da King's College de Londres descobriu-se que o pensamento negativo repetitivo aumenta o risco de uma pessoa desenvolver Alzheimer.‡ Em outro estudo, pesquisadores descobriram que, quando praticamos o autocontrole, melhoramos a capacidade do nosso cérebro de exercê-lo.§ Todos ouvimos isso de forma informal; mas, agora, há evidências científicas que provam que nossa mente tem o poder de alterar nosso cérebro.

É você quem comanda essa jornada. Você ordena seu cérebro e ele segue o comando — e não o contrário. Então, vamos sintonizar e ouvir seu diálogo

---

* https://academic.oup.com/brain/article/134/6/1591/369496.

† *Neural Plasticity*, volume 2014, artigo ID 541870.

‡ https://psychcentral.com/news/2014/11/18/prolonged-negative-thinking-may-increase-alzheimers-risk/77448.html.

§ Mark Muraven, "Building Self-Control Strength: Practicing Self-Control Leads to Improved Self-Control Performance", *Journal of Experimental Social Psychology* 46, no. 2 (2010): 465–68. PMC. Web. 10 de outubro de 2018.

interno e depois mudá-lo para uma nova frequência. Agora você dirá ao seu cérebro o tipo de pessoa que você é, e o tipo de vida que deseja, e, em resposta a isso, essas coisas se materializarão.

Os seguintes exercícios o ajudam a focar seus hábitos e padrões, além de libertá-lo de alguns de seus diálogos internos negativos.

Exercício 1: O que você diz para si mesmo em um dia normal?

Com que frequência você realmente para e ouve o que está dizendo para si mesmo? A maioria das pessoas, raramente; quando o faz, analisa seu diálogo interno, mas há um valor real nisso e o motivo é: nossos pensamentos criam nossas emoções. Tais emoções, então, ditam mais pensamentos, e de acordo com as circunstâncias surgem pensamentos negativos, a menos que consigamos reconhecer o que está acontecendo a tempo, parar e recalcular a rota.

Seu crítico mais severo vive entre seus dois ouvidos, mas quer saber? Seu melhor amigo, aquele mais encorajador, também vive nesse espaço. Agora, quero que saiba bem o que diz a si mesmo ao longo do dia. Escreva esses pensamentos neste livro, em um diário ou em seu telefone ou tablet. Este exercício pode ser feito por um dia ou uma semana — você decide. É uma forma incrível de sintonizar e reconhecer as mensagens que envia para si mesmo.

A partir de agora, a cada duas horas, pare e reflita consigo mesmo por alguns minutos, então responda às seguintes perguntas.

Anote o que está dizendo a si mesmo:

- O que fez nas últimas duas horas:
  _____
  _____
  _____

- Sua inteligência:
  _____
  _____

- Sua competência:
  _____
  _____
  _____

- Seus talentos e habilidades:
  _____
  _____

- Seu valor — valor próprio e valor para os outros:
  _____
  _____
  _____

- Sua aparência:
  _____
  _____

Caso prefira escrever os itens à medida que se ouve elencá-los, em vez de a cada duas horas, faça o que for melhor para você. Nosso objetivo aqui é desenvolver uma compreensão cristalina do seu diálogo interno ao longo do dia, mas sem interromper sua programação diária.

Exercício 2: O que você diz para si mesmo quando está sob pressão?

Imagine agora que fará uma importante apresentação no trabalho amanhã. Vários clientes importantes, uma porção de colegas de trabalho e seu chefe estarão presentes e observando você. Hoje é a noite anterior. Você está deitado na cama, no escuro, pensando na apresentação. O que diz a si mesmo?

Aproveite o tempo para considerar com sinceridade e profundidade os tipos de mensagens que passariam pela sua cabeça. Estaria conversando consigo mesmo, e o que diria? Anote o máximo possível dessa conversa. Vá fundo e imagine essa situação como se estivesse realmente acontecendo.

_____
_____
_____
_____
_____

Exercício 3: Quais são alguns dos temas comuns em seu diálogo interno?

Observe o que anotou nos Exercícios 1 e 2. Consegue ver temas ou segmentos comuns aos dois conjuntos de informações? Se sim, quais são? Descreva-os aqui:

_____
_____
_____
_____
_____

Exercício 4: Qual é o tom do seu diálogo interno?

Quando você recapitula o que escreveu nos Exercícios 1 e 2, como descreveria o tom geral ou humor de seu diálogo interno?

- Ele geralmente é positivo, otimista?
- Se for positivo, é também racional? Em outras palavras, as mensagens positivas que você está enviando são realistas?
- Ela é pessimista ou derrotista?
- Há áreas específicas nas quais seu diálogo interno soa particularmente severo ou crítico?
- Seu diálogo interno parece extremamente otimista ou elogioso em algumas áreas específicas, mas não em outras?
- Circule qualquer coisa que tenha escrito que ilustre diálogos internos especialmente positivos ou especialmente negativos.

Exercício 5: Qual é o seu locus de controle?

Relembre o que escreveu nos Exercícios 1 e 2 e faça a si mesmo a seguinte pergunta: o que isso lhe diz sobre o seu locus de controle ou sobre o grau em que você acredita ter controle sobre o que ocorre em sua vida?

- Parece que está dizendo a si mesmo que **você** está no controle de sua vida (**locus de controle interno**), ou que a sua vida é ditada por **forças ou indivíduos externos (locus de controle externo)**, ou que tudo basicamente se deve ao **acaso** — você ter um dia bom ou ruim depende da sorte?

- Anote sua resposta:

_____
_____
_____
_____

Exercício 6: Que tipo de coach você é para si mesmo?

Só quero que faça mais uma coisa com esses valiosos dados coletados sobre seu diálogo interno. Como queremos que desenvolva o próprio life coach interno, pois não estarei ao seu lado todos os dias, nossa intenção é desenvolver as habilidades desse coach dentro de você e ouvir o que ele/ela tem a dizer. O seu life coach interior é malvado e castiga você quando algo não sai do jeito planejado? Ou ele é encorajador? Ao analisar o que escreveu, responda a esta pergunta:

Que tipo de coach você é para si mesmo ao longo do dia? Considerando as mensagens registradas nos Exercícios 1 e 2, é o tipo de coach com quem pode contar para animá-lo e encorajá-lo? Ou seu coach interior o coloca para baixo e reforça seus piores temores sobre si mesmo? *Você é* quem fala consigo mesmo, o dia todo, todos os dias. Você está ativamente criando um ambiente interno pouco saudável para si mesmo e influenciando negativamente sua experiência de mundo? Ou as mensagens que você passa são caracterizadas por um otimismo racional e produtivo?

Por exemplo, se você decidisse comer pizza e sorvete tarde da noite, diria para si mesmo: "Olha só você comendo de novo, comendo tudo que não deveria — você não tem força de vontade, seu fracassado!" Ou diria: "Ei, não seja tão duro consigo mesmo. Estava gostoso, e você não come pizza ou sorvete com tanta frequência. Não é como se você fosse acordar com 5kg a mais amanhã." Ou você diria: "Bem, você já enfiou o pé na jaca mesmo; encomende outra pizza logo! Vá para o segundo round!" Outro pensamento que pode ter é: "Da próxima vez, que tal fazer uma farra de pizza e sorvete, e ainda chamar alguns amigos?" Você entendeu — sua conversa consigo mesmo pode abordar qualquer atividade ou decisão e pode se dar de várias maneiras. Essa voz é o seu life coach interior, e o objetivo é que seu coach ajude no seu alinhamento com o Melhor de Si Mesmo.

Que tipo de coach você é para si mesmo? Seja específico:
_____
_____
_____
_____

Ao completar esses exercícios, você acaba de ter uma visão muito útil sobre como tem falado consigo mesmo. Todos temos uma conversa constante acontecendo em nossas cabeças, e, ao reconhecermos isso e realmente ouvirmos o que dizemos a nós mesmos, começamos a reestruturar essa conversa. Agora que você identificou as áreas em que está se enviando mensagens desagradáveis ou desestimulantes, pode começar a eliminar tais pensamentos e substituí-los por seu mantra ou outra autoafirmação. Da próxima vez que um pensamento negativo sobre você começar a se formar, imagine um alarme soando em sua cabeça. Quando ouvir esse alarme, pare imediatamente e escolha rejeitar tal pensamento e, então, escolha uma nova mensagem.

Por exemplo, digamos que você esteja se preparando para um evento social com oportunidades de networking. Enquanto se arruma para sair, se olha no espelho e pensa: *Não sei por que sequer tento ir nesses eventos. Nunca sei o que dizer para novas pessoas. Eu sou tão desajeitado!* Ou você pode pensar: *Uau, estou com uma aparência velha e cansada. E o que esse pneuzinho novo faz na minha cintura? Droga.* Agora, assim que um pensamento como esse passar pela sua cabeça, imagine que está ouvindo um zumbido ou um barulho irritante. Olhe-se no espelho e diga em voz alta: "Tenho confiança em minha capacidade de socializar. Vou sorrir, ser amigável, fazer perguntas aos outros e criar novas conexões e amizades valiosas." Continue fazendo isso até que os pensamentos positivos e afirmativos estejam fixos em sua mente. Ao fazê-lo, novos caminhos se formarão naturalmente no seu cérebro. Como consequência, você essencialmente entrará no piloto automático e criará a nova realidade que imaginou, de dentro para fora. Como já expliquei, constantemente falo comigo mesmo no espelho porque quero ser o melhor de mim. Se isso ainda parecer estranho para você, encontre outro método — algo que tire essas mensagens negativas da sua cabeça! Queremos descobrir o que funciona autenticamente para você!

Autocuidado

A vida pode se mover em um ritmo furioso — às vezes, como um rio revolto após uma grande tempestade. Sentimo-nos como se fôssemos arrastados pela correria do dia a dia de um lado para o outro, e é exatamente por isso que quero que passemos um tempo focados no autocuidado. O autocuidado é geralmente a primeira coisa que jogamos fora do nosso barco enquanto tentamos não afundar sob as pressões do trabalho, família, amigos e outras responsabilidades, mas você precisa evitar isso. Este cuidado é fundamental para viver sua vida ideal e se resume a ter compaixão de si mesmo. Muitos consideram mais fácil ser compassivo com os outros do que com eles mesmos, mas acredito que, quanto mais compaixão você tiver por si mesmo, mais você terá para dedicar aos outros. Se o seu tanque estiver cheio e transbordando, você tem mais a oferecer.

Você pode se tornar mais compassivo com relação a si mesmo de algumas formas. A primeira é gerenciar o estresse de maneira adequada. Fornecerei aqui algumas ferramentas práticas e um sistema que tornará possível evitar o estresse, mas primeiro vamos medir seu atual nível de estresse. Responda às próximas 20 perguntas honestamente e depois trabalharemos juntos para compreender sua pontuação.

Teste de Estresse

1. **Com que frequência sente que não está lidando com as exigências feitas a você?**

    ○ O tempo todo   ○ A maior parte do tempo   ○ Raramente

2. **Tem problemas para dormir e/ou ter uma noite de sono completa?**

    ○ O tempo todo   ○ A maior parte do tempo   ○ Raramente

3. **Percebe que passa menos tempo com amigos, familiares e colegas, até mesmo cancelando planos ou ignorando suas ligações, porque estar com eles parece mais uma situação com que precisa "lidar"?**

    ○ O tempo todo   ○ A maior parte do tempo   ○ Raramente

4. **Acha que está trabalhando mais do que nunca, mas de alguma forma realizando cada vez menos?**

    ○ O tempo todo   ○ A maior parte do tempo   ○ Raramente

5. **Você tem receio de tomar decisões?**

    ○ O tempo todo   ○ A maior parte do tempo   ○ Raramente

6. **Está sentindo ansiedade? Seu coração está batendo rápido, suas palmas estão suando?**

    ○ O tempo todo   ○ A maior parte do tempo   ○ Raramente

7. **Está se sentindo tenso? Por exemplo, seus músculos estão rígidos, os ombros arqueados e os músculos do pescoço e das costas tensos?**

    ○ O tempo todo   ○ A maior parte do tempo   ○ Raramente

8. Está se sentindo nervoso?

　　○ O tempo todo　　○ A maior parte do tempo　　○ Raramente

9. Está nervoso e incapaz de relaxar? Acha que se você se sentar um pouco e respirar fundo, algo ruim pode acontecer por não estar se preocupando com isso?

　　○ O tempo todo　　○ A maior parte do tempo　　○ Raramente

10. Adota uma postura hostil e irritada com coisas pequenas?

　　○ O tempo todo　　○ A maior parte do tempo　　○ Raramente

11. Culpa os outros quando as coisas dão errado?

　　○ O tempo todo　　○ A maior parte do tempo　　○ Raramente

12. É uma pessoa crítica em relação aos esforços dos outros?

　　○ O tempo todo　　○ A maior parte do tempo　　○ Raramente

13. Quando outros membros da família sofrem com estresse, você se considera responsável por eles?

　　○ O tempo todo　　○ A maior parte do tempo　　○ Raramente

14. Evita conversas sobre problemas potencialmente estressantes com familiares e amigos?

　　○ O tempo todo　　○ A maior parte do tempo　　○ Raramente

15. Percebe que está tendo brigas sobre "tudo e nada" com seus entes queridos, como seu cônjuge ou familiares próximos?

　　○ O tempo todo　　○ A maior parte do tempo　　○ Raramente

16. Compartilhando menos momentos satisfatórios com familiares e amigos?

　　○ O tempo todo　　○ A maior parte do tempo　　○ Raramente

17. Sabe que está passando por estresse e que isso está afetando sua vida?

○ O tempo todo   ○ A maior parte do tempo   ○ Raramente

18. Tem notado sinais físicos de estresse, como pressão alta, músculos tensos e fadiga?

○ O tempo todo   ○ A maior parte do tempo   ○ Raramente

19. Não está tirando um tempo para restaurar sua mente e corpo após o estresse? Por exemplo, depois de um evento estressante, você negligencia atividades de autocuidado, como exercícios, meditação, uma noite de sono reparador e hidratação?

○ O tempo todo   ○ A maior parte do tempo   ○ Raramente

20. Está se sentindo triste e deprimido sem motivo?

○ O tempo todo   ○ A maior parte do tempo   ○ Raramente

Pontuação do Teste de Estresse

Caso tenha marcado "O tempo todo" ou "Na maior parte do tempo" para pelo menos uma dessas perguntas, talvez não tenha um bom sistema para administrar o estresse. É importante tomar medidas para mudar isso agora, porque o estresse apenas evolui para problemas mais sérios se não for tratado.

Caso tenha marcado "O tempo todo" ou "Na maior parte do tempo" para **mais de cinco** dessas perguntas, há uma urgência ainda maior para você criar uma estratégia sobre o gerenciamento do estresse em sua vida. Não é preciso viver assim; mas, se começar a priorizar o autocuidado e perceber que não é uma atitude "egoísta" colocar-se em primeiro lugar, o estresse será dominado. Nunca é tarde demais!

Construindo Seu Sistema de Gerenciamento de Estresse

Nosso objetivo é criar um sistema para lidar com o estresse assim que ele surgir, em vez de criar uma solução para quando você já estiver excessivamente estressado. Essa é a diferença entre prevenção e tratamento; é bem mais fácil evitar a sensação de estresse do que se desestressar — o mesmo serve para doenças físicas.

1. Exercícios de Respiração Consciente

Quando um pensamento estressante surgir em sua mente, ou quando algo que normalmente perturbaria seu equilíbrio ocorrer, encontre uma forma de interromper o sentimento, como mudar seu padrão de respiração. Ao tomar consciência de sua respiração e fazer de três a quatro respirações profundas de limpeza, você evita que o elemento estressor tome o controle. A mente estressada é essencialmente uma tempestade neurológica, e o mais poderoso e imediato antídoto é a respiração consciente. A respiração rítmica e consciente não é uma prática nova, e sua eficácia é o motivo pelo qual tem sido usada há séculos em todo o mundo.

Torne os exercícios de respiração parte de sua rotina diária, porque quanto mais você os faz, mais calmo o funcionamento do cérebro se torna. Dessa forma, se algo estressante ocorrer, não se transformará na última gota que transbordará seu copo. Sua base será forte, os ventos da vida não o derrubarão.

Você decide como praticar sua respiração consciente — pode reservar alguns minutos pela manhã antes de seu dia realmente começar, repetir ao meio-dia e praticar mais uma vez antes de dormir. Ou, se há um horário diferente que funcione melhor para você, tudo bem também. Apenas certifique-se de conectar-se com sua respiração pelo menos uma vez por dia, como parte do seu sistema de gerenciamento de estresse.

2. Exercício Físico

Em segundo lugar, exercitar seu corpo por apenas 20 a 30 minutos por dia, 5 dias por semana, reiniciará quimicamente seu cérebro e aumentará a força de sua base de gerenciamento do estresse. No capítulo Bem-estar Físico, entraremos em muito mais detalhes sobre todos os benefícios que o exercício oferece ao seu cérebro e a todos os outros órgãos do seu corpo, mas, por enquanto, apenas saiba que o exercício também é uma parte essencial de seu plano geral de autocuidado. Não importa o tipo de exercício que você escolher — corrida, caminhada acelerada pelo quarteirão, andar de bicicleta, um aeróbico na academia, levantar pesos ou fazer um treino em casa na sua sala de estar —, todos são maravilhosos. Encontre algo que você goste, que anseie por fazer, e isso fará com que você se sinta bem. Se você tiver medo da atividade, não sentirá o mesmo benefício.

3. Celebre Sua Vida

Você não precisa esperar até o seu aniversário para celebrar sua vida. Cada dia que recebemos neste planeta é um verdadeiro presente, e, se tirar apenas alguns momentos por dia para experimentar a alegria e o riso, abraçando todas as coisas boas da sua vida, será como dizer a seu cérebro para escolher a alegria em vez de insistir no estresse. A sensação de alegria tem um valor terapêutico e pode (e deve!) vir de dentro.

Não importa como, celebre a si mesmo todos os dias. Eu pessoalmente gosto de aumentar a música e dançar na minha sala de estar. (Meu cachorro também gosta de participar!) Até mesmo tirar um tempo para apreciar a natureza e reconhecer sua beleza e complexidade é uma celebração. Sente-se em um banco do parque e respire, estude as pétalas de uma flor ou sinta a grama macia sob seus pés. Sorria e permita que uma sensação de alegria tome conta de você. Para apreciar profundamente tudo o que você tem em sua vida, reserve um tempo para ficar sozinho, refletindo sobre os atributos positivos de sua vida e do mundo ao redor. Ou convide seus amigos ou familiares para um jantar divertido... não precisa de motivo!

Outra forma de celebrar sua vida é oferecer seu tempo a alguém que precise. Doar-se aos outros de alguma forma é sempre um modo impactante de sentir alegria em sua vida. É fácil renunciar a esse tipo de atividade, mas esses momentos são aqueles que mais dão sentido à vida e, às vezes, também a inspiram.

4. Faxinando Sua Rotina de Sono

Os médicos frequentemente falam sobre a higiene do sono, que se refere aos hábitos e rotinas que criamos para um sono adequado, para conseguirmos nos sentir alerta quando despertarmos. No que diz respeito ao tratamento do estresse em seu cérebro, o sono é essencial. Caso você durma bem regularmente, está cumprindo com louvor um dos requisitos principais de autocuidado. Do contrário, vários problemas tendem a surgir. Está comprovado que a falta de sono afeta negativamente a cognição, os reflexos e até mesmo seu estado emocional. Caso você esteja tentando viver em um estado constante de privação de sono, ser o Melhor de Si Mesmo se torna uma tarefa muito difícil. É uma espécie de proposta de "tudo ou nada" — estou verdadeiramente encorajando-o a descobrir como, de forma consistente, garantir o sono que seu corpo e mente precisam.

Faça uma pequena experiência ao longo de três noites para descobrir quantas horas de sono você precisa para se sentir melhor no dia seguinte. Na primeira noite, durma assim que sentir um pouco de sono e não ajuste o despertador — acorde naturalmente. Anote quantas horas você dormiu. Então, observe como você se sente ao longo do dia — precisou de muito café ou estimulantes para manter o foco? Ou sentiu-se lúcido e focado? Na noite seguinte, durma 30 minutos mais cedo do que na noite anterior e acorde naturalmente. Anote quantas horas você dormiu e como se sente ao longo do dia. Na última noite, fique acordado por uma hora após a hora em que começar a ficar sonolento e ajuste o alarme para uma hora mais cedo do que acordou no dia anterior. Quantas horas você dormiu e como se sentiu? O que você aprendeu com o experimento? Você conseguiu identificar quantas horas de sono precisa para estar na sua melhor e mais brilhante forma no dia seguinte?

Algumas pessoas dizem que, se dormirem por mais de 7 horas, sentem-se grogues e desconectadas no dia seguinte. Outras mal conseguem funcionar se dormirem por um minuto a menos do que 8 horas. Descubra sua duração ideal de sono e, então, crie uma rotina realista em que você esteja deitado para dormir na hora certa a cada noite, de forma que você acorde quando precisar e sinta-se revigorado. As técnicas para melhorar seu sono são infindas — desde colocar óleo essencial de lavanda na fronha até usar um gerador de ruído branco, ou um ventilador — então pense bem no que realmente torna seu ambiente de sono mais aconchegante.

No meu caso, percebi que preciso de pelo menos 8 horas de sono. Quando não durmo esse tanto, sinto que preciso de sonecas ao longo do dia; fico mais ansioso, menos focado, mais mal-humorado e menos paciente; e, essencialmente, uma pessoa inferior ao Melhor de Mim. Também tenho uma tendência a depender da cafeína como um estimulante ao longo do dia, o que eventualmente leva a um surto. Até minha pele sofre quando não durmo o suficiente.

Para minha própria rotina noturna, primeiro me certifico de não comer nada duas horas antes de ir para a cama — sei que, se meu corpo estiver trabalhando para digerir comida, atrapalhará meu padrão de sono. Então, enquanto começo a me preparar para dormir, coloco a cama do meu cachorro no meu quarto, jogo Scrabble online por dez minutos, repasso meu dia e o que realmente gostei nele, e me pergunto se devo desculpas a alguém. Observo meu dia por um prisma de satisfação, então apago a luz e vou dormir.

5. Desconectando-se

Vivemos em um mundo obcecado por tecnologia, e isso está reduzindo nossa capacidade de gerenciar o estresse. Ao sermos bombardeados constantemente por dings, pings e toques de nossos telefones, tablets ou computadores todos os dias, estamos colocando em risco nossa capacidade de lidar adequadamente com incidentes estressantes quando eles ocorrem. Isso acontece porque nossos cérebros não são projetados para o tipo de interrupção constante que a tecnologia cria. É importante ter foco, e, se ele sempre for dividido entre tarefas e comunicações, seu cérebro nunca terá a chance de se acalmar.

Todos os dias, tire um tempo para desconectar-se completamente. Sem telas, efeitos sonoros ou dispositivos vibratórios. Apenas *viva*. (Este também é um bom momento para praticar seus exercícios de respiração consciente.) Pode ser difícil no começo, mas logo você ficará ansioso para chegar a hora de seu momento de desconexão, e seu cérebro vai agradecer.

6. Conecte-se com o Seu Relaxamento

O que faz você se sentir profundamente relaxado? Sua resposta será singular, e o que importa é que você realmente compreenda qual é a sensação de relaxamento e o que a induz para você. Há quem precise apenas olhar para uma mesa de massagem e já comece a sentir uma diminuição na sua frequência cardíaca e pressão arterial. Outros são tomados pelo zen quando tomam um belo banho quente de espuma. Conheci muitas pessoas que diziam que se sentiam mais relaxadas quando andavam de bicicleta ou davam uma caminhada em um dia ensolarado. Ou, no meu caso, essa sensação vem quando tiro um tempo para jogar videogame.

Sempre pergunto às pessoas se elas meditam, e muitas vezes elas me dizem que simplesmente não sabem como — às vezes, elas consideram até mesmo a ideia intimidante. Meditar é, de forma simples, relaxar a mente, conectar-se com a respiração e sentir-se presente dentro do seu corpo no momento. A meditação é um método simples e rápido de relaxar e aproveitar o Melhor de Si Mesmo.

Se não tiver certeza de como se sentir relaxado ou se quiser experimentar algo novo, recomendo que teste uma técnica de visualização guiada, que é uma forma de meditação. Baixe aplicativos no seu celular para isso e os ouça com fones de ouvido, ou tente algo simples assim:

Exemplo de Técnica de Visualização Guiada

1. Sente-se em um lugar confortável e silencioso, foque seu olhar em algo diretamente à sua frente ou em um objeto que faça você se sentir em paz.
2. Afaste todos os pensamentos de seu cérebro o máximo que puder e mantenha seus olhos concentrados unicamente no objeto.
3. Ao sentir sua frequência cardíaca desacelerar, comece a deixar sua visão embaçar e, em seguida, feche os olhos devagar.
4. Imagine-se fazendo algo que ama ou que lhe dê sensação de paz. Pode ser passear por uma praia com areia branca, sentindo o sol brilhando, uma brisa leve tocando seu rosto e o som das ondas suaves subindo em seus pés. Ou pode estar sentado no topo de uma montanha, olhando para a linda vista ao seu redor. Talvez esteja deitado em uma rede em uma grande varanda de madeira, com um campo de flores silvestres à sua frente. Qualquer imagem que acalente seu coração e acalme sua alma, é isso que você deve imaginar.
5. Fique o mais quieto e centrado nesse momento possível. Enquanto outros pensamentos tentam tomar conta, apenas imagine-se gentilmente afastando-os com as costas da mão.
6. Quando estiver pronto, abra devagar os olhos, respire fundo três vezes e depois diga seu mantra pessoal em voz alta. (Aquele mantra pessoal que você criou no Capítulo 4.)

Independentemente de como você chega lá, reserve um tempo diário para relaxar e, uma ou duas vezes por mês, abra um espaço em sua agenda para se aprofundar nesse estado calmo e relaxado por mais tempo, algo como uma ou duas horas. Por exemplo, ocasionalmente, vou me forçar a deixar meu telefone de lado e passear em um lugar na natureza — uma praia, montanhas ou apenas em um belo parque. Essa prática reduz o estresse no momento, assim como evita um colapso de grandes proporções quando um gatilho de estresse atingi-lo. Mais uma vez, o que precisamos é reduzir o estresse pela raiz para que você não esteja sempre operando na faixa 8, e qualquer coisinha faça com que rapidamente passe da faixa 10. Se estiver constantemente na faixa de 0 a 2 na escala de estresse, estará mais bem equipado para lidar com o que está por vir.

Paixões

O terceiro componente do que chamamos de ESFERAS de sua vida pessoal é a sua paixão. O que faz com que você sinta como se estivesse conectado ao rio da vida e vibrando na sua mais alta frequência? Caso não tenha mais certeza, ou não se faça essa pergunta há muito tempo, nada melhor do que o agora para olhar para dentro e redescobrir sua paixão. Depois que você descobri-la, seu trabalho é encontrar uma maneira de expressá-la — seja como um hobby, voluntariado ou de alguma forma de diversão. Talvez você tenha uma ampla gama de paixões que se expressam de maneiras diferentes. E meu conselho é: faça tudo!

Se não souber por onde começar, divirta-se experimentando algumas coisas novas que nunca fez antes. Desafie-se e saia da sua zona de conforto. Matricule-se em uma aula de dança. Seja voluntário no abrigo de moradores de rua ou de animais. Compre alguns materiais de arte e tente começar a pintar. Vá assistir a uma peça ou a um musical no teatro local. Aprenda um novo idioma no tempo que passa indo e voltando do trabalho. Somente sua imaginação impõe os limites à lista de atividades. O objetivo é que você pense na última vez que se sentiu realmente vivo fazendo algo e recriar essa sensação regularmente em sua vida.

Há algum tempo, trabalhei com uma mulher chamada Deborah que morava no Upper East Side, em Manhattan. Ela havia recebido uma enorme herança, era divorciada e seus filhos eram adultos, mas ela simplesmente sentia zero paixão em sua vida. Ela havia chegado ao ponto em que quase nunca deixava seu apartamento — tudo era comprado remotamente. Tinha até um pequeno salão em sua casa, assim como empregadas domésticas, personal shoppers e assim por diante. Seu ambiente estava programado de tal forma que nunca precisava sair dele. Como resultado, Deborah deixou de se conectar com o mundo exterior. Quando a conheci, desafiei-a a não só deixar seu apartamento pela primeira vez em meses, mas também a deixar seu celular e carteira para trás (levando apenas dinheiro suficiente para um táxi, caso precisasse) para passar algumas horas passeando em uma parte da cidade que ela nunca tinha visitado antes.

Eu a acompanhei nessa primeira excursão e mostrei, por exemplo, como ser curiosa sobre as pessoas ao seu redor e como descobrir a magia de morar em Manhattan, uma das cidades mais excêntricas, interessantes e diversificadas do mundo. Não demorou muito para que percebesse o quão desconectada da vida se tornara. No começo, ela se sentiu um pouco sobrecarregada; mas, no final das contas, estava voltando à vida. Era como se tivesse se colocado em pausa, e o simples ato de sair na vizinhança, conversar com estranhos, e absorver as diversas visões, sons e sensações ajudasse-a a apertar o botão para tocar sua vida novamente.

Quando estamos desconectados, é impossível sentir paixão por qualquer coisa. Ela permitiu que sua vida se tornasse cada vez menos relevante; a falta de paixão a murchara. É fácil entrar em um padrão no qual fazemos a mesma coisa repetidas vezes, e, nessa repetição, a paixão não prospera. Mas podemos agitar as coisas, romper com nossas rotinas ou padrões e nos conectarmos de maneiras novas, estimulantes e enriquecedoras.

Você merece isso tudo. Fará com que se torne uma pessoa mais completa, e fortalecerá seu novo vínculo com o Melhor de Si Mesmo, de maneiras que você sequer consegue entender. Tive até mesmo clientes que, quando davam a si mesmos permissão para explorar suas paixões, percebiam que até mesmo conseguiria lucrar com isso. Este não precisa ser seu objetivo principal, mas realmente é uma possibilidade empolgante estruturar a carreira sobre algo que o faça se sentir vivo! Lembre-se, você pode ter muitas paixões diferentes na vida. Por exemplo, tenho alguns funcionários nos CAST Centers cujo trabalho é receber clientes em potencial.

Esse é um papel muito importante, pois essas pessoas são a primeira representação da nossa empresa. Sempre me certifico de que esses indivíduos tenham paixão por se conectar com os outros. Gosto que cada um deles seja uma "pessoa do povo", não porque isso os torna melhores em seu trabalho (embora certamente ajude), mas porque sei que eles apreciarão este trabalho. Quero que eles explorem seu amor pelos outros e, como resultado, encontrem o verdadeiro prazer em suas carreiras. Passamos mais ou menos metade de nossas vidas trabalhando e ganhando a vida. Por que diabos devemos ficar em um trabalho que não nos faz sentir vivos? O simples fato de sabermos algo sobre nossas personalidades e coisas que amamos na vida diz muito sobre os tipos de trabalhos que serão mais gratificantes para nós. Alinhar ESFERAS dessa maneira (setor pessoal + atividade profissional) é a jogada que muda tudo. E que baita realização do Melhor de Si Mesmo!

Se você estiver lendo isso e pensando consigo mesmo: *Claro, Mike, vou mergulhar nisso de cabeça. Entre a pilha de roupa para lavar, preparar o jantar, ganhar a vida e tentar dormir algumas horas, vou fazer algo pelo qual tenho paixão,* gostaria de encorajá-lo a voltar ao Capítulo 3 e dar uma olhada na sua agenda. Estou disposto a garantir que haja tempo disponível suficiente em sua rotina para que, em um período de 30 dias, consiga explorar algo pelo qual seja apaixonado. Trabalhei com algumas das pessoas mais ocupadas do mundo — elas batem ponto das 5h às 22h, e ainda assim cada uma delas conseguiu arranjar tempo para suas paixões. Você também pode.

Viver como o Melhor de Si Mesmo significa arrumar um tempo para suas paixões, porque muitas vezes elas refletem sua arte. Ninguém jamais se arrepende do tempo gasto correndo atrás de sua paixão — realmente *não há* desvantagem nisso. Então, não deixe mais um dia passar sem que você esteja conectado com sua paixão e agindo de alguma forma sobre isso. Aproveite o dia!

Para Aqueles de Vocês que Sofrem

Antes de encerrar este capítulo sobre sua vida pessoal, quero falar com você sobre uma dor profunda e emocional. Pelo que tenho acompanhado em meu trabalho, há dois tipos de dor — a dor da rejeição e a dor da perda. Quando somos rejeitados, seja por um membro da família, um ex-parceiro ou até mesmo por nossos próprios filhos, parte do motivo de ser tão brutal é que a única pessoa que acreditamos que possa remediar essa dor está viva, andando por aí e vivendo feliz sem que estejamos com ela. A dor da perda que vem da morte de um ente querido, a sensação é a de que nossas vidas se despedaçaram no momento em que aquela pessoa se foi para sempre. E isso acontece mesmo quando a morte é esperada, com tempo para se preparar, ou quando é repentina, como um choque.

Quero falar um pouco sobre ambas as formas de dor emocional, porque quando vivemos uma época dolorosa em nossas vidas, achamos que estamos sozinhos e que essa dor nunca passará. Mas *não* estamos sozinhos. E a dor que você sente agora *vai* diminuir.

Às vezes, sentimos tanta dor e tanta mágoa que não sabemos o que fazer com esses sentimentos. Queremos desesperadamente guardá-los, escondê-los de nós mesmos, trancando em algum lugar no fundo de nossas mentes e jogando a chave fora. Haverá momentos em que atenderá o telefone e receberá notícias que parecem impossíveis, como se não pudessem acontecer com você e seus entes queridos. Haverá perguntas para as quais você nunca receberá uma resposta. Haverá momentos indescritíveis quando a única coisa que conseguirá fazer é inspirar e expirar, e mesmo isso parecerá uma tarefa insuperável. Você ansiará desesperadamente por ser capaz de apertar o botão de rebobinar e voltar no tempo. Pode até chegar um dia em que todo o seu mundo pareça estar se partindo em dois, e que, sem sombra de dúvida, sua vida será mudada para sempre em um instante fugaz. Um piscar de olhos — é tudo que basta para uma vida ser alterada.

Minha amiga Cindy era o que muitos chamariam de "sensível demais"; era altamente emotiva. Ela sempre admirou seu irmão mais velho, Wayne, que tinha só dois anos a mais, mas agia como seu protetor. Quando eram jovens, Wayne incluía Cindy em todas as suas atividades sociais. Ele a levava para festas e para sair com seus amigos. Era o tipo de irmão mais velho que qualquer pessoa desejaria.

Durante o ensino médio, Wayne levava a irmã para a escola todos os dias no primeiro e segundo ano. Cindy, que nunca se encaixou na galera "descolada", sempre se sentiu bem quando estava com Wayne. Ele sabia o que ela precisava emocionalmente, e ela conseguia ser ela mesma na presença dele. Quando Wayne foi para a faculdade, não escolheu uma que ficasse longe, e eles ainda se viam nos finais de semana. Ela o mantinha em um pedestal e sentia-se tão abençoado por ser sua irmã.

Em seu terceiro ano, Cindy estava na aula de inglês quando foi chamada imediatamente à secretaria. Ela sabia em seu íntimo que algo estava errado, mas nunca imaginara o que o diretor diria a ela nos momentos que se seguiram. Seu amado irmão havia tirado a própria vida naquela manhã. Cindy não reconheceu sua voz quando o grito primitivo e arrepiante escapou de seus lábios. Ela cerrou os punhos, olhou para o teto e gritou: "Por quê?" Ela sentiu como se não pudesse respirar, e seu peito ficou involuntariamente pesado. Todos ao seu redor tentavam acalmá-la ao máximo.

Meses depois, Cindy se lembra de ter escrito em seu diário sobre uma tempestade emocional que estava ocorrendo desde a morte de Wayne — ela conseguia contê-la, diminuindo suas rajadas para uma garoa fina, mas então, sem aviso, ela voltava a cair torrencialmente, de novo. Ela escreveu: "Esse sentimento é tão real. Sinto como se estivesse realmente acontecendo com meu corpo e, no entanto, estou sentada em uma mesa em um lugar perfeitamente seguro. É algo incongruente. Não combina. Como posso andar por aí e parecer perfeitamente bem para todos os outros, enquanto sou queimada viva por dentro por essas emoções? É muita coisa. É demais. Entretanto, lá no fundo, bem, bem, bem no meu centro, protegida dentro do meu coração, fica a paz. Há uma parte inabalável em mim — aquela que permanece quieta, quieta. O olho da tempestade. Esta porção de terra sagrada, isolada do resto de mim — e ela é *poderosa*. Pode ser silenciosa, mas tem tanto poder concentrado em seu tamanho minúsculo por uma razão — está diretamente ligada a Deus por meio da minha fé. 'Sim, ainda que eu caminhe pelo vale da sombra da morte', como sempre dissemos na igreja, 'a tua vara e o teu cajado me consolam'. Ainda sinto tudo, e as lágrimas escorrem dos rios mais profundos de tristeza em minha alma, mas posso descansar porque sei que Deus me segura na palma da mão."

Às vezes, não temos as respostas pelas quais ansiamos e, muitas vezes, no caso do suicídio, não entendemos ou sequer começamos a conhecer suas razões. Mas Cindy conseguiu encontrar a paz após a perda do irmão, no entanto, e apesar de sua vida não ser a mesma de antes, ela sabia que poderia seguir em frente. Ela também entendia que seu irmão não gostaria que ela sofresse sua perda para sempre — ele queria que ela continuasse vivendo sua vida.

A dor é inevitável e, às vezes, a sensação será de que talvez seja melhor se render a ela. Isso não significa que a dor está vencendo, significa que você é humano. Não é sobre ganhar ou perder. A vida é uma série de experiências e a dor faz parte da sua experiência nela.

Se estiver sofrendo hoje, permita que alguém o console. Aceite o conforto de Deus, de sua família, de seus amigos e colegas — e, caso prefira conversar com alguém anonimamente, há recursos para tal. Acesse agora o site www.doctorondemand.com e converse com um profissional de saúde mental em sua área, ou ligue para seu médico e peça uma indicação de terapeuta — o que considerar mais confortável. Ou, caso sinta-se perdido na escuridão e sem opções, ligue ou visite o site www.suicidepreventionlifeline.org. Você pode ser ajudado, não importa o quanto se sentir angustiado [ambos com conteúdo em inglês].

O desejo de consolar é um atributo universal do Melhor de Si Mesmo. Queremos consolar uns aos outros. Por mais que, no momento, pareça difícil aceitar consolo, empatia e cuidado dos outros, faça isso de qualquer maneira. Sua alma será acalentada.

Seu Inventário de Setor Pessoal

PARTE 1: Avalie sua vida pessoal em uma escala de 1–10. "1" significa que você acha que sua vida pessoal está em apuros e precisa de sua atenção imediata. "10" significa que você considera que sua vida pessoal está em uma forma fantástica e requer pouca ou nenhuma melhora. Aspectos da sua vida pessoal a ponderar para a atribuição de sua classificação incluem:

- Diálogo interno — as mensagens que envia a si mesmo todos os dias.
- Autocuidado — seu sistema de gerenciamento de estresse, o tratamento que despende ao seu corpo e à sua mente.
- Paixões — seus hobbies, diversões.

Classificação de Vida Pessoal: _____ a partir de _____ (data)

PARTE 2: Agora, liste alguns comportamentos que funcionam em sua vida pessoal e por que isso acontece.

Exemplos:
- Meu diálogo interno está sendo modificado para se tornar positivo e realista.
- Priorizo as atividades de autocuidado do dia a dia.
- Tenho tempo para me divertir e aproveitar a minha vida.

Comportamentos que funcionam na minha vida pessoal são:
_____
_____
_____

PARTE 3: Cite alguns comportamentos que sabe que impedem que consiga o que quer em sua vida pessoal.

Exemplos:
- Passo tempo demais entorpecido na frente da TV ou fazendo outras atividades pelas quais não tenho qualquer paixão.
- Permito que meu diálogo interno reforce crenças negativas sobre mim e minhas habilidades.

Comportamentos que não funcionam para mim em minha vida pessoal são:

_____ Por quê? _____

_____ Por quê? _____

_____ Por quê? _____

PARTE 4: Baseado em tudo que acabou de escrever, pense no que precisa fazer para aumentar sua classificação atual para 10 nessas áreas de sua vida.

Você fará isso observando os comportamentos que precisa *manter* porque estão funcionando, comportamentos que precisa *interromper* porque estão impedindo que faça o que quer fazer, e aqueles comportamentos que precisa *começar* a ter.

Para que minha vida social fique nota 10,

preciso continuar: _____

preciso parar: _____

preciso começar: _____

A seguir...

Agora que você entende melhor seu relacionamento consigo mesmo e com suas emoções, *além* de ter um bom controle sobre quaisquer áreas que precisa melhorar em termos de ESFERAS Pessoal, vamos falar de sua saúde em ESFERAS. Se a sua saúde estiver desalinhada, ou se você não estiver priorizando seu bem-estar físico, todo o restante no que diz respeito a ESFERAS será *absolutamente* afetado. O Melhor de Si Mesmo deve estar com o bem-estar físico em dia, para que você viva cada dia ao máximo!

7

Seu Bem-Estar Físico

O Melhor de Si Mesmo quer que você faça tudo que for preciso preservar, proteger e promover seu bem-estar físico. Por quê? Porque, se você não estiver saudável, simplesmente não conseguirá se sair bem em nenhuma de suas ESFERAS. Sua saúde é fundamental. Quando está se sentindo bem, dificilmente se lembra disso. Mas, quando há um problema com sua saúde, ele toma conta de todo o resto de sua vida. Neste capítulo, nosso objetivo é garantir que se cuide para ter o melhor resultado quando se trata de sua saúde. Para *sermos* nossos melhores eus, precisamos nos *sentir* bem e, para isso, precisamos manter nossa saúde sob controle. Quando nossa saúde física opera em seu nível mais alto, nosso potencial realizador é infinito. E é assim que quero que você se sinta.

Quero começar compartilhando uma história sobre um amigo meu. Ele teve alguns problemas de saúde consideráveis com que talvez se identifique. James diz que sempre foi o "garoto gordinho" durante sua vida. Ele se lembra de colocar tanta manteiga no purê de batatas que formava um pequeno lago, e ainda pedia mais. Esperneava por um hambúrguer com batatas fritas toda vez que sua família passava por um fast-food. Uma de suas primeiras lembranças é o verão antes de começar a primeira série, quando estava ao lado de sua mãe em uma loja de departamentos, enquanto ela pedia um jeans de tamanho "robusto" para ele. Ele abaixou a cabeça envergonhado e humilhado.

Diferente de muitas crianças com excesso de peso, que são torturadas na escola, James nunca foi intimidado pelo peso. Isso porque sempre estava à frente de qualquer insulto em potencial — ele se sentava à mesa do almoço e gritava: "Saiam do caminho, pessoal, o gordo vai passar!" O humor era seu escudo e funcionava lindamente. Ele era popular, a ponto de ser amado, e até mesmo foi eleito representante de classe por vários anos. Sua casa era onde todas as crianças se reuniam nos fins de semana, e ele tinha um grupo de bons amigos. James era extremamente ativo — morava na costa leste e conseguia esquiar praticamente todos os dias da semana. Era o que mais gostava de fazer.

Por volta dos 13 anos, sofreu um acidente de esqui que resultou em uma grave lesão no joelho. Por isso, seu estilo de vida se tornou sedentário. Por causa dos hábitos

Esta é a representação que James fez de seu Antagonista, "Steve autodestrutivo", cujos hobbies são deitar no sofá, assistir à TV e comer porcaria. É um completo egoísta, indiferente aos outros e que sente prazer em punir a si mesmo.

alimentares, seu peso disparou. Sua mãe, alcoólatra em recuperação, conversou com ele e disse que acreditava que era comedor compulsivo. Ela identificava nele o mesmo padrão de vícios contra o qual lutou a vida toda, e pensou que, quanto mais cedo ele percebesse, menor seria a dependência decorrente. Certamente, sua intenção era boa, queria apenas o melhor para o filho, mas, em vez do resultado esperado, sua abordagem fez com que James criasse sentimentos de culpa e vergonha por causa da comida.

Esta é a representação de James do Melhor de Si Mesmo, "James Limpinho e Arrumadinho", que fica muito feliz em ajudar os outros, doando a si mesmo e com atos altruístas.

Então, passou a esconder comida e comer em segredo. Ele passava manteiga em um pãozinho e depois cream cheese, só para acumular quantas calorias fosse possível de uma só vez. Sua mãe parou de servir sobremesa, porque temia o excesso de calorias para sua família, especialmente para James. Ele então ia para a casa de um amigo e comia seis sobremesas escondido dela. James diz que, eventualmente, a comida se tornou arma e ferramenta contra si mesmo.

Quando chegou à puberdade, e os casaizinhos começaram a ser formar na escola, ele rapidamente se tornou o cara sem namorada. E isso doeu. Um amigo o acolheu e eles começaram a se exercitar juntos. Ele também ensinou James como atletas universitários comem, para que ele entendesse como fazer escolhas mais saudáveis na hora das refeições. James perdeu 30kg rapidamente, chegando a uns 100kg na época. O plano funcionou — ele teve sua primeira namorada de verdade. Mas como a chama do amor juvenil geralmente dura pouco, o romance acabou rapidamente, e ele mais uma vez buscou consolo na comida. Ele não havia resolvido a verdadeira questão que morava sob o peso; suas motivações para perdê-lo ainda eram puramente estéticas.

Essa dieta ioiô continuou por anos, e ele parou de se pesar quando chegou aos 203kg, ainda que continuasse a engordar. Houve uma época em que conseguiu reduzir o peso para 79kg graças a uma abordagem limitante de dieta e exercícios, e então algo acontecia — como um osso quebrado — e voltava para os hábitos antigos, geralmente adicionando mais alguns quilos ao peso máximo anterior. Ele se lembra de uma noite em que estava na pia da cozinha, e desembrulhou e devorou oito barras de chocolate, uma atrás da outra.

Depois de mais de 25 anos, James estava extremamente cansado do ciclo perigoso e, apesar da riqueza de conhecimentos que adquirira sobre nutrição e exercícios na jornada, não encontrava uma solução que durasse. Ele tomava dois medicamentos para pressão arterial e tinha sido diagnosticado com sintomas não alcoólicos de hepatite (NASH), o que significava que seu fígado estava coberto por gordura. Ele tinha dor em todas as suas articulações, muito pouca energia para o cotidiano e sentia-se mal de forma generalizada. Seu estilo de vida havia afetado sua saúde e bem-estar, e sua vida estava realmente em risco. Ele não conseguia mais fazer nenhuma das atividades que adorava, como esquiar (ele lembra o quanto doía ao tentar apertar sua perna em uma bota de esqui), tudo em seu corpo doía, e ele se sentia desanimado. Sua esposa o apoiava, mas ela não podia fazer muito — no fim das contas, ele era o único que deveria tomar o controle de sua saúde de uma vez por todas.

Aos 35 anos, ele sabia que estava em um precipício; faria algo drástico ou simplesmente desistiria completamente. Ele estava apavorado — e se falhasse? E se não fosse suficiente? Ele chegou ao fundo do poço, e, finalmente, tomou uma decisão. Fez a cirurgia bariátrica.

Faz um ano desde então, e James agora tem um peso perfeitamente saudável. E, mais importante, curou-se de seu relacionamento tóxico com a comida, e toda a forma como ele vê a vida mudou. Agora ele entende que o seu Antagonista comandou sua vida por muito tempo, e, quando ele permitiu que o Melhor de Si Mesmo tomasse conta, viveu uma espécie de despertar. Ele passou toda sua vida em um estado mental egoísta; sua única motivação para fazer algo por outra pessoa era ganhar algo em troca. Ele se lembra de uma época em que a única razão pela qual ele limpava a casa era ganhar "pontos" com sua esposa, e jamais imaginaria ser um voluntário ou retribuir à sua comunidade de alguma forma — ele era muito individualista. Agora ele sente prazer em fazer pelos outros, e está muito mais conectado com seus relacionamentos. Ele é atencioso, paciente e gentil — todas são qualidades do Melhor de Si Mesmo.

Quanto à saúde, ele está em incrível forma, não porque vai à academia de forma obsessiva e treina como um fuzileiro naval. James se exercita alguns dias por semana e faz escolhas alimentares inteligentes. Como resultado, seu fígado está saudável e ele não usa mais nenhum medicamento. Seu médico está muito satisfeito por seus exames de sangue terem voltado com resultados perfeitamente normais. James é a prova viva do poder do espírito humano no prevalecimento sobre circunstâncias aparentemente impossíveis.

O motivo pelo qual compartilho a história dele é por ser um excelente exemplo do que acontece quando o nosso Antagonista entra em conflito com nossa saúde. O que está acontecendo internamente se manifesta em nossos corpos — é inevitável. Criamos um corpo saudável (ou não) primeiro com nossas *mentes*. E, como James, você pode fazer uma escolha e tomar o controle. Seus desafios podem ou não ser tão significativos quanto os dele, mas não importa seu ponto de partida, você *pode* cuidar de sua saúde e torná-la uma prioridade em sua vida.

Mas, veja bem, eu não sou médico e não quero ter todas as respostas nessa área. Mas, como você sabe, passei muito tempo na curadoria da minha equipe em geral, e um dos meus mais valiosos colegas de equipe é o diretor médico dos Centros CAST, Dr. Jorge E. Rodriguez, ou "Dr. Jorge", como é carinhosamente conhecido. O Dr. Jorge tem um verdadeiro dom de pegar informações médicas complexas e destilá-las de uma forma que os leigos compreendam facilmente. E foi isso que ele fez neste capítulo; traduziu estudos e pesquisas médicas complexas em versões resumidas que você pode começar a usar imediatamente em seu cotidiano.

Como todos sabemos, há milhões de livros, artigos, blogs e outros conteúdos criados sobre a premissa de alcançar e manter uma saúde ideal. Além disso, a informação médica está sempre em evolução, à medida que os cientistas conduzem novas pesquisas e atingem novas descobertas. Neste capítulo, em vez de tentar falar sobre tudo que precisa saber sobre seu bem-estar físico (o tornaria este livro longo *demais* e instantaneamente datado no minuto em que fosse impresso!), serei realista no escopo.

Para começar, avalie sua saúde e descubra as áreas nas quais deve fazer pequenos ajustes ou grandes mudanças para garantir que o Melhor de Si Mesmo fique no comando de sua saúde. A parte mais importante é a conscientização, e é isso que o ajudarei a conquistar.

Também nos concentraremos em tópicos e ferramentas específicos, novos e empolgantes sobre saúde, que, acredito eu, o ajudarão a se sentir melhor. Eles incluem:

- a interconectividade entre nosso cérebro e intestino;
- "Novatrição (Newtrition)", o que eu denomino como abordagem correta para a nutrição que dá suporte à vida como o Melhor de Si Mesmo;
- exercício no que se refere à sua mente, corpo e espírito;
- além de opções alternativas para prevenção de doenças e bem-estar.

Todas as informações deste capítulo impactam diretamente e beneficiam de forma profunda sua qualidade de vida, e apresentam a estrutura funcional e física necessária para que o Melhor de Si Mesmo fique no comando em toda a extensão de ESFERAS. Uma vez, Buda disse: "Manter o corpo em boa saúde é um dever... caso contrário, não conseguiremos manter nossa mente forte e clara." Sei que já vi isso em minha própria vida — quando não cuido bem do meu corpo, minha mente não fica forte nem clara.

Então, vamos descobrir como manter seu corpo em boas condições de saúde!

> **ALERTAS DA SAÚDE**
>
> Antes de seguirmos, quero lhe mostrar algo. Caso você tenha um problema de saúde específico que sabe que precisa de atenção ou precisa de uma nova abordagem, comece a cuidar disso hoje. Muitas pessoas são paralisadas pelo medo de lidar com um problema médico, por temerem resultados incertos. Essa inércia é pior do que o problema de saúde em si. Então, supere esse medo. Seja proativo. Tome o controle. Vá ao médico. Consulte um especialista, se necessário. Peça uma segunda opinião, encare seu problema de diferentes ângulos, tome as medidas necessárias, mas nunca ignore um problema de saúde. Ela deve ser sua prioridade número um, sempre.

Como Você Se Sente?

Agora, gostaria de fazer algo com você que chamamos de exame corporal. Muitas vezes não estamos conectados a nossos corpos — não nos dedicamos a realmente verificar como nos sentimos. Feche seus olhos e observe cada parte de seu corpo físico. Vá do topo da sua cabeça até os dedos dos pés e confira como você está. Você sente desconforto no intestino, rigidez no pescoço, dor de cabeça? Somos condicionados a aceitar pequenos graus ou até maiores graus de dor, mas essa dor é o nosso corpo nos dizendo que há um problema subjacente. De formas variadas, às vezes, tratamos nossos corpos como uma casa — e esperamos até que nossa estrutura praticamente desmorone antes de cuidarmos da questão subjacente.

Resultados do Exame Corporal:

Minha cabeça está/parece _____
_____
_____

Minhas costas estão/parecem _____
_____
_____

Minhas pernas estão/parecem _____
_____
_____

Minha cabeça está/parece _____
_____
_____

Minhas mãos estão/parecem _____
_____
_____

Meu estômago/sistema digestivo está/parece _____
_____
_____

Minha respiração está/parece _____
_____
_____

No geral, sinto _____
_____
_____

Muitos dos nossos problemas de saúde são apenas parte de quem somos. Mas alguns são resultado de nossos hábitos. Vamos fazer um inventário de alguns dos comportamentos que afetam nossa saúde. Circule na lista abaixo aqueles que se aplicam a você e adicione qualquer um que falta na lista, mas que seja uma sensação sua.

Comportamentos que Afetam Sua Saúde:

Fumar

Abusar do álcool

Drogas recreativas

Sono insuficiente

Estresse

Alimentos e Bebidas que Afetam Sua Saúde:

Bebidas açucaradas

Comer demais

Comer tarde da noite

Alimentos muito salgados

Frituras

Alimentos processados

Poucas frutas e legumes

Comer fora com muita frequência

Muito pouca água

Problemas de Saúde Física

Dor crônica

Propensão a doenças

Alergias complicadas

Dor muscular

Dor nas articulações

Problemas em órgãos (como doença cardiovascular/pulmonar/ problemas respiratórios/renais ou da vesícula biliar etc.)

Exercícios

Não se exercitar ou se exercitar de qualquer forma

Fazer exercícios que podem machucá-lo

Fazer exercícios que não são rigorosos o suficiente

Se você sofrer de um problema com sua saúde física que não estiver listado acima, escreva aqui:

_____

_____

_____

Agora, pense nos itens que você circulou e pergunte a si mesmo, honestamente: "Quero mudar isso?" Se a resposta for sim, mantenha essa ideia com você até o capítulo de Metas e crie um plano em torno disso.

Caso responda não, anote o que seria preciso para mudar isso. Em outras palavras, qual é o limite que você se nega a ultrapassar? Ou, caso tenha dificuldade de pensar no ponto que gostaria de mudar, pergunte a si mesmo por que sente essa resistência. Talvez esteja em um estado de negação. Se não estiver preocupado em resolver sua questão de saúde agora, quando mudará esse cenário?

Você se comprometeu a ter curiosidade sobre si mesmo, além de agir com honestidade, abertura, disposição e concentração para alcançar as mudanças que constroem o Melhor de Si Mesmo. Este capítulo não é sobre seu esforço para ter uma saúde *perfeita*; mas sobre seu esforço para ser mais saudável. Como vimos na história de James, seu movimento ioiô das mudanças apenas superficiais, em vez de operar sobre a raiz dos seus desafios de saúde, causou mais problemas de saúde e mais sofrimento e, portanto, tornou seu caminho para a recuperação muito mais difícil. Então, queremos pegar um atalho do fundo do poço — e com isso quero dizer que você não precisa esperar até chegar ao estágio do "fundo do poço" que todos já ouvimos falar antes. Em vez de esperar até que sua saúde esteja tão debilitada que você vá parar no hospital, ou algo extremo, que tal buscarmos uma forma de "pegar um atalho do fundo do poço" a um nível mais aceitável, com chance de realmente agir e surtir um efeito?

Quando se trata de problemas de saúde e a necessidade de mudanças, as pessoas costumam dizer: "Estou resolvendo isso", mas, quando pergunto como será essa mudança, não têm plano nenhum. Elas estão dispostas a refletir sobre isso, mas jamais têm qualquer ação ligada a ele. Quero que você seja a melhor versão de si mesmo, e o que você precisa fazer é pedir ao Melhor de Si Mesmo para dar uma olhada de perto em seus problemas de saúde. Tenha essa conversa consigo, porque você provavelmente está evitando algo, e, fazendo isso, você só atrairá mais sofrimento lá na frente — e enfrente esse problema.

Sensações que Vêm do Intestino

Aprendi muito com o Dr. Jorge sobre a conexão entre o cérebro, suas emoções e seu trato intestinal. Quantas vezes você esteve tão ansioso ou assustado que seu "estômago" parecia estar embrulhado? Há uma razão para você sentir medo ou ansiedade refletidos em seu sistema digestivo — seu intestino e seu cérebro estão ligados de maneiras interessantes.

Nos últimos anos, vimos algumas pesquisas fascinantes sobre a conexão entre o microbioma intestinal e o cérebro. Caso esteja se perguntando, o microbioma intestinal é a flora (bactérias) dentro do trato gastrointestinal. Trilhões de bactérias vivem dentro do seu intestino, e agora sabemos que elas têm um papel enorme em sua saúde geral. Essas bactérias são necessárias para nosso equilíbrio, ou para que tenhamos uma saúde dentro do padrão ideal. Na proporção correta, elas nos mantêm saudáveis. Mas, caso esse delicado equilíbrio seja alterado, seu sistema imunológico será afetado. Se você tiver propensão ou sofrer de alguma doença (mesmo que apenas resfriados ou alergias), condições inflamatórias ou autoimunes, uma das primeiras coisas a fazer é melhorar o equilíbrio de bactérias em seu intestino por meio de probióticos e prebióticos. Talvez uma descoberta ainda mais espantosa em termos do microbioma intestinal seja a de que algumas dessas bactérias realmente têm a capacidade de controlar nossas mentes. Estou falando sério! Há uma classe específica de bactérias conhecida como psicobiótica, e elas desempenham um papel importantíssimo no eixo do cérebro-intestino, a via de comunicação entre seu intestino e sua mente.* Na verdade, em um futuro não tão distante, há uma grande possibilidade de que os médicos prescrevam probióticos específicos para tratar a depressão e a ansiedade por meio do intestino, no lugar dos medicamentos comumente utilizados hoje em dia, os ISRSs e outras drogas que melhoram a dopamina pelo tratamento via cérebro/sistema neurológico.† Mas lidar com depressão ou ansiedade não é a única razão pela qual você deve manter seus psicobióticos em equilíbrio — o humor de qualquer pessoa melhora ao equilibrar essas bactérias. O poder dessas pequeninas bactérias que vivem em nosso sistema gastrointestinal é realmente surpreendente. Naturalmente, esses micróbios intestinais não são o único fator que contribui para a ansiedade, depressão ou mesmo Alzheimer, mas a ciência explica que desempenham um certo papel nisso. E, agora que temos esse conhecimento, podemos nos sentir empoderados sobre nossa saúde de uma forma totalmente nova.

Os autores de *The Psychobiotic Revolution: Mood, Food, and the New Science of the Gut-Brain Connection* escrevem: "Problemas no intestino, como a síndrome do intestino irritável e doenças inflamatórias intestinais, são altamente associados à depressão e ansiedade, mas muitas vezes perde-se essa conexão. Curar o problema gastrointestinal subjacente, com frequência, resolve os problemas mentais, mas sem termos um sinal claro do intestino nem sempre podem-se ministrar os tratamentos adequados. Quem busca um psiquiatra para tratar de ansiedade ou depressão raramente ouve do médico perguntas sobre seus problemas intestinais — mas isso provavelmente mudará à medida que a conexão entre o intestino e o cérebro se tornar mais difundida."

---

* *The Psychobiotic Revolution: Mood, Food, and the New Science of the Gut-Brain*, eds., Scott C. Anderson et al., National Geographic, Washington, D.C., 2017.

† David Kohn, "When Gut Bacteria Change Brain Function", *Atlantic*, 24 de junho de 2015, https://www.theatlantic.com/health/archive/2015/06/gut-bacteria-on-the-brain/395918/.

Sem entrarmos na parte espinhosa da ciência por trás de tudo isso, o que precisa saber agora é que: os alimentos e suplementos com que alimenta seu intestino, diretamente, alimentam sua mente e, portanto, seu humor e, regularmente, seus comportamentos. Você não *é* apenas o que come — também *sente* e *faz* de acordo com o que come! Pesquisadores que estudam psicobióticos isolaram várias cepas específicas de bactérias que melhoram o humor, e essa é uma área de estudo em constante desenvolvimento. A melhor notícia é que muitas dessas cepas (e os prebióticos que "alimentam" essas bactérias importantes) estão encontradas em alimentos como iogurte sem açúcar, kefir e alimentos fermentados. Então, vamos falar sobre sua dieta atual e identificar quais ajustes faremos para estabilizar seu humor, esclarecer suas ideias e fornecer a você toda a energia necessária para ser o Melhor de Si Mesmo.

"Novatrição (Newtrition)": Como Pensar sobre o que Você Come

Com o leque infinito de informações no âmbito de nutrição e dieta, pretendo simplificar o máximo possível, para que você possa, por sua vez, simplificar a própria dieta. É muito fácil se enrolar com as informações contraditórias que surgem, quase diariamente, sobre o que comer, o que não comer, quando comer e quanto disso comer. Então, da mesma forma que está revendo todas as sete ESFERAS de sua vida para viver como o Melhor de Si Mesmo, quero que você se disponha a rever sua dieta e crenças no que diz respeito à nutrição. A razão pela qual chamo isso de "newtrition" é pela forma nova com que você vai abordá-la — uma forma mais simples. Seu olhar para a comida será o de um combustível para o seu Melhor Eu. A cada refeição, você tem uma escolha — abastecer o Melhor de Si Mesmo ou o seu Antagonista?

O diferencial dessa modalidade é que o que você coloca em seu corpo tem uma correlação direta com o que expressa. Se sua dieta for rica em alimentos processados e açucarados (quem sabe o que realmente vai nessas coisas?), você se sentirá lento, cansado, mal-humorado e desconectado de suas atividades diárias. Lembra bastante o seu Antagonista, né? Os motivos: alimentos processados contêm aditivos sintéticos que seu corpo não consegue digerir tão facilmente quanto compostos encontrados naturalmente nos alimentos, e o açúcar refinado provoca grandes picos de açúcar no sangue. Esses picos resultam na liberação de insulina pelo seu corpo, um hormônio de armazenamento de gordura, resultando em cansaço ou lentidão. Você coloca seu corpo em uma montanha-russa ao consumir bebidas ou alimentos altamente processados. Priorizando alimentos integrais e com alta densidade nutricional, seu desempenho em todas as áreas será melhorado. Você estará alerta, vivo, conectado e equilibrado. A razão pela qual esses alimentos o ajudam a ser o Melhor de Si Mesmo é que fornecem às células a energia e hidratação de que precisam sem todos o resto. São absorvidos de forma mais lenta também; dessa forma, você não sente fome o tempo todo.

Para compreender melhor os tipos de alimentos que deve comer com o intuito de manter seu alinhamento com o Melhor de Si Mesmo, comecemos pelo básico. Há três fontes de nutrição: *carboidratos, gordura e proteína*. Você precisa dos três. Ponto-final. E acabou. Brincadeira! Mas é verdade — você precisa de todos esses três blocos nutricionais para ser saudável. Vamos observar melhor cada formulário.

1. Carboidratos

Carboidratos são compostos em alimentos que seu corpo usa para obter energia rápida — açúcares, amidos e celulose. Sei que surgiram várias modas de dieta que ditam que *todos os* carboidratos são ruins, mas isso não é verdade. Seu corpo precisa de carboidratos, porque converte todos em energia usada para todas as suas atividades, então, caso deixe de consumi-los, não se sentirá bem ou verá sua funcionalidade decair em longo prazo.

Alimentos processados como pão comum, massas, sobremesa, alimentos embalados como batatas fritas, salgadinhos e pipoca industrializada, doces e qualquer outra coisa que não seja um alimento completo causarão problemas ao seu ritmo, especialmente à medida que envelhecemos. Embora sejam muito saborosos, nenhum desses alimentos é necessário aos nossos corpos. O mesmo vale para bebidas — seu corpo não precisa de bebidas açucaradas ou artificialmente adoçadas. Nosso corpo funciona totalmente apenas com água — e sempre podemos mudar o sabor, com um toque de frutas cítricas, pepinos, morangos etc.

Por outro lado, os carboidratos saudáveis e ricos em nutrientes ajudam a alimentar o cérebro e o corpo. Vegetais orgânicos, frutas, grãos integrais, nozes, sementes e leguminosas são ótimas opções de carboidratos. Em se tratando de legumes, cozinhá-los levemente ou comê-los crus é o caminho preferível, em detrimento de cozinhá-los em fogo alto ou fritá-los. Quanto menos esses alimentos forem cozidos, mais nutrientes incorporados você receberá na ingestão.

QUANDO EU ERA JOVEM...

Há alguns capítulos, contei a você que, quando criança, eu tinha problemas na escola. Quando me lembro disso, acho que parte do problema era que eu estava sempre exausto. Lembro que me sentia muito mais cansado e letárgico do que as outras crianças da minha turma. Eu não fazia ideia, na época, de que os donuts e o café da manhã de fast-food que eu comia estavam me afetando. Minha dieta atrapalhava minha capacidade de funcionar como o Melhor de Mim. Eu estava sempre avoado, não conseguia me concentrar e estava sempre bocejando. Todos esses carboidratos simples e insalubres não me favoreciam, e farão o mesmo por você, então faça escolhas melhores do que eu fazia!

2. Gorduras

Talvez você ainda caia naquela velha ideia de que uma dieta com baixo teor de gordura significa que perda de gordura corporal, mas já foi comprovado que isso não é exatamente verdade. Estudos recentes descobriram que a gordura não é inimiga[*], e na verdade a moda da dieta com baixo teor de gordura, que teve força por muitos anos, acarreta mais danos do que benefícios. As gorduras são cruciais para a regulação hormonal, alimentando nossos hormônios com os nutrientes de que precisam para funcionar. Quando eles não recebem o combustível adequado de que necessitam, vários problemas de saúde podem surgir — desde fadiga até falta de clareza mental, perda de cabelo, ciclo menstrual desregulado para as mulheres, deficiências vitamínicas e ressecamento da pele. Lembre-se de que seu corpo e cérebro precisam de gordura para funcionar!

A questão aqui é o tipo de gordura que ingere. Gorduras altamente processadas (como óleo vegetal, óleo de semente de algodão, óleo de canola, gordura vegetal processada) causam inflamações por todo o corpo, levando à deterioração da memória e ganho de peso.[†] (Percebeu um tema comum aqui? Alimentos processados não o ajudam a atingir o Melhor de Si Mesmo!) Procure sempre gorduras saturadas e insaturadas saudáveis e naturais, como abacate, óleo de coco, manteiga e ovos de galinha orgânicos e azeite de oliva. Essas gorduras saudáveis manterão você saciado, focado, afiado e com um humor melhor.[‡]

---

[*] https://www.eurekalert.org/pub_releases/2018-08/esoc-coh081618.php.

[†] https://www.nature.com/articles/s41598-017-17373-3.

[‡] https://www.sciencedirect.com/science/article/pii/S0166432816302571.

3. Proteínas

A proteína é composta de aminoácidos e é vital para a manutenção do funcionamento de seus órgãos, hormônios e tecidos. Ela compõe nossos músculos e células, incluindo o cérebro e músculo cardíaco, por isso desempenha um papel importante em manter todo o seu corpo em sua melhor forma. As melhores formas de proteína estão em ovos orgânicos, de galinhas alimentadas com capim, carnes, feijão, leguminosas e nozes, que agora estão prontamente disponíveis em todos os grandes varejistas, junto com frutas e legumes orgânicos — estes não são mais itens de luxo! Se você preferir adicionar uma proteína em pó a um smoothie, recomendo que você selecione uma marca sem aditivos nos ingredientes — a proteína deve ser feita puramente de fontes orgânicas, sem qualquer adoçante. Caso precise adoçar o smoothie, use mel orgânico, tâmaras ou banana.

Outros Alimentos do Melhor de Si Mesmo para Incorporar

Para ajudar a manter seu microbioma intestinal saudável, é uma boa ideia adicionar alguns alimentos fermentados, como o kombucha (há várias marcas disponíveis nos principais supermercados atualmente — experimente algumas — e são deliciosas!) ou chucrute em sua dieta. Esses alimentos e bebidas contêm uma tonelada de probióticos que ajudam a reduzir a inflamação no corpo, diminuir o inchaço e melhorar a digestão e a perda de peso. Também recomendo que você encontre um bom suplemento probiótico de alta qualidade para tomar todos os dias. Adicionar uma porção de iogurte ou kefir sem açúcar na alimentação diária também é uma ótima ideia, pois contêm muitas das bactérias benéficas que equilibram o humor

E, finalmente, as fibras também são importantes para uma boa saúde intestinal, mas certifique-se de que venham de alimentos integrais em vez de misturas de fibra que compramos na farmácia. Isso ocorre porque seu corpo tira mais benefícios de alimentos ricos em fibras, como mirtilos, framboesas, feijões de todos os tipos e legumes, então escolha esses itens. A fibra é fundamental porque ajuda seu corpo a fazer uma absorção de açúcar mais lenta e, como resultado, auxilia na manutenção de um peso saudável. Alimentos fibrosos também ajudam a limpar seu cólon, reduzindo assim o risco de certos tipos de câncer. E você sabe o que dizem — uma maçã por dia para uma vida sadia. Se isso é verdade ou não ainda não foi comprovado, mas comer uma maçã orgânica todos os dias nunca será uma má ideia. (Até o Dr. Jorge concorda com isso!)

Jejum Intermitente

Ainda que "newtrition" tenha em seu cerne o conceito de comer alimentos ricos em nutrientes, não processados (integrais), também foca escolher quando comer e quando não comer. Há muitas pesquisas novas que sugerem que o jejum, ou comer em intervalos, induz a algo chamado autofagia — o corpo consome o próprio tecido, reciclando o descarte produzido dentro das células para criar materiais que ajudam na regeneração celular.[*] Uma das descobertas mais excitantes é que a autofagia estimula o crescimento de novas células cerebrais e nervosas, melhorando, assim, a função cognitiva.[†] Inclusive, há provas de que melhora seu humor.[‡]

Se a ideia do jejum o assusta, considere que já jejua por muitas horas toda noite enquanto dorme (daí o nome, menos comum, "desjejum" para café da manhã). Caso simplesmente pare de comer depois do jantar, às 20h, todas as noites, e volte às 10h, do dia seguinte, terá feito um jejum de 14h. Parece bem possível, né? E seu corpo tem tempo de gastar a energia que dedicaria à

---

[*] https://www.ncbi.nlm.nih.gov/pmc/articles/PMC2990190/.

[†] https://www.ncbi.nlm.nih.gov/pmc/articles/PMC2647148/.

[‡] https://www.sciencedirect.com/science/article/pii/S0165178112008153?via%3Dihub.

digestão para limpar as células. Além disso, evitará que coma alimentos tarde da noite, o que atrapalha seu padrão de sono e causa ganho de peso.

Quando colocar alimentos integrais e nutritivos em seu prato, se surpreenderá com a forma como seu corpo se adaptará e utilizará esses recursos. Pode demorar uma semana para isso, mas seu corpo se ajustará.

Exercícios

Há infinitas pesquisas indicando os resultados positivos do exercício diário para o corpo, cérebro e até mesmo o espírito humano. Entretanto, não elabore demais os exercícios. O melhor tipo de exercício é aquele que você faz. Encontre algo de que goste e que melhore o ritmo cardíaco suficiente para fazer você suar (obviamente, converse com seu médico antes de iniciar um novo regime de exercícios — especialmente se tiver problemas de saúde preexistentes) e pratique diariamente ou sempre que possível!

Gosto de ir à academia, e é lá que geralmente minha inspiração surge. Isso acontece porque meu sangue está bombeando e meu cérebro é nutrido pelo sangue oxigenado. Quando se sentir meio para baixo ou bloqueado de alguma forma, praticar um pouco de exercícios ajuda a melhorar tudo.

Seus quadris ou costas sofrem quando seu trabalho exigir que fique sentado por longos períodos. Sugiro que faça um alongamento dinâmico por apenas dez minutos por dia. Movimentos simples como pranchas, mãos tocando nos dedos dos pés, hip hinge e agachamentos perto de uma cadeira fazem toda a diferença para combater essa dor. No YouTube, basta inserir os nomes dos exercícios acima para ver os vídeos do posicionamento adequado do corpo em cada um desses movimentos.

Caso queira fazer mais pesquisas sobre os exercícios mais eficazes (como conseguir o melhor resultado possível durante o tempo que você gastar), então aconselho você a procurar um treinamento intervalado e de resistência de alta intensidade. Eles são a referência principal nos exercícios atualmente, e seus princípios se aplicam a uma grande variedade de movimentos — corrida, ciclismo, natação, faixas de resistência, pesos e assim por diante.

O exercício é um componente-chave do Melhor de Si Mesmo, e sugiro que você encontre uma maneira de incluí-lo em sua rotina. No capítulo de Metas, veremos mais detalhadamente como você utiliza seu tempo, então comece a pensar em como encaixar os exercícios de forma regular em sua agenda.

Prevenção/Bem-estar

O que você está fazendo em termos de saúde preventiva agora? Em outras palavras, quais medidas você está tomando para preservar sua boa saúde e perceber possíveis problemas antes que se tornem reais?

No capítulo sobre Vida Pessoal, discutimos a ideia de que não é egoísmo cuidar de você primeiro. Essa noção é 100% aplicável à sua saúde. Acho que o problema é que muitos ainda acham que não precisam cuidar de sua saúde a menos que sejam instruídos por um médico. Mas o seu médico não sabe de tudo da sua vida — só *você* sabe! Ouça sua intuição e, se achar que há algo além do que seu médico diagnosticou, não hesite em procurar uma segunda opinião ou um ponto de vista ou tratamento alternativo. E, caso queira evitar os médicos, tome o controle de sua saúde em suas próprias mãos e seja proativo — coloque sua saúde em primeiro lugar sempre que possível.

Quando se trata da sua saúde, você precisa ser o próprio defensor. O mundo de hoje apresenta muitas opções de meios alternativos de prevenção de doenças e bem-estar. É importante pesquisar, e não simplesmente seguir qualquer terapeuta online. Certifique-se de que seus terapeutas tenham o licenciamento e as certificações apropriadas. E não se esqueça de marcar uma consulta antes de passar por qualquer tratamento.

Isso vale para a medicina tradicional chinesa (MTC), terapia de plasma rico em plaquetas (que fiz no meu ombro e é muito boa — eles pegam um pouco do seu sangue, centrifugam e depois injetam apenas o plasma rico em plaquetas na área problemática, o que acelera o processo de cura do corpo), acupuntura, tratamento à base de ervas, reiki, medicina funcional (uma abordagem baseada em biologia da medicina com foco na identificação e tratamento da fonte de vários problemas de saúde e doenças), terapia a laser frio (que usa ondas de luz específicas para acelerar a cicatrização em pontos definidos), crioterapia, sauna infravermelha (que cria calor por meio de luz infravermelha e desintoxica seu corpo) e assim por diante.

A TENDÊNCIA DO BIOHACKING

Caso tenha ficado interessado e queira se aprofundar sobre as maneiras de controlar sua saúde para conseguir funcionar em um nível mais alto, pesquise sobre uma tendência chamada *biohacking*. Há inúmeros podcasts e livros que se encaixam nessa categoria, mas o conceito básico é procurar por atalhos, ou "*hacks*" (truques) para aumentar a produtividade e o desempenho do nosso corpo. Em tempo, há pessoas que se consideram biohackers profissionais, mas, essencialmente, agem como cobaias humanas, testando novos produtos, suplementos, dietas e assim por diante. Deixe que eles façam isso, não se submeta a algo potencialmente perigoso. Seja inteligente.

Mas o biohacking é um fascinante vórtex pelo qual pode se aprofundar e aprender mais sobre todas as formas para melhorar sua função cerebral, certos óculos que combatem os efeitos fatigantes da luz azul, o óleo MCT que confere clareza mental, placas de vibração que desintoxicam o corpo, tanques de privação sensorial e a lista continua! Faça pesquisas online ou em seu aplicativo de podcast e veja o que acha interessante.

Em um capítulo anterior, concordamos que a receptividade é essencial na jornada da busca pelo Melhor de Si Mesmo. No que diz respeito à saúde, e para certificar-se de que você se sinta incrível, é preciso ter a mente aberta. Há muitas opções por aí, e se fizer o dever de casa encontrará algo que funcione para você e o faça se sentir bem.

Inventário de Bem-estar Físico

Agora é hora de determinar o que você gostaria de realizar na área de sua saúde física. Estas perguntas o ajudarão.

PARTE 1: Avalie sua saúde física em uma escala de 1–10. Um "1" significa que você reconhece que ESFERAS quanto à sua saúde precisa de sua atenção imediata porque você está com problemas nessa área, e um "10" significa que você já está cuidando muito bem de sua saúde geral e tem pouco ou nenhum espaço para melhoria em ESFERAS. Aspectos da sua saúde física a ponderar para a atribuição de sua classificação incluem:

- como você se sente fisicamente;
- quais comportamentos você acha que precisa mudar porque estão impactando negativamente a sua saúde;
- como seu corpo ajuda você a se alinhar com o Melhor de Si Mesmo.

Classificação de saúde física: _____ a partir de _____ (data)

PARTE 2: **Agora, liste alguns comportamentos que funcionam para sua saúde e por que isso acontece.**

Exemplos:

- Faço exercícios regularmente de uma maneira que faz bem ao meu corpo.
- Eu me alimento com coisas que sei que suportam e preservam minha saúde física.
- Faço check-ups rotineiramente.

Comportamentos que ajudam a proteger, promover e preservar minha saúde são:

_____ Por quê? _____
_____ Por quê? _____
_____ Por quê? _____

PARTE 3: **Cite alguns comportamentos que não funcionam para a saúde e por quê?**

Exemplos:

- Faço uso de alguma substância que é prejudicial à minha saúde.
- Estou negligenciando algum aspecto da minha saúde física por medo ou negação.
- Evito exercícios porque sinto que estou longe demais para alcançar algum grau de saúde.

Comportamentos que não funcionam para mim na área da saúde são:

_____ Por quê? _____
_____ Por quê? _____
_____ Por quê? _____

PARTE 4: Baseado em tudo que acabou de escrever, pense no que precisa fazer para aumentar sua classificação atual para 10 nas áreas de sua vida.

Você fará isso observando os comportamentos que precisa *manter* porque estão funcionando, comportamentos que precisa *interromper* porque estão impedindo que faça o que quer fazer, e aqueles comportamentos que precisa *começar* a ter.

Para que minha saúde física fique nota 10,

preciso continuar: _____

preciso parar: _____

preciso começar: _____

O Próximo Item dos Sete que Compõem ESFERAS

Espero que se sinta empoderado com sua saúde e que entenda que, caso esteja se sentindo mal, há uma infinidade de opções para ajudá-lo a melhorar. Deixe que sua intuição seja seu guia e tome o controle de sua saúde agora mesmo. Posteriormente, espero que você faça um pacto consigo mesmo de ser honesto sobre seus comportamentos, porque a verdade é que tudo o que fazemos, comemos, pensamos e sentimos tem um impacto imediato e direto em nossa saúde física e, portanto, em nossa longevidade. Mais tarde, quando falarmos sobre a definição de metas específicas para melhorar cada parte de ESFERAS, inclua pelo menos uma meta de saúde. Deepak Chopra diz: "Se você conscientemente deixar seu corpo cuidar de você, ele se tornará seu maior aliado e parceiro confiável." Lembre-se disso durante sua jornada!

A seguir, vamos abordar ESFERAS de aprendizado. Estou muito animado para mostrar a você como permanecer em um modo de aprendizagem vitalício. Conhecimento é poder, e é o que nos ajuda a evitar a estagnação e a continuar evoluindo.

SETOR PESSOAL • BEM-ESTAR FÍSICO • EDUCAÇÃO • RELACIONAMENTOS • ATIVIDADE PROFISSIONAL • SUBLIMAÇÃO ESPIRITUAL • ENCONTROS SOCIAIS

8
Sua **ESFERAS** ducação

Eu me sentava no fundo da sala de aula, com meu caderno e caneta prontos, tentando ao máximo acompanhar o que a professora dizia. Comecei anotando furiosamente todas as palavras que conseguia, mas depois de alguns minutos desanimei e comecei a rabiscar rostos de desenhos animados. Espremi os olhos, balancei a cabeça e disse a mim mesmo: "Olha só. Vamos. Você consegue." Então a professora anunciou que ia aplicar um teste surpresa. Enquanto olhava para as perguntas à minha frente, senti um aperto na garganta. Eu não sabia uma única resposta sequer. Ainda que fosse algo nada característico meu, o pensamento de olhar as respostas do garoto ao meu lado passou pela minha mente. Eu estava desesperado. Todos sabiam que, caso reprovássemos nas aulas, teríamos que ir para a recuperação durante as férias. Eu via esses alunos muitas vezes durante os treinos de basquete nas férias, e todos pareciam zumbis. E eu estava fora de ser mais um!

Quando estava saindo da sala, depois que o sinal tocou, não me lembrava de um detalhe sequer do que meu professor de inglês havia acabado de ensinar. A única coisa que eu sabia com certeza era que tinha ido mal no teste. Que droga.

"O que estou fazendo de errado?", perguntei-me. Achava que todos tinham um manual de como agir na escola. Eu era o único que estava improvisando. Quando fui pegar os livros no armário, percebi que a próxima aula era de história. Meu livro de história estava em casa. Eu sabia que precisaria dele hoje. Fiz até mesmo uma capa especial para meus livros de história, com mapas por todo lado. De pé no corredor da escola, eu simplesmente queria desistir. Sempre estive um passo atrás. Não importa o quanto eu tentasse, era impossível competir academicamente. A escola era uma tortura para mim.

E o motivo de aprender certas matérias era um mistério para mim. Como eu ia usar isso na minha vida real? Ainda hoje, me pergunto por que diabos eu precisei aprender caligrafia ou álgebra.

Esportes e meus amigos eram as coisas que eu mais gostava na escola. Meu círculo social e o basquete foram a maior parte da base da autoestima que esteve completamente ausente da minha vida acadêmica. A camaradagem e o trabalho em equipe eram incríveis. Relembrando, vejo agora que sempre progredi em configurações de equipe — quando tínhamos trabalhos em grupo ou apresentações em sala de aula, sempre me saía bem. Sozinho, eu me atrapalhava.

Eu geralmente sabia dos dias em que os boletins chegariam, e tentava chegar em casa cedo o suficiente para interceptá-los na correspondência. Naquele dia eu cheguei tarde demais. Ao entrar em casa, já podia ouvir meu irmão e irmã comemorando seus últimos boletins com mamãe e papai. (Na verdade, deixe-me esclarecer, pois eles ficariam ofendidos se eu dissesse que o boletim era só de notas A — ambos tiraram a média geral de 9,3 ou mais. Quem tem a média maior do que 9,0?! Loucura!) Eu, por outro lado, me esqueci completamente dos boletins. Que maravilha. Quando cheguei perto da cozinha, praticamente ouvi aquele barulho de disco arranhando antes de tudo ir por água abaixo nos filmes, e todos os olhos repentinamente estavam focados em mim. Um envelope não aberto estava sobre o balcão, com meu nome centralizado na frente. Meu irmão e minha irmã estavam praticamente brilhando e não precisaram dizer uma só palavra — todos sabíamos o que viria em seguida.

Tentando distrair ao máximo, eu disse: "E aí, pessoal! O que tem para o jantar?" Minha tentativa falhou, quando minha mãe pegou o envelope ameaçador e me entregou.

"Michael, seu boletim chegou hoje!"

Com os dentes cerrados e um sorriso falso, respondi: "Oh, que maravilhoso!" Claro, eu sabia no fundo que decepcionaria meus pais mais uma vez, mas abri o envelope de qualquer forma. Dois B, dois C e um D me encaravam no papel. Meus ombros se curvaram, deixei o boletim no balcão e saí silenciosamente em direção ao meu quarto.

Mais tarde naquela noite, meus pais me chamaram para uma conversa séria, do tipo que não era novidade para mim. Eu me preparei para toda a sensação de culpa, os conselhos sobre como melhorar minhas notas; talvez até contratassem outra tutora. Mas essa conversa foi diferente, e não de um jeito bom.

"Mike, achamos que é melhor repetir a oitava série." Meus pais explicaram seu raciocínio — que eu teria uma vantagem para jogar basquete no ensino médio —, mas eu sabia da verdade. Eu não estava conseguindo acompanhar. Ao ouvir essas palavras, parecia que toda a minha vida tinha acabado de ser destruída. Meus pais queriam me deixar atrasado — no *ensino fundamental*. Todos os meus amigos partiriam para suas vidas no ensino médio, e eu ficaria com um bando de crianças, fazendo todas as mesmas aulas miseráveis que fiz durante todo esse ano. Era como se eu estivesse vivendo em um estado perpétuo de Dia da Marmota — repetindo o mesmo ciclo de 24 horas de azar sem parar. Eu não acreditava no que estava acontecendo comigo. Eu simplesmente balançava a cabeça, cabisbaixo, incapaz de sequer responder; então, fui dormir.

Meus pais decidiram me matricular na St. John Baptist Catholic School, na esperança de que eu recebesse mais atenção dos professores do que na minha antiga escola pública. Mas isso só me deixou mais confuso porque, além de assimilar o novo ambiente, eu tive que descobrir o caminho da fé católica. Quando cheguei, tudo era diferente da escola pública. Usávamos uniformes (que evitava que eu precisasse fazer compras nas lojas de tamanhos especiais, felizmente), e logo percebi que todos sentiam-se intimidados por uma freira que administrava a escola. Isso era bastante confuso para mim, porque eu não tinha certeza do motivo das pessoas temerem uma senhorinha vestindo preto e branco. Eu só havia visto freiras em filmes como *Mudança de Hábito*, então minha compreensão delas era claramente limitada. Eu nunca havia rezado uma Ave-Maria na vida — e sequer entendia o motivo de tudo aquilo. Eu precisava correr muito atrás, mas me saí relativamente bem no time de basquete, e minhas notas melhoraram um pouquinho.

Meu ensino médio foi na Mater Dei High School, a maior escola católica a oeste do Mississipi com mais de 5 mil alunos. A Mater Dei era conhecida pelo atletismo. Eu era o calouro mais velho da minha turma e tive uma ótima vida social durante todos os meus quatro anos lá. No último ano, era capitão do time de basquete e nos classificamos entre as principais 25 escolas do país, então a pressão na quadra era enorme.

Apesar de ter tutores da Princeton Review e manter-me o mais disciplinado possível, minhas notas continuaram baixas e me saí muito mal nos SATs, o vestibular nos EUA. Felizmente, devido às minhas habilidades no basquete, consegui entrar na Fordham University, no Bronx.

Quando cheguei à faculdade, tudo que eu queria era me divertir. Naquela época, meu vício em metanfetamina começou a sair do controle. Parei de dormir, usando mais e mais metanfetamina, e até me convenci de que, além de ser uma droga divertida, seria algo que me ajudaria nos estudos. E, cara, eu nunca estive mais errado.

Eu até mesmo cheguei a usar metanfetamina no banheiro antes da aula de filosofia. Eu não dormia há uns três dias. O máximo que fiquei sem dormir foi sete dias e isso foi no final, antes de tomar a decisão de mudar minha vida. Na aula, o professor estava falando sobre Descartes e levantei a mão. Comecei a debater com ele. Parecia uma experiência extracorpórea. Eu me achava tão inteligente, na minha cabeça; eu estava no comando da aula. É isso que as drogas fazem com você — elas o fazem perder completamente a noção da realidade. Eu estava falando besteiras que só percebi quando vi todos os outros alunos se virarem para me olhar no fundo da sala. Lembro que me senti tão envergonhado que arrumei minhas coisas e saí da aula mais cedo.

Então comecei a me sentir muito deslocado na faculdade. Eventualmente, abandonei tudo e decidi ficar sóbrio.

Quando parei de usar drogas, frequentei a Metro State University, em Minnesota. É incrível o que podemos fazer quando não estamos sob efeito de drogas. Comecei a me sentir vivo nos meus cursos de psicologia e aconselhamento sobre drogas e alcoolismo. O que mudou? Eu finalmente consegui conectar-me com meu eu autêntico no que diz respeito aos meus estudos — eu estava focado no que eu realmente queria aprender. De repente, me tornei um aluno nota 10, e foi incrível.

Quando muda sua história, e quando vai atrás do que ama, coisas incríveis acontecem. O fato de ser um aluno nota 10, francamente, foi um milagre, mas quando vive da forma certa, os milagres se tornam realidade.

Enquanto estudava na Metro State, estagiei em duas clínicas diferentes e trabalhei em outras duas. Sempre concentramos nossos esforços em ajudar as pessoas a largar e continuar livre das drogas, mas percebi que a verdadeira batalha delas não era com as substâncias, e sim com a vida. Eu sentia que havia muita ênfase no diagnóstico e muito pouca em propriamente ensinar as pessoas a se tornarem o melhor de si mesmas. As taxas de reincidência eram terríveis; as pessoas não conseguiam ficar longe de drogas e álcool quando deixavam a clínica. Até mesmo a prestigiada clínica de reabilitação que frequentei não tinha grandes resultados — dos 22 homens que estiveram lá ao mesmo tempo que eu, apenas 2 de nós continuaram sóbrios dentro de um ano desde o tratamento.

Durante meus estágios, aprendi muito. E, por fim, compreendi que eu era motivado por ajudar as pessoas; não apenas os viciados, mas todos que batalham para melhorar suas vidas. Quando percebi isso, li muito, e depois, li mais um tanto. Quando você está feliz com sua vida, não precisa de drogas ou álcool. Eu precisava ajudar as pessoas a descobrirem a felicidade, o resto seria consequência.

Como já contei, finalmente abri os CAST Centers, um centro de tratamento que se concentra especificamente no alinhamento das pessoas com as vidas que querem viver como um método de tratar o vício e outros transtornos mentais. Costumamos dizer que quando nossos clientes chegam ao fim do tratamento no CAST, eles praticamente têm um mestrado em psicologia devido à vasta gama de técnicas eficazes que ensinamos e incorporamos em nosso programa. O modelo CAST Alignment (Alinhamento) demorou anos para ser criado, e sei que já imagina que o foco dele é no Melhor de uma pessoa e operar com a autenticidade como força motriz. Nossos resultados têm sido poderosos e continuo me sentindo inspirado por nossos clientes que conseguem transformar completamente suas vidas. No CAST, não seguimos o que outros centros de tratamento fazem no setor, a menos que, de alguma forma, ajude a liberar nossos clientes para que sejam o melhor de si mesmos.

E compartilho minha jornada educacional por um motivo: quando descobrimos os tópicos que nos inspiram paixão, podemos e *vamos* adorar aprender.

Não quer dizer que sua experiência será igual a minha. Cada um tem a sua. Desde que escolhi trabalhar no tratamento da saúde mental, nunca parei de aprender. Ouço podcasts, assisto a vídeos do YouTube de pessoas que me inspiram, me esforço para evoluir e me tornar mais experiente, e aproveito cada segundo. A educação é o que nos ajuda a evoluir, crescer e melhorar.

Mesmo que nunca tenha gostado da escola, ache que tem alguma deficiência de aprendizado ou não aprecie o processo de receber novas informações, o Melhor de Si Mesmo tem *sede* de conhecimento — sua função é descobrir o que lhe interessa em um nível profundo. O que sacia sua sede única de conhecimento e, mais importante, qual é o melhor método de aprendizado para você? Essas são as questões que vamos explorar juntos neste capítulo. Vamos lá.

Exercício: Sua Imagem Educacional Atual

Parte 1: O que você quer aprender?

Neste momento, quero que você escreva três coisas que gostaria de aprender, ou que sempre disse que, um dia, queria aprender. Pode ser qualquer tópico pelo qual já tenha se interessado, então busque dentro de si mesmo lá no fundo. Quais são os tópicos de interesse do Melhor de Si Mesmo?

Se sempre achou uma boa ideia falar outro idioma, mas nunca teve tempo, coloque isso na lista. Talvez tenha cogitado fazer aulas de cerâmica como uma forma divertida de se expressar criativamente. Adicione à lista. Ou talvez tenha sonhado em tirar habilitação A para pilotar uma moto, mas nunca levou isso em frente. Você pode ter visto um documentário sobre um tema, pessoa ou ponto específico da história que realmente o fascinou — aprofunde esse conhecimento com pesquisas, livros, podcasts e muito mais.

Qualquer coisa que pareça intrigante e tenha como resultado para você uma nova habilidade ou conjunto de informações — é isso que você deve colocar nesta lista.

Eu gostaria de aprender...

1. _____
2. _____
3. _____
4. _____
5. _____
6. _____
7. _____

Parte 2: Por que você não está aprendendo essas coisas?

Agora, por que *não* dedica um tempo para aprender coisas novas? Talvez ache que é muito velho para aprender um idioma. Ou acredite que não consegue arrumar tempo, ou que nunca foi inteligente o suficiente para absorver novas informações.

Escreva suas razões para não aprender mais sobre os tópicos que escreveu na primeira parte deste exercício:

1. _____
2. _____
3. _____

Parte 3: Suas razões são válidas ou verdadeiras?

Vamos testar seu raciocínio. Analise a lista dos motivos pelos quais você não está dedicando tempo para aprender mais sobre seus interesses e teste se essas razões são verdadeiras.

Por exemplo, se uma das suas razões for que você é velho demais para aprender algo novo, pergunte a si mesmo se alguém da sua idade, ou até mais velho, já aprendeu uma nova habilidade. A resposta para essa pergunta é sim, claro que sim! Pense em Priscilla Sitienei, uma parteira de uma área rural do Quênia. Ela foi à escola quando pequena e, portanto, não sabia ler nem escrever. Mas tinha o desejo de registrar um pouco da história de sua família para passar para as gerações futuras, então começou a frequentar a escola com seus seis tataranetos... aos 90 anos!* Vera Wang só se tornou designer de moda aos 40 anos. Joy Behar era professora de inglês até começar sua carreira no showbiz com 40 e poucos anos. Harland Sanders, que você conhece como Coronel Sanders, abriu seu primeiro restaurante Kentucky Fried Chicken aos 65 anos. Se essas pessoas aprenderam e aplicaram novas habilidades em uma idade mais avançada, você também pode. Portanto, sua razão "estou muito velho(a)" não é verdadeira tampouco válida.

Você pode considerar um motivo não abrir um espaço em sua agenda para aprender sobre um desses itens, mas basta ter 30 minutos por semana para dedicar à nova habilidade. Se conseguir 30 minutos, e todos devem dedicar 30 minutos a si mesmos, então seu motivo não é verdadeiro e você deve circular "Inválido".

Reescreva suas razões para não aprender mais sobre tópicos que lhe interessam aqui e, então, circule em Válido ou Inválido após cada uma delas:

Razão   *Circule uma:*

1. _____ Válida ou Inválida
2. _____ Válida ou Inválida
3. _____ Válida ou Inválida

---

* http://www.bbc.com/future/story/20170828-the-amazing-fertility-of-the-older-mind.

Parte 4: Comprometimento com a aprendizagem

Se deixar, esse exercício será muito esclarecedor. O objetivo é que você perceba que a única coisa que impede que você aprenda alguma coisa são suas próprias desculpas.

Lembre-se, você não precisa frequentar uma aula no sentido mais formal para continuar a aprender. Há infinitas opções de aprendizado. Se gostar da estrutura de um currículo, faça aulas online no próprio ritmo. Ou, se quiser um processo mais casual, ouça podcasts, assista a vídeos online e leia livros ou artigos. Ou, ainda, talvez conheça alguém que seja especialista em alguma coisa — que tal pedir ajuda para aprender mais sobre esse tópico ou habilidade?

Há muita pesquisa que apoia a ideia de que buscar novas informações, desenvolver novas habilidades e usar seu cérebro de novas maneiras regularmente é uma das melhores formas de preservar a saúde de seu cérebro em longo prazo. Ajuda retardar o envelhecimento, reduzir o risco de demência e ainda manter o cérebro ágil e claro para o futuro, mas também para o agora.* Quanto mais você usa seu cérebro, mais *pode* usá-lo. É interessante como isso funciona, né?

Aprenda por Amor, Não pelo Dever

Agora que você tem uma nova perspectiva sobre o tipo de informação que seu Melhor Eu quer aprender, é hora de se perguntar se está envolvido na aprendizagem de algo que realmente não lhe interessa em qualquer nível.

Trabalhei com muitos clientes ao longo dos anos que frequentaram a faculdade e se formaram em algo porque seus pais exigiram, ou até mesmo levaram os estudos mais adiante na pós-graduação por insistência de outra pessoa, ou porque acreditavam que era necessário ter a carreira que os outros esperavam

---

* Matthew Solan, "Back to School: Learning a New Skill Can Slow Cognitive Aging", https://www.health.harvard.edu/blog/learning-new-skill-can-slow-cognitive-aging-201604279502.

que tivessem. Posso dizer, em primeira mão, que às vezes criamos essa noção de que precisamos de diplomas ou título para ir atrás de algo pelo que temos paixão, mas, com muita frequência, há outro caminho, caso a academia não seja para você. Há 12 anos, quando decidi abrir um centro de tratamento que tivesse foco especificamente no alinhamento das pessoas com as vidas que queriam como método de tratamento do vício e da doença mental, pensei que, como próximo passo, precisaria de um mestrado em serviço social. Passei centenas de horas pesquisando e visitando as melhores faculdades. Então comecei a estudar para o GRE, o vestibular para os programas de mestrado nos EUA.

Estudava constantemente; dia e noite, sem parar, vivia e respirava o GRE. Eu ia arrasar na prova, fizesse chuva ou fizesse sol (ou, nesse caso, neve). Chegou o dia da prova. Eu estava em meu apartamento em Minneapolis e lá fora havia uma maldita nevasca. Entrei no carro, liguei a chave na ignição e descobri que não estava funcionando.

Enquanto estava sentado no banco do motorista, indefeso, incapaz de fazer o teste para o qual eu tinha me preparado tanto, como um raio, percebi algo dentro de mim. Eu estava no caminho errado e o Universo estava me dizendo para parar — o mestrado não era a minha. Naquele momento, decidi que encontraria uma forma diferente de atingir meu objetivo. Mesmo que eu não soubesse como, lá no fundo, eu sabia que faria tudo radicalmente diferente de todos os outros agentes da área de saúde mental e ajudaria as pessoas da forma que eu acreditava que seria a melhor para tal. E foi exatamente isso que eu fiz! Questionei o *status quo*, a forma com que todos trabalhavam, e então trilhei meu próprio caminho. Ao longo dessa jornada, meus pais estavam entusiasmados, porque descobri meu nicho, minha paixão na vida; eles estão muito orgulhosos.

Agora, quero compartilhar mais um exemplo: recentemente conheci alguém que trabalhava com marketing em uma carreira nada satisfatória, então decidiu estudar direito aos 30 e poucos anos. Foi bem difícil e ele não gostou muito do processo. Mas seguiu em frente, apesar de tudo, ao mesmo tempo abrindo o máximo de espaço na agenda para jogar vôlei de praia e nadar no oceano — duas coisas que ele amava muito e que o faziam sentir-se verdadeiramente vivo. Ele tinha trabalhado como salva-vidas júnior quando jovem, e sempre se lembrava daquela época como a melhor de sua vida.

Imediatamente após a formatura da faculdade de direito, ele foi trabalhar em um escritório renomado em Los Angeles. Depois de menos de um ano trabalhando como advogado, percebeu que estava desperdiçando seu precioso tempo na Terra fazendo algo pelo que não era apaixonado, e, pior do que isso, era contrário aos elementos fundamentais do Melhor de Si Mesmo. Então ele se demitiu. E foi direto para a praia e começou a treinar para uma nova habilidade — ser um salva-vidas. Agora ele passa seus dias fazendo exatamente o que ama e nunca se arrependeu.

Sei que ele lhe diria que a maior lição a ser tirada de suas experiências é não esperar tanto tempo quanto ele. Se estiver infeliz com seu caminho educacional, faça uma mudança. Não estou falando de surtar por causa de uma matéria difícil ou um professor mais rígido — estou falando de um sentimento em seu íntimo de que você não está se conectando com a informação que está sendo ensinada, ou de que não pode se forçar a se importar com aquilo tudo. Esses são sinais de que não está alinhado com o Melhor de Si Mesmo, e que isso jamais se resolverá por conta própria.

Caso esteja estudando ou investindo muito tempo no aprendizado de um tópico específico atualmente e não estiver se sentindo realizado, será que não há uma outra forma de chegar ao seu objetivo final que você ainda não considerou? Tente abordar seus estudos de vários ângulos para descobrir novas possibilidades.

As Lições Mais Importantes São sobre Você Mesmo

A educação é o condutor que suporta sua evolução como o Melhor de Si Mesmo, e uma parte muito importante disso é aprender mais sobre si. É fundamental ter autoconsciência. Ao permanecer curioso, você descobre mais sobre o que o faz seguir em frente. Certos gatilhos que levam o seu Antagonista a aparecer podem ser descobertos, e, ao descobri-los, você ganhará controle sobre eles.

Agora, faça a si mesmo estas três perguntas para continuar a aprender sobre quem você é e quem você quer se tornar:

Como você evoluiu no ano passado?

Como está escolhendo evoluir hoje?

O que pretende evoluir daqui a um ano?

Se fosse ministrar um curso chamado "Vida" a uma sala cheia de jovens de 15 anos, e eles estivessem totalmente motivados a aprender — como completas esponjas —, o que você lhes ensinaria? Escreva aqui:

_____
_____
_____

O objetivo desse exercício foi descobrir suas crenças mais fundamentais sobre a vida. Elas vão mudar com o tempo, e já podem estar mudando simplesmente por causa do trabalho que está fazendo com este livro. Isso revela muito sobre sua história até este momento.

PARTE 1: **Primeiro, avalie sua vida educacional em uma escala de 1 a 10, em que "1" significa que você precisa priorizar esta ESFERA e dedicar-lhe alguma atenção imediata, porque está gravemente deficiente, e "10" significa que você tem pouco ou nenhum espaço para melhorias em ESFERA quanto à educação.** Aspectos da sua educação a ponderar para a atribuição de sua classificação incluem:

- Sua evolução em termos de aprendizado se alinha aos interesses do Melhor de Si Mesmo.
- Você aprende mais sobre si mesmo todos os dias?
- Você se deita para dormir toda noite sentindo-se mais bem informado do que quando acordou naquela manhã?

Avaliação do Trabalho/Educação: _____ a partir de _____ (data)

PARTE 2: Agora, liste alguns comportamentos que funcionam em sua vida educacional e por que isso acontece.

Exemplos:

- Esforço-me para aprender muito, enquanto mantenho minha vida em equilíbrio.
- Tenho paixão pelo que estou aprendendo todos os dias.

Comportamentos que funcionam na minha vida educacional são:

_____ Por quê? _____
_____ Por quê? _____
_____ Por quê? _____

PARTE 3: **Cite alguns comportamentos que sabe que impedem que consiga o que quer em sua vida educacional.**

Exemplos:

- Trabalho a semana toda, e, nos fins de semana, tudo que quero é desligar meu cérebro!
- Não confio em novas informações.
- No fim, vejo os jornais e acredito que é uma maneira de me educar quando, na verdade, é nada mais do que uma distração.

Comportamentos que não funcionam para mim em minha vida educacional são:

_____ Por quê? _____
_____ Por quê? _____
_____ Por quê? _____

PARTE 4: Baseado em tudo que acabou de escrever, pense no que precisa fazer para aumentar sua classificação atual para 10 nas áreas de sua vida.

Você fará isso observando os comportamentos que precisa *manter* porque estão funcionando, comportamentos que precisa *interromper* porque estão impedindo que faça o que quer fazer, e aqueles comportamentos que precisa *começar* a ter.

Para que minha vida profissional/educacional fique nota 10,

preciso continuar: _____
preciso parar: _____
preciso começar: _____

A Evolução do Melhor de Si Mesmo

Acredito que, se você viver cada dia com uma mente aberta, um espírito curioso, honestidade, disposição para agir quando necessário e um foco extremo nas tarefas que desempenha, sua mente se tornará terreno fértil para o aprendizado de novas informações vitais. Esses são os elementos necessários para continuar a evoluir e crescer dentro do Melhor de Si Mesmo. O incrível é que a cada novo dia temos novas oportunidades de nos melhorarmos e, dessa forma, melhorar a vida das pessoas ao nosso redor. Portanto, certifique-se de estar sempre no "modo de aprendizado".

Avançando em ESFERAS, a próxima área que investigaremos é a que cobre seus relacionamentos. Quem você é em seu ponto mais central ficará evidente em todos os seus relacionamentos íntimos — com a família, amigos e parceiros românticos. É completamente possível ser o Melhor de Si Mesmo com todas as pessoas que estão na sua vida.

9
Seus **ESFERAS** relacionamentos

Por mais que gostemos de pensar que alguns relacionamentos são muito "complicados", a verdade é que a maioria é bem simples. Se todos agirem como o Melhor de Si Mesmo em todos os momentos, na maioria das interações em um relacionamento, ele será relativamente tranquilo. Haverá discordâncias de vez em quando? Naturalmente. As pessoas evoluem e às vezes se afastam umas das outras quando estão em novas fases de suas vidas? Com certeza. São situações normais e esperadas. Mas longos períodos de desarmonia ou até mesmo toxicidade entre duas pessoas simplesmente não precisam acontecer. A opção "complicado" não precisa existir no seu status de relacionamento.

A complicação é que não se controla se outras pessoas agem com o Melhor de Si Mesmo em suas interações. Você só pode controlar-se, portanto, neste capítulo, discutiremos formas de controlar sua autenticidade e o que pode fazer quando as pessoas a seu redor não refletem as próprias. Surgem desequilíbrios nos relacionamentos de vez em quando; mas, com as ferramentas deste livro, você será proativo ao fazer sua parte para recuperá-los.

O Melhor de Si Mesmo nunca permitiria que você virasse um capacho em um relacionamento insalubre; então, às vezes, é necessário tomar decisões difíceis e se afastar de uma pessoa. Mas, neste capítulo, passaremos por algumas etapas úteis para evitar que seus relacionamentos complicados cheguem a esse ponto.

Dividi este capítulo em três seções principais: Seus Valores (que afetam todos os seus relacionamentos), Relacionamentos Familiares e Relacionamentos Íntimos. No fundo, entretanto, todo o capítulo é sobre *você* e como se conectar ao Melhor de Si Mesmo em todos os relacionamentos.

Seus Valores

Para conversarmos de forma significativa sobre todos os relacionamentos em sua vida, precisamos começar respondendo a esta pergunta-chave: quais são seus valores fundamentais? Fazemos isso porque o conflito geralmente surge em nossos relacionamentos quando há uma discordância de valores.

Valores são princípios ou padrões de comportamento importantes em nossas vidas. São um código pessoal, nossa avaliação do que consideramos certo e do que consideramos errado. Manter seus valores alinhados com o Melhor de Si Mesmo ajuda a tomar melhores decisões não só na vida, mas também nos relacionamentos. É possível que tenha uma compreensão básica do seu conjunto de valores, ou talvez nunca tenha pensado muito neles. A família na qual cresceu tinha certos valores, e alguns deles estão incutidos na pessoa que você é hoje, outros não.

Nem todos valores da lista são positivos. Muitos têm conotações negativas, como ansiedade, amargura e arrependimento. Às vezes, as pessoas valorizam sentimentos negativos como este — há pessoas que acreditam que as coisas não vão funcionar, a menos que se preocupem constantemente com elas, e, se forem honestas, dirão que se preocupar é um de seus valores. Esse certamente não seria um valor que o Melhor de Si Mesmo valoriza, e espero que, neste ponto do livro, você tenha mudado seus valores para incluir apenas sentimentos ou atributos positivos.

Exercício de Valores Parte 1:

Esta é uma lista de valores fundamentais. Circule aqueles com que se identifica.

Abatimento	Autenticidade	Comodismo	Crítica
Abertura	Autonomia	Compaixão	Culpa
Abstinência	Autoridade	Competência	Curiosidade
Amargura	Autorrespeito	Compromisso	Debilidade
Amizade	Aventura	Comunidade	Depressão
Amor	Beleza	Condenação	Desafio
Ansiedade	Bem-estar	Confiabilidade	Desânimo
Apreciação	Bondade	Confiança	Desapontamento
Aprendizado	Cidadania	Conhecimento	Desconfiança
Arrependimento	Cinismo	Contribuição	Desespero
Arrogância	Circunspecção	Coragem	Desinteresse
Atenção	Ciúmes	Crescimento	Desprendimento
Audácia	Colaboração	Criatividade	Determinação

Distanciamento	Honestidade	Parceria	Sensibilidade
Diversão	Hostilidade	Pedantismo	Serviço
Entusiasmo	Humildade	Pessimismo	Sofrimento
Equidade	Humilhação	Propósito	Solidão
Equilíbrio	Humor	Prudência	Status
Espiritualidade	Indiferença	Pudor	Sucesso
Estabilidade	Insegurança	Realizações	Superficialidade
Falha	Inteligência	Receptividade	Suspeita
Fama	Isolamento	Reconhecimento	Timidez
Fé	Justiça	Reputação	Tristeza
Fidelidade	Lealdade	Respeito	Vaidade
Frustração	Medo de [...]	Rigidez	Vergonha
Futilidade	Orgulho	Riqueza	
Ganância	Ostracismo	Sabedoria	
Generosidade	Pacifismo	Segurança	

Agora que circulou todos os valores que se aplicam a você, classifique seus sete principais valores, do mais importante ao menos importante.

1. _____
2. _____
3. _____
4. _____
5. _____

6. _____

7. _____

Todos os valores positivos na lista que acabou de criar representam os pontos fortes do seu caráter. Esses comportamentos devem energizar você e o que oferece aos outros nos relacionamentos. Entretanto, caso alguns valores da sua lista sejam negativos, perceba que derivam do seu Antagonista, e seu objetivo é se afastar de valores como esses e abraçar os positivos que listou.

Exercício de Valores Parte 2:

Em seguida, circule em outra cor os valores que provêm da sua família. Estes podem diferir de seus valores, e não há problema nisso! A ideia aqui é ver a sobreposição e as diferenças.

Abatimento	Autenticidade	Ciúmes	Contribuição
Abertura	Autonomia	Colaboração	Crescimento
Amargura	Autoridade	Comodismo	Criatividade
Amizades	Autorrespeito	Compaixão	Crítica
Amor	Aventura	Competência	Culpa
Ansiedade	Beleza	Compromisso	Curiosidade
Apreciação	Bem-estar	Comunidade	Debilidade
Aprendizado	Bondade	Condenação	Depressão
Arrependimento	Cidadania	Confiabilidade	Desafio
Atenção	Cinismo	Confiança	Desânimo
Audácia	Circunspecção	Conhecimento	Desapontamento

Desconfiança	Futilidade	Ostracismo	Segurança
Desespero	Ganância	Pacifismo	Sensibilidade
Desinteresse	Generosidade	Parceria	Serviço
Determinação	Honestidade	Pedantismo	Sofrimento
Distanciamento	Hostilidade	Pessimismo	Solidão
Diversão	Humildade	Propósito	Status
Entusiasmo	Humilhação	Prudência	Sucesso
Equidade	Humor	Pudor	Superficialidade
Equilíbrio	Indiferença	Realizações	Suspeita
Espiritualidade	Insegurança	Receptividade	Timidez
Estabilidade	Inteligência	Reconhecimento	Tristeza
Falha	Isolamento	Reputação	Vaidade
Fama	Justiça	Respeito	Vergonha
Fé	Lealdade	Rigidez	
Fidelidade	Medo de [...]	Riqueza	
Frustração	Orgulho	Sabedoria	

Agora, classifique os sete principais valores com os quais foi criado.

1. _____
2. _____
3. _____
4. _____
5. _____

6. _____

7. _____

Exercício de Valores Parte 3:

Para identificar as diferenças entre os seus valores de hoje e aqueles da sua família, vamos compará-los lado a lado.

MEUS VALORES ESSENCIAIS	VALORES DA MINHA FAMÍLIA
1.	1.
2.	2.
3.	3.
4.	4.
5.	5
6.	6.
7.	7.

Exercício de Valores Parte 4:

Tornar-se mais consciente dos próprios valores o ajudará a identificar pessoas em sua vida cujos valores estão alinhados com os seus, além de torná-lo mais consciente de por que tem problemas com certas pessoas. Para ajudá-lo a se aprofundar, responda a estas perguntas:

O que as pessoas dizem ser seus pontos fortes? Elas o consideram um amigo leal? Otimista? Ou que é um ótimo colega? Pense no feedback positivo que recebeu de amigos, familiares, colegas de trabalho, chefes, subordinados etc., e anote tudo.

Como esses pontos fortes se alinham com seus valores fundamentais?

Você sente que precisa dedicar-se mais a exibir mais comportamentos em sua vida que reflitam seus valores?

Manter e seguir seus valores nem sempre é uma tarefa fácil. É uma jornada por toda a vida, com muitas curvas na estrada.

Eu trabalhava com um cara que me disse que, por toda a sua vida, um de seus valores centrais foi a "diversão". Ele era cinegrafista especializado em filmagem de drones e outros trabalhos com câmeras. Só aceitava projetos se tivesse certeza de que se divertiria, viajou pelo mundo em busca de aventuras, e a medida que usava para considerar um dia bom era ter se divertido nele.

Até a cara-metade perfeita apareceu — uma mulher que também valorizava a diversão. Então decidiram ter um filho, e ele ficou surpreso como — da noite para o dia —, depois que o bebê nasceu, seus valores mudaram e toda aquela graça de rodar o mundo perdeu seu brilho, e um novo valor entrou no lugar — amor. A diversão ainda era importante, e seu desafio era encontrar uma forma de fazer com que ambos os valores se alinhassem de modo que não houvesse conflito. Parte da solução era redefinir o que "diversão" significava — o que antes traduzia-se em passar um fim de semana fazendo fotos de drones do festival Coachella, agora era um passeio com a família no parque do bairro. A questão aqui é: redefina sua vida com base em seus valores à medida que ela evoluir e mudar. À medida que suas prioridades mudam, seus valores mudarão também.

Seus valores também são desafiados quando você ou alguém que ama é prejudicado de alguma forma. Quando o inesperado ocorre — seja quando sua casa é destruída por um desastre natural, é acusado injustamente ou afligido por uma doença —, nossos valores são colocados à prova. Porém quando enfrentamos a adversidade é quando mais precisamos nos conectar e exercitar nossos valores centrais, pois é com a ajuda deles que chegaremos aonde desejamos.

SEÇÃO 1: Relações Familiares

Nossas relações com nossos parentes são as primeiras formas pelas quais aprendemos a nos conectar com os outros. O isolamento não é benéfico a ninguém; nosso autoconhecimento se dá pelos outros. Conexões seguras e saudáveis com a família são um dos principais ingredientes para uma vida resiliente. Nosso vínculo com nossa família começa a moldar nossas crenças e comportamentos, nos ensinando o que precisamos dos outros para continuarmos nos sentindo seguros e atendidos em nossa infância. Esses primeiros relacionamentos formam nossos padrões de comportamento para o resto de nossas vidas.

Nossa capacidade de dar e receber amor está profundamente enraizada na experiência e processo de nos apegar e nos conectar com os outros mais iniciais. Assim como uma incapacidade.

Nos CAST Centers, com o Modelo de Alinhamento CAST, exploramos nossos padrões de comportamento de apego e o impacto que têm em nossas vidas. Esses padrões são ativados quando nossas necessidades individuais aparecem exigindo segurança, proteção e proximidade. Quando essas necessidades são atendidas, temos um apego seguro.

Um apego seguro implica em um sistema no qual a figura de apego, geralmente um pai/mãe ou cuidador importante, é vista como acessível e reativa quando necessário, fornecendo uma base segura da qual explorar o mundo.

Por outro lado, o apego inseguro implica em um sistema no qual a reação do cuidador não é dada como certa, e as necessidades da criança não são atendidas; como consequência, ela adota uma estratégia para essa ausência. Isso se manifesta como um comportamento perturbador ou em busca de atenção, com objetivo de regular um relacionamento com um cuidador fazendo com que suas necessidades sejam atendidas. Ou, curiosamente, um apego inseguro leva uma pessoa a uma direção positiva. Quando Beth era pequena, seu pai era alcoólatra, mas, por causa da negligência dele, ela aprendeu a cuidar de si mesma desde cedo. Agora, como adulta, ela sabe como cuidar de si mesma e assumir responsabilidades, pois fez isso pela maior parte de sua vida.

A má notícia é que às vezes não tenhamos tido um apego seguro quando pequenos, mas a boa notícia é que é possível desenvolver as estratégias certas e bons hábitos em seus relacionamentos adultos — e isso é válido para relacionamentos íntimos, amizades e até relacionamentos com familiares. Há várias maneiras de fazer isso: identifique suas necessidades em qualquer relacionamento, comunique-se com o outro, estabeleça limites saudáveis com os outros para nunca sentir que estão se aproveitando de você e, também, administre os sentimentos que surgem quando não consegue o que deseja dos outros.

Aqui seguem algumas perguntas que deve se fazer para pensar sobre seus relacionamentos familiares, quando era criança e agora:

- Quando mais novo, como sua família queria que você fosse?
- Como se sentia pressionado por sua família para se comportar de certa forma?
- O que era importante para sua família? (Estudos, tarefas, cuidar de seus irmãos mais novos, todos os itens acima?)
- Qual é a importância da sua família em uma escala de 1 a 10? Por que escolheu esse número?
- Qualifique sua relação com sua família em uma escala de 1 a 10? Por que ela é boa? Quais são suas dificuldades?
- Quais são os pontos fortes que desenvolveu por crescer em sua família? (Exemplos: você é trabalhador, disciplinado, focado, honesto.)
- Como lida com os conflitos, e como é semelhante ou diferente da forma como seus pais lidam? Isso funciona para você?
- Ainda se preocupa se seus pais vão gostar de algo que decidir, se vão aprovar ou desaprovar seu comportamento?

- Ainda é assombrado por momentos negativos da sua infância? Quais são eles? Reformule essas memórias para avaliá-las agora.

DICAS PARA PAIS COM NINHOS VAZIOS

Quando dedica muito do seu tempo, amor e energia criando filhos e descobre que um dia eles saem de casa – para a faculdade, forças armadas ou simplesmente morar sozinhos –, tende a sentir que sua vida virou um grande vazio. Lidar com um ninho vazio envolve muitas emoções, mas há maneiras de encontrar paz em seu novo espaço silencioso. Veja como:

1. É normal sentir-se emotivo a princípio e não tente esconder essas emoções. Chore quando precisar, mas tente terminar cada sessão de choro lembrando-se de que criou bem seus filhos – por isso que eles se sentem confiantes o suficiente para sair de casa, para começo de conversa!

2. Seu filho está seguindo em frente, e você deve fazer o mesmo. Esse é um ótimo momento para reavaliar sua vida, reconectar-se com o Melhor de Si Mesmo, adquirir novos hobbies e responsabilidades, e viver cada dia ao máximo. Encontre formas de retribuir, como voluntariado, conectar-se com velhos amigos ou praticar novos exercícios físicos. Encontre alegria em outras atividades, não só em seus filhos.

3. Embora seu filho não esteja morando com você, lembre-se de que ainda é seu filho. Você pode até não estar tomando as decisões práticas do dia a dia, mas ainda é uma figura importante para ele. Seu filho ainda precisará do seu apoio, não importa o que aconteça. Você ainda é valorizado.

4. Lembre-se, ele não está se afastando – mas seguindo em frente com a própria vida. Celebre suas realizações como pai, e não foque a tristeza por seus filhos terem saído de casa.

5. Não ligue para eles constantemente, nem exija visitas ou faça chantagem emocional. Fazendo isso, você vai atrapalhar e colocar neles a responsabilidade pela sua felicidade. E não pode ser assim. Não sabote o sucesso deles com exigências para que preencham vazios em você.

Se Estiver Irritado com um Parente

Podemos permitir que um membro da família diga ou faça certas coisas que nos sejam prejudiciais, porque são nossos "parentes". Se um amigo ou estranho fizesse ou dissesse essas mesmas coisas, sua reação provavelmente seria muito diferente. Uma briga em um grupo familiar geralmente acontece quando alguém diz ou faz algo que direta ou indiretamente o machuca. Como não temos um terapeuta familiar sentado conosco em nossas salas de estar durante a nossa infância, tentamos entender essas situações muitas vezes dolorosas ou ofensivas, e muitas vezes nunca realmente perdoamos. A propósito, é perfeitamente normal escolher não conviver com certos membros de sua família. Há alguns parentes meus com quem simplesmente não tenho boa química, e tenho certeza de que você também passa por isso. Só porque vocês têm o mesmo sangue, não significa ser obrigado a ter um relacionamento com essas pessoas.

Se estiver discutindo com um membro da família (irmão, pai, tia, tio, primo etc.), ou houver uma rusga que foi desenvolvida ao longo dos anos, ou ainda estiver com raiva da pessoa por algo que aconteceu no passado, seja há uma semana, um ano ou dez anos, está na hora de começar a trabalhar para curar ou dissolver esse relacionamento.

Caso tenha sentimentos de amargura ou cautela quanto a um membro da sua família, é importante se perguntar se essas emoções estão transbordando para outros relacionamentos. Mesmo que tenham origem na relação com uma pessoa, estas são emoções poderosas e afetam todas as áreas da sua vida e outros relacionamentos, se você permitir. Você não pode ser um tipo de irmã e ao mesmo tempo outro tipo de mãe, esposa ou amiga. Para realmente viver como o Melhor de Si Mesmo, aja como o Melhor de Si Mesmo em todos os seus relacionamentos. É impossível compartimentalizar, então aconselho que tome medidas para consertar um relacionamento conturbado com um membro da família, evitando que contamine outras partes de sua vida.

Temos aqui algumas ferramentas para ajudar o Melhor de Si Mesmo a conseguir encontrar algum tipo de cura nesse espaço.

- Se sentir medo ou ansiedade toda vez que pensar em confrontar um membro da família e se preocupar com a reação dele, pergunte a si mesmo se o problema não está, na verdade, em você.
  - Confie em si mesmo para derrubar seu muro de proteção, lide com a situação, de qualquer forma, e então retribua com amor.
- Você teme ficar vulnerável? Se sentir falta de ter um relacionamento com esse membro da família, seja honesto, mesmo que isso o deixe em uma posição vulnerável. Você pode estar com medo de se machucar, mas guardar os sentimentos não lhe causa dor? Essas atitudes não o mantêm em conflito? Arrisque-se; não deixe o medo o atrapalhar.
- Competir, de alguma forma, com aqueles que ama é competir com quem está no seu time! Em um mundo ideal, os membros da sua família devem fazer parte do seu sistema de apoio, e não agirem como seus adversários. Se abordar o problema com uma pessoa com uma atitude competitiva, pare de competir, e provavelmente a pessoa parará também.
- Quando sentir ciúmes de um parente, pergunte a si mesmo se é um ressentimento com o sucesso dele — ou se simplesmente uma necessidade sua não está sendo satisfeita por esse membro da família. Diga a essa pessoa quando precisar que ela reconheça, explique ou peça desculpas por algo.
- Aceite suas diferenças com seu familiar e ame-o de qualquer maneira. Vocês não precisam ser iguais, nem ter ou mesmos gostos ou prioridades. Simplesmente precisam amar um ao outro da melhor maneira possível.
- Nos relacionamentos mais difíceis, seja a pessoa mais evoluída e diga: "Vou amá-lo, quer goste ou não." Se ambos abordarem a situação dessa forma, o resultado será positivo.
- Não importa suas justificativas para o conflito, no fim das contas, elas não valem a pena. Caso perdesse este familiar hoje, quanto do seu foco

iria para suas reclamações contra ele? Você se orgulharia desse tempo perdido? Não perca mais nenhum dia sem dizer a ele exatamente tudo que sente.

> **O ABUSO NAS FAMÍLIAS**
>
> Caso tenha sofrido algum tipo de abuso nas mãos de um membro da família, meu conselho é que busque ajuda profissional, porque, a menos que seja verdadeiramente tratado, afetará sua vida atual. Esses relacionamentos afetam profundamente nossas vidas e, se houve abuso, negligência ou uma combinação disso, é importante que tome as medidas apropriadas para tratar o que for preciso. Esses problemas são complexos e não serão resolvidos apenas lendo este livro.

SEÇÃO 2: Relacionamentos Íntimos

Vamos começar a discussão sobre seus relacionamentos íntimos revendo seus valores e comparando-os com pessoas com quem é íntimo. Desde seu parceiro, cônjuge até alguém em quem esteja interessado romanticamente e assim por diante.

Exercício de Valores de Relacionamentos Íntimos Parte 1:

Circule os valores que se aplicam ao seu parceiro. Novamente, há valores positivos e negativos nesta lista. Seu parceiro pode possuir alguns negativos, e nesse caso você precisará decidir se os aceita ou não.

Abatimento	Circunspecção	Desânimo	Hostilidade
Abertura	Ciúmes	Desapontamento	Humildade
Abstinência	Colaboração	Desespero	Humilhação
Amargura	Comodismo	Desinteresse	Humor
Amizades	Compaixão	Determinação	Indiferença
Amor	Competência	Distanciamento	Insegurança
Ansiedade	Compromisso	Diversão	Inteligência
Apreciação	Comunidade	Entusiasmo	Isolamento
Aprendizado	Condenação	Equidade	Justiça
Arrependimento	Confiabilidade	Equilíbrio	Lealdade
Arrogância	Confiança	Espiritualidade	Medo de [...]
Atenção	Conhecimento	Estabilidade	Orgulho
Audácia	Contribuição	Falha	Ostracismo
Autonomia	Crescimento	Fama	Pacifismo
Autoridade	Criatividade	Fé	Parceria
Autorrespeito	Crítica	Fidelidade	Pedantismo
Beleza	Culpa	Frustração	Pessimismo
Bem-estar	Curiosidade	Futilidade	Propósito
Bondade	Debilidade	Ganância	Prudência
Cidadania	Depressão	Generosidade	Pudor
Cinismo	Desafio	Honestidade	Realizações

Receptividade	Riqueza	Sofrimento	Suspeita
Reconhecimento	Sabedoria	Solidão	Timidez
Reputação	Segurança	Status	Tristeza
Respeito	Sensibilidade	Sucesso	Vaidade
Rigidez	Serviço	Superficialidade	Vergonha

Agora, e se você estiver em um relacionamento com uma pessoa com valores diferentes dos seus? Bem, isso depende de quais valores ou como as prioridades de ambos se alinham. Caso a honestidade seja sua prioridade número um em um relacionamento e seu parceiro não considerar um item dentre os mais importantes, pode ser um problema! Mas uma discussão saudável e aberta sobre o que precisa/espera e valoriza em um relacionamento é um ótimo passo a se dar no início. Não é interessante descobrir lá na frente que se envolveu profundamente com alguém que não valoriza a honestidade da mesma forma que você. Comunicação e abertura são fundamentais.

Ter consciência de quem você é e do que precisa para crescer em um relacionamento é inegociável. Portanto, responda a essas perguntas; aconselho que peça ao seu parceiro para fazer o mesmo — acho que quando os casais fazem isso juntos, apoiando um ao outro, pode ser fortalecedor e produtivo, além de criar uma conexão mais profunda ou responder a perguntas que ambos podem estar evitando fazer no relacionamento.

1. O que está disposto a aceitar em um relacionamento?
2. O que não está disposto a aceitar?

Ao formar novos relacionamentos íntimos em sua vida ou continuar a moldar e evoluir dentro do seu atual, lembre-se dessas perguntas para ter certeza de que nunca está com alguém que não compartilha de seus valores fundamentais.

Mitos x Realidade
em Relacionamentos Íntimos

O modo como a mídia molda nossas percepções e crenças em torno de como relacionamentos românticos devem ser é algo que já passou pela sua cabeça? Anteriormente, compartilhei uma história sobre uma das minhas clientes cuja Antagonista foi chamada de Rapunzel. A falta de realidade e idealização sobre relacionamentos íntimos nasceu das mensagens que ela recebeu por meio de programas de televisão, filmes, música, comerciais e cultura pop em geral. Sim, ela sofreu algum tipo de disfunção quando pequena tentando preencher o vazio deixado por um relacionamento tenso com seu pai, mas a máquina de mídia só colocou mais gasolina na fogueira. E isso acontece com muitas pessoas, especialmente mulheres.

A indústria de casamentos rende 72 bilhões de dólares ao ano. É muito dinheiro! E o triste é que, como resultado dos infinitos programas de televisão, revistas e mídias sociais cujo tema é o "grande dia", muitos casais perdem a *visão geral*. Um casamento dura um dia. Um matrimônio "pretende-se" que dure por toda a vida. Mas, em muitos casos, o foco principal fica na pompa e circunstância daquele único dia em vez do resto da vida do casal. Isso certamente não é uma grande ajuda na diminuição da taxa de divórcio de 50%.

Quase todos os momentos da cerimônia de casamento são planejados para que você pense que o casal vai ficar junto para sempre, embora, lá no fundo, nem sempre haja toda essa certeza de que será permanente. Claro, *nunca* devemos falar disso — ao menos não na frente do casal. (Uma vez, ouvi por acaso os convidados do casamento debatendo se o feliz casal duraria mais do que um ano — na festa de casamento!) Os convidados olham encantados enquanto a linda noiva caminha pelo corredor toda de branco, o celebrante fala sobre Deus e amor, sobre o casal se apoiar na saúde e na doença, então festejamos — o que pode ou não incluir ficar inebriado (e qual a melhor maneira de celebrar o sagrado matrimônio do que ficar muito bêbado?). Quando espelhados de volta para nós, toda a interpretação moderna dos casamentos parece um pouco... superficial, não acham? Como chegamos aqui?

Por um momento, vamos analisar a linha do tempo típica em termos de nossa exposição à definição de romance da sociedade. À medida que as crianças crescem, elas leem livros e assistem a filmes e programas de TV com histórias de amor idealizadas, e isso continua até a idade adulta. Mostre-me qualquer sucesso de bilheteria (que não seja baseado em uma franquia de HQ!) e posso apontar uma história de amor glamourizada, com muito romance e nada de compromisso, atrito, mau humor ou crises de meia-idade. Não é surpreendente que nossas expectativas sejam completamente distorcidas quando adultos — somos bombardeados por representações irreais de amor desde muito pequenos.

Além disso, geralmente, essas histórias nos fazem acreditar que a *única* maneira de realmente ser feliz na vida é encontrando um parceiro. Recebemos essa informação de que, se estivermos solteiros, há algo de errado conosco e nossa prioridade deve ser encontrar nossa alma gêmea. E é bastante desafiador superar essas crenças subconscientes quando somos bombardeados e cercados por elas.

Quando chegamos à puberdade, nossa sexualidade entra em cena e percebemos por quem nos sentimos atraídos e geralmente desenvolvemos nossa primeira paixonite. A maioria das pessoas vê um grande futuro nessa paixonite — parece ser aquele amor "para sempre". É só emoção e paixão, até que aprendemos (muitas vezes de uma forma dolorosa) que não dura para sempre. E assim começamos a ver a diferença entre paixão e intimidade. Então, temos as normas culturais, como os bailes das escolas nos EUA, onde os adolescentes esperam ser convidados com algum gesto grandioso e romântico (já ouviu falar de *"promposals"*, a propósito? Parecem pedidos de casamento, mas para o baile de formatura, e eles estão se tornando cada dia mais extravagantes), e todos esperam ser convidados, porque a ideia de arrumar um par começa cedo. Se você for LGBTQ+, muitas vezes esse processo pode ser ainda mais confuso, e a sensação de exclusão é proporcional, porque não há modelos significativos para as crianças, ou um diálogo ou estrutura consistente sobre como navegar pelos círculos sociais que talvez não o aceitem. Se você se sentir excluído por qualquer motivo, provavelmente acabará se sentindo rejeitado, o que pode ser extremamente prejudicial para a sua autoestima. Essas feridas podem nos acompanhar por décadas, se permitirmos.

Pode não ser a visão mais ortodoxa, mas eu categoricamente *não* vejo problema em estar solteiro. O tema que exploro desde o início deste livro é que todos são únicos. Não há uma resposta única para todas as pessoas em *qualquer* categoria e isso inclui relacionamentos. Então, deixe-me esclarecer: você pode absolutamente ser o Melhor de Si Mesmo sem estar em um relacionamento íntimo. Ponto-final. Pode rejeitar toda a propaganda de "encontrar e se casar com sua alma gêmea o mais rápido possível" vendida por todos os lados pela nossa cultura, mas especialmente por quem quer vender anéis de noivado, vestidos de noiva e smokings. É uma falácia. E o pior é que as pessoas que estão tentando desesperadamente viver de acordo com esses padrões da sociedade de relacionamentos frequentemente ficam desapontadas, desanimadas e acham que algo está errado com elas, e não com o sistema. Isso me deixa furioso e triste. Chegou a hora de aceitarmos a nós mesmos e aos outros, independentemente do status de relacionamento.

Agora, encerro minha argumentação e compartilho o que percebi, mesmo em minha vida, que é: se for autêntico e tiver fé, estará exatamente onde deveria estar, esteja em um relacionamento ou não. Você pode tentar forçar as coisas, mas, se as peças não forem destinadas a se encaixar, seu coração terminará partido.

E eis o outro ponto importante: digamos, hipoteticamente, que se casasse e, oito anos depois, se divorciasse — há um estigma social que decreta que este casamento foi ruim. Mas e se ele foi ótimo pela maior parte, mas, no final, o amor acabou? Por que vocês não podem simplesmente celebrar os ótimos anos juntos? A regra não deve ser que um relacionamento é definido em como ele termina. Aprecie as boas lembranças. Nada na vida é permanente e você não pode controlar isso. Não acredito que as pessoas que se divorciam são desistentes ou que há algo errado com elas. Cada pessoa tem a própria jornada. Dito isso, acredito que deva ao Melhor de Si Mesmo e ao Melhor do seu parceiro (e certamente aos seus filhos, se você os tiver) sua dedicação ao seu relacionamento antes de optar pela separação. Se achar que já tentou de tudo e que simplesmente chegou a hora do dar um ponto-final pacífico ao relacionamento, decida sabendo que todos fizeram o melhor que puderam.

Dependendo da sua realidade em termos de relacionamentos íntimos — solteiro, casualmente envolvido com alguém, em um relacionamento sério de longo prazo, ou qualquer coisa no meio disso —, o mais importante a se pensar é se consegue ser o Melhor de Si Mesmo dentro dessa relação. E, sim, isso ainda vale se você for solteiro porque precisa agir como o Melhor de Si Mesmo todos os dias para si mesmo — lembre-se, esse é o seu relacionamento mais importante, independentemente do seu estado civil. Para relembrar esse tópico, volte ao capítulo sobre Vida Pessoal.

Há alguns mitos realmente prejudiciais sobre relacionamentos íntimos que eu quero desconstruir agora. Se acreditar em algum desses mitos, fica quase impossível viver como o Melhor de Si Mesmo no seu relacionamento. Depois de cada mito, mostrarei a verdade do Melhor de Si Mesmo para aprender e aplicar em seus relacionamentos. Não importa o quanto seu relacionamento pareça certo agora, e não importa quanto tempo tenha, ainda é necessário compreender esses mitos.

Vamos dar uma olhada:

MITO Nº 1: Um ótimo relacionamento requer um pensamento igual em todas as questões.

VERDADE DO MELHOR DE SI MESMO:
- Você e seu parceiro são duas pessoas diferentes, em todos os níveis. Não é obrigatório que pensem da mesma forma sobre tudo.
- Quando tiver problemas no relacionamento, eles não serão resolvidos alinhando seu pensamento exatamente ao do parceiro, porque isso significa trair seus valores centrais.
- Lembre-se de que a alegria dos relacionamentos íntimos vem de estar com alguém que enriquece sua vida, não alguém que é um reflexo dela. Aceite as diferenças.

MITO Nº 2: Um ótimo relacionamento precisa de um grande romance.

VERDADE DO MELHOR DE SI MESMO:
- Já falamos sobre isso quando discutimos a noção da cerimônia de casamento versus a vida real, mas isso vai mais longe. Se tem uma necessidade de viver um romance ardente de cinema, está se preparando para uma decepção, porque isso simplesmente é insustentável.
- É preciso entender a diferença entre paixão e amor. Só porque a paixão e excitação da primeira fase do amor desaparecem quando um relacionamento seguro e realista se estabelece, não significa que algo esteja errado. É simplesmente uma nova fase, na qual é possível viver uma nova profundidade de conexão.

MITO Nº 3: Um ótimo relacionamento precisa de uma excelente solução de problemas.

VERDADE DO MELHOR DE SI MESMO:

- Acho que muitos acreditam que, para estar em um relacionamento funcional, é preciso resolver todos os problemas que surgem em seu caminho. Mentira!
- A maioria dos problemas que surgem em um relacionamento não é, de fato, solucionável.
- O segredo é não deixar esses problemas tomarem seu interior e começar a gerar ressentimento, tocando nas qualidades do seu Antagonista.
- Aprenda a concordar em discordar e encontrar o encerramento emocional que precisa, e não reviva os mesmos problemas repetidamente nem use-os como uma arma contra o seu parceiro.

MITO Nº 4: Um ótimo relacionamento requer interesses comuns para uni-los eternamente.

VERDADE DO MELHOR DE SI MESMO:

- Claro, é sempre bom quando ambos gostam de praticar windsurf nos finais de semana ou assistir a jogos de futebol. Mas, se um de vocês gostar de alguma atividade que o outro não, não é preciso um esforço para tentar aprender a gostar ou, por outro lado, desistir dela.
- Novamente, suas diferenças ensinam ao seu parceiro, então é perfeitamente normal se seus interesses divergirem.

MITO Nº 5: Um ótimo relacionamento é pacífico.

VERDADE DO MELHOR DE SI MESMO:

- É irreal pensar que você terá paz todos os dias da sua vida. Não pense que discutir quando se está em um relacionamento é um sinal de uma relação problemática. Até os casais mais saudáveis brigam.

- A questão está na abordagem dessa discussão. Da forma correta, uma discussão pode fortalecer o seu vínculo, permitindo que liberem a tensão que se instalou e garantindo a paz de espírito de que podem discordar, sem aquele medo de que um abandone ou humilhe o outro.

Seguem algumas técnicas de discussão do Melhor de Si Mesmo:

- Pergunte-se, durante qualquer conflito, o que o Melhor de Si Mesmo faria ou diria, em vez de se entregar às emoções geradas pelo seu Antagonista.
- Não diminua seu parceiro em uma discussão — ofensas pessoais nunca melhoram nada.
- Mantenha sua voz em um volume normal — gritar não ajuda a outra pessoa a "entender" o que você quer dizer.
- Não se envolva ou comece conflitos só porque os acha estimulantes. Esse tipo de comportamento é 100% digno do Antagonista.
- Mantenha-se no tópico da discussão. Desviar para outros problemas não resolvidos só complica mais a situação.
- Não busque uma abordagem intransigente quanto a seus argumentos — em que queira tanto estar certo que se fecha para qualquer tipo de conversa aberta.
- Repita os argumentos de seu parceiro para mostrar que está ouvindo e compreendendo o que ele quer dizer.
- Não se afaste do problema. Mesmo que não possa ser resolvido, busque encontrar um encerramento emocional com o qual ambos convivam.

MITO Nº 6: Um ótimo relacionamento é aquele em que desabafa todos os seus sentimentos.

VERDADE DO MELHOR DE SI MESMO:

- Mesmo nos momentos em que está magoado, sob enorme pressão, exausto ou desgastado, lembre-se de que ainda ama seu parceiro e ainda lhe deve o respeito de não botar para fora emoções não filtradas que podem ser extremamente dolorosas.

- O perdão é importante para os relacionamentos, certamente, mas não aja de forma que tenha que pedir perdão por causa de algo terrível que disse em um momento tenso.
- Antes de abrir a boca para dizer algo sob fortes emoções, pare, respire fundo e pergunte ao Melhor de Si Mesmo o que deve fazer. Talvez seja até bom fazer uma pausa e repetir seu ritual ou mantra pessoal. Não é brincadeira! Não importa se for no meio de uma discussão acalorada — faça um intervalo e se concentre, depois volte e continue.

MITO Nº 7: Um ótimo relacionamento não tem nada a ver com sexo.

VERDADE DO MELHOR DE SI MESMO:

- Em pesquisas sobre relacionamento, casais que relatam ter uma vida sexual satisfatória dizem que sexo constitui apenas 10% da "escala de importância". Por outro lado, os casais que relatam que sua vida sexual é insatisfatória dizem que as taxas de sexo constituem 90% da escala de importância. Em outras palavras, o sexo não importa em um relacionamento até que esteja em falta.
- Ele nos permite experimentar um nível de proximidade, vulnerabilidade e compartilhamento de qualidade com nossos parceiros.
- Para ser claro, sexo não é só o ato físico. Todo meio de fornecer conforto físico ao seu parceiro é parte de uma vida sexual satisfatória.

MITO Nº 8: Um ótimo relacionamento não sobrevive a um parceiro com defeitos.

VERDADE DO MELHOR DE SI MESMO:

- Todos temos duas coisas em comum: somos únicos e imperfeitos. Você pode ter um ótimo relacionamento, ainda que seja um indivíduo falho.
- Em vez de ficar obcecado com as falhas do seu parceiro, lembre-se das qualidades que o atraíram a ele.

- Em primeiro lugar, quem sabe algumas dessas idiossincrasias fizessem parte da atração? Só porque um comportamento não é ortodoxo, não significa que seja tóxico para o relacionamento.
- Porém há algo muito importante aqui. É preciso cuidado para distinguir um parceiro com peculiaridades daquele com problemas sérios, que são destrutivos e abusivos, como abuso de substâncias químicas e abuso mental/físico. Ao contrário das idiossincrasias, você não deve aprender a conviver com esses comportamentos, e é preciso tomar medidas para proteger a si mesmo e a seus filhos caso algo desse tipo aconteça.

MITO Nº 9: Há um caminho certo e um errado para tornar o relacionamento ótimo.

VERDADE DO MELHOR DE SI MESMO:

- Não existe um "caminho certo" definitivo para ser um bom cônjuge, um bom pai ou para lidar com todos os desafios de relacionamento que a vida nos apresenta. Entretanto, existe a forma pela qual o Melhor de Si Mesmo faria TUDO isso, e somente *você* saberá se está agindo com base no Melhor de Si Mesmo ou se o seu Antagonista está no comando de tudo.
- Faça o que funciona para você e o que lhe soa autêntico, não siga padrões arbitrários que leu em um livro, viu em um filme ou ouviu como conselho de um amigo bem-intencionado.
- Se o que você e o seu parceiro estão fazendo gera os resultados desejados, continuem assim. Se ambos estiverem confortáveis com a estrutura e os valores atuais, criem as próprias regras. Sobre manter segredos dentro de um relacionamento, alguns casais têm uma abertura completa e sem eufemismos ou segredos em ambos os lados. Se isso funcionar para vocês, ótimo. Entretanto, se o seu relacionamento funcionar muito bem com alguns segredos atendendo a critérios específicos (não sendo um segredo que afete a saúde de um dos parceiros ou de uma criança etc.),

tudo bem também. O importante é que você e seu parceiro precisam estar em sintonia quanto a isso.

- Lembre-se de não ser rígido quanto ao modo como aceita as expressões de amor do parceiro. Não existe um "modo certo" de ser amado por alguém. O fato de seu parceiro expressar sentimentos de forma diferente da sua ou daquela que esperaria não tira a verdade ou validade desses sentimentos.

MITO Nº 10: Seu relacionamento só será ótimo quando você consertar seu parceiro.

VERDADE DO MELHOR DE SI MESMO:

- Eu já disse isso e vou repetir aqui — você só tem controle sobre si mesmo e seus comportamentos, de mais ninguém, nem mesmo de seu parceiro. Ele não pode ser mudado por você. Portanto, assuma sua responsabilidade em qualquer problema que esteja enfrentando no relacionamento. E se há aspectos sobre o seu parceiro que acha absolutamente inaceitáveis, não caia na ilusão de que o mudará. Problemas inaceitáveis são apenas isso — motivos para terminar o relacionamento.
- Algo de que falamos foi que quando muda a si mesmo e leva uma vida que é autêntica ao seu ponto mais profundo, ao Melhor de Si Mesmo, a maneira como o mundo ao seu redor começa a se adaptar ao que você externaliza é surpreendente. Em outras palavras, não podemos mudar nossos parceiros, mas se mudarmos a nós mesmos, com o tempo, eles passarão a reagir de forma diferente. Se você mudar, a dinâmica fará o mesmo — isso não significa que será para melhor, mas a mudança acontecerá.
- Não espere que seu parceiro assuma a responsabilidade por sua felicidade; você é responsável por ela. E lembre-se de que o amor é recíproco — quanto mais damos, mais recebemos. Para recebermos amor e atenção, devemos ser amorosos e atentos aos nossos parceiros.

Não existe relacionamento perfeito, porque todos somos imperfeitos. Cada relacionamento tem a própria dinâmica, que funciona ou não. Caso haja alguma área em seu relacionamento que não esteja funcionando atualmente, então espero que você tenha uma conversa honesta, aberta e interessada sobre isso. O objetivo subjacente no trabalho que fizemos juntos é aprender e realmente entender o que importa para você em seus relacionamentos íntimos.

O Melhor de Si Mesmo como Pai

Se for pai ou mãe, não há parte mais importante em sua vida para se conectar ao Melhor de Si Mesmo. E do que meus clientes e amigos que têm filhos me contam, também não há outra área mais desafiadora para agir como o Melhor de Si Mesmo do que a criação de filhos! Lembre-se, pai/mãe é um substantivo, uma atitude e um trabalho sem folga.

Se ainda não for pai/mãe e nem planeje se tornar, pule esta seção. Ainda assim, algumas dessas ferramentas são úteis em relação às "crianças grandes" que estão em sua vida, então vale a pena a leitura.

A seguir, temos algumas ferramentas específicas projetadas para ajudá-lo em sua jornada autêntica como pai, para que você e seus filhos prosperem.

Ferramenta de Cuidado do Melhor de Si Mesmo Nº 1: Criação Proposital

Uma das decisões mais importantes e emocionantes a tomar como pai é definir as metas de sucesso para seu filho. Escolher, comunicar e buscar metas claras e apropriadas para a idade é a forma de fazer seus filhos terem um senso de propósito e, à medida que atingirem os pontos de referência designados em suas vidas, tenham a experiência de dominar seu mundo. A definição de sucesso para seu filho deve refletir os interesses, talentos e habilidades de seu filho — não apenas os seus.

Lembre-se, seu filho não é você — ele tem personalidade própria, e deve aprender desde cedo como se conectar com o Melhor *dele*. Portanto, uma meta poderosa que deve estabelecer para seu filho é ajudá-lo a descobrir quem ele é, o que lhe interessa e como ele interage com o mundo. Cultive sua individualidade por todo o caminho para que seja encorajado a se conectar com o Melhor de Si Mesmo. Ensinamos nossos filhos pelo exemplo, então mostre a eles o que é viver como o Melhor de Si Mesmo — se eles virem que você é autêntico, estarão mais aptos a fazer isso sozinhos. Uma das suas principais responsabilidades como pai — e um dos maiores bens que pode fazer por seus filhos — é ensiná-los a desenvolver plenamente seus dons para construir suas vidas em torno daquilo que os satisfaz.

Outro objetivo incrível que devem trabalhar juntos é a socialização, que ajuda seu filho a se tornar um cidadão responsável, trabalhar em harmonia com outras pessoas e desenvolver relacionamentos íntimos e de confiança. Dentro dessa esfera, é importante que prepare seu filho para ser capaz de ignorar as distrações da vida e não deixar qualquer negatividade dos outros afetá-lo profundamente. Incentive-o a se comunicar, para vocês trabalharem juntos decifrando o que é importante e o que é apenas "distração". Uma forma de fazer isso é definindo uma rotina noturna em que a família repassa as partes boas e ruins do dia de cada membro. Isso pode acontecer durante o jantar ou sempre que fizer sentido em sua rotina. Todos compartilham pelo menos uma coisa boa e uma ruim que aconteceu em seu dia. A ideia é que todos compartilhem as alegrias e encorajem uns aos outros nas dificuldades. Se seu filho sofreu bullying ou foi maltratado de alguma forma, ajude-o a superar e reforce seu emocional.

Finalmente, reforçando a capacidade de praticar a gratidão intencional, você o ajudará imensamente a entender que a verdadeira felicidade surge quando vivemos no momento, no presente, e somos profundamente agradecidos por tudo o que temos. Crie uma forma divertida de exercitar a gratidão como uma família a cada dia, seja ao redor da mesa durante o jantar e compartilhando algo pelo qual é grato e o motivo ou tirando algo do "pote da gratidão" da sua família e dizer por que é grato por isso — e encerre seu dia assim. Pode ser por apenas alguns segundos ou uma discussão mais longa, o que quer que funcione no ritmo diário de sua família. Mas, se acordar com uma atitude de gratidão e terminar o dia da mesma forma, dará aos seus filhos um presente para toda a vida.

Ferramenta de Cuidado do Melhor Eu Nº 2: Educação com Clareza

A educação com clareza tem base no princípio de que a comunicação entre pais e filhos é essencial para construir e manter um relacionamento amoroso e produtivo. Como pai, seu objetivo é criar um ambiente doméstico que promova sentimentos de segurança, pertencimento, autoconfiança e força para toda a unidade familiar. Para tal, comunique-se com total clareza.

Seus filhos precisam sentir que têm certo poder e influência dentro dos limites que você criou em sua família. A principal maneira de promover esse sentimento é dar-lhes sua atenção total e completa quando estiverem conversando, e pesar com muito cuidado no que eles estão transmitindo. A chave aqui é ouvir. Muitas vezes, a única comunicação entre você e seu filho é para solucionar uma crise ou para dar um feedback negativo. É importante falar sobre questões críticas sem estar em situações estressantes. O momento de discutir a hora de voltar para casa não é quando ele chega 30 minutos atrasado. Você precisa comunicar claramente essas regras *antes* que ele saia de casa. Se ele se atrasar, guarde a discussão sobre as consequências até a manhã seguinte, quando você provavelmente reagirá com menos raiva. Ou se você tiver um filho mais novo, e ele às vezes se recusa a escovar os dentes à noite, crie consequências para que, na próxima vez que recusar, ele seja lembrado de que sua decisão tem consequências específicas. Brigar e gritar no calor do momento é a forma mais fraca de comunicação.

Muitas vezes, na comunicação, o timing é tudo. As crianças querem ser ouvidas, reconhecidas e saber que seus sentimentos estão sendo considerados. Elas querem saber que podem ganhar certos direitos e privilégios se fizerem o que se espera delas. Querem sentir-se como tendo algum poder, uma capacidade de conseguir o que querem por meio de seu comportamento. Isso começa bem cedo, já nos primeiros meses de vida do seu filho. Mas quando ele quer algo que não deveria, e você diz não, é importante fazer contato visual e dizer que reconhece sua insatisfação, que essas emoções são importantes e que você o ama. Não desista e ceda se ele quiser algo que não deveria ter. Diga sempre que ele está sendo ouvido e que você reconhece seus sentimentos. Explique as razões lógicas de por que ele não pode ter o que quer que esteja pedindo, mas não se sinta obrigado a explicar excessivamente — isso pode levar a uma conversa que ele acha que o convencerá. Aponte suas razões, garanta que ele se sinta ouvido e, então, siga em frente. Se isso for um hábito desde o começo, ou de qualquer idade que seu filho tenha agora, você terá mais facilidade de lidar com isso dessa maneira, e vai valer a pena à medida que seu filho crescer e amadurecer tornando-se um adolescente menos exigente ou resistente.

Ferramenta de Cuidado do Melhor de Si Mesmo Nº 3: Educação pela Negociação

A vida exige muita negociação, e quando é o momento de educar as crianças isso não é uma exceção. Como pai, você precisa identificar o tipo de personalidade do seu filho e negociar de acordo com isso.

Caso seu filho seja altamente rebelde, não é ideal abordar as negociações de forma pesada. Um dos primeiros passos é garantir que ele saiba as consequências de suas ações e desenvolver um senso de responsabilidade quanto a elas. Assim, ele se sentirá fortalecido e você terá mais chances de ter sempre sucesso nas negociações.

Passos de Negociação do Cuidado do Melhor de Si Mesmo

- Limite a área de conflito.
    - Concentre-se apenas no conflito atual — não adicione outros pontos de discórdia ou desacordo, recentes ou anteriores.

- Descubra o que seu filho realmente quer.
    - Talvez você já saiba, mas tenha certeza de ser algo alinhado ao que você acha que ele deveria ter. Se for algo que ofereça perigo a eles, de qualquer forma, descarte.

- Tente encontrar um meio-termo.
    - *Compromisso* é uma palavra mágica em todos os lares, mas especialmente naqueles com crianças. Conseguir encontrar um meio-termo em que todos sentem que venceram pode dissipar os problemas rapidamente e evitar uma guerra de vontades.

- Seja específico em seu acordo e no resultado da negociação.
  - Seu filho deve entender completamente a decisão final.
- Faça acordos negociados de prazo mais curto no começo.
  - Para as crianças pequenas, é difícil relembrá-las de um acordo feito algumas horas atrás. Use linhas do tempo apropriadas para a idade quando você estiver negociando.

Ferramenta de Cuidado do Melhor Eu Nº 4: Educação pela Moeda de Troca

Se você quiser que seu filho se comporte adequadamente, defina os padrões para os comportamentos desejados. Com frequência, os pais se concentram somente nos comportamentos indesejáveis de seus filhos e, assim, seus estilos de educação podem se dissolver em reclamações e reações.

Em vez de focar uma mudança do comportamento inaceitável, vire seus esforços para desenvolver comportamentos positivos em seu filho; dessa forma, os comportamentos negativos não serão tão relevantes. Uma ótima forma é entender a moeda de troca que funciona com o seu filho. "Moeda de troca" é um sistema de recompensas ou reconhecimento por bom comportamento. Se oferecido durante ou imediatamente após um comportamento desejado, a probabilidade dele se repetir aumenta. Descubra uma forma de seu filho receber o máximo de moedas de troca mediante um comportamento adequado.

Há uma grande variedade de moedas de troca e elas podem variar de acordo com a idade do seu filho. Gráficos de estrelas funcionam muito bem para crianças pequenas: eles ganham uma estrela por comportamentos positivos específicos e, depois de um certo número de estrelas, recebem um pequeno presente — adesivos, bolhas de sabão, giz para desenhar na calçada. Evite usar a comida como recompensa, evitando assim estabelecer uma relação doentia com doces/guloseimas que mais tarde possa se mostrar prejudicial. E não comece com recompensas caras: isso pode definir expectativas irreais ou muito altas! Com crianças mais velhas, a recompensa pode vir na forma de certos privilégios ou tempo extra para atividades divertidas, porque demonstraram que são responsáveis e podem escolher comportamentos positivos. Ao entender o que é valioso na vida de seu filho, você pode moldar e formatar seu comportamento.

Ferramenta de Cuidado do Melhor de Si Mesmo Nº 5: Educação pela Mudança

Você deve estar disposto a adotar uma mentalidade de que, ao educar seu filho, deve-se fazer tudo que for preciso. Isso pode significar tirar duas semanas de folga do seu trabalho e ficar em casa com seu filho doente. Pode ser preciso que você faça sacrifícios como dirigir um carro mais barato, mudar para uma casa menor, evitar sair para jantar ou passar as férias mais perto de casa para poder pagar a mensalidade da escola particular quando a escola pública não for mais a melhor opção. O futuro de você e seus filhos é precioso. Quando e se houver problemas drásticos, as soluções também devem ser drásticas.

Quando ocorrem mudanças na vida de uma criança e, portanto, na unidade familiar, escrever uma expressão de compromisso em conjunto ajuda todos a lidarem com a nova realidade. Dessa forma, será possível desenvolver um sistema de comunicação quanto às novas expectativas de todos, antecipando a resistência e estabelecendo um plano para qualquer problema que surja.

Ferramenta de Cuidado do Melhor Eu Nº 6: Educação em Harmonia

Criar harmonia em sua casa começa por você, evitando competir pela atenção de seu filho e vice-versa. Já ouvi falar de crianças pequenas que precisaram afastar fisicamente a cabeça de seus pais do celular para fazê-los olhar nos olhos delas e ouvir o que elas têm a dizer. E todos sabemos que as crianças podem se jogar na frente da televisão e ficar como zumbis, olhando para a tela, completamente alheias a qualquer conversa que seus pais possam estar tentando ter com elas. Se a TV, celulares, videogames ou outras atividades relacionadas à tecnologia impedem que sua família viva em harmonia, talvez seja a hora de avaliar seriamente as prioridades de vocês.

Comece criando suas Dez Prioridades Principais da Melhor Família. Em seguida, liste as dez principais coisas que desperdiçam tempo em sua casa. Depois de comparar essas duas listas, determine se a forma como sua família está vivendo e investindo seu tempo é congruente. Caso você ache que as prioridades e valores no topo da primeira lista pertencem à parte inferior da lista de alocação de tempo, é bom reorganizar o tempo e a energia de sua família para que todos possam honrar suas Prioridades de Melhor Família.

Ferramenta de Cuidado do Melhor Eu Nº 7: Educação pelo Exemplo

Os pais são os modelos mais poderosos na vida das crianças. É um fato que as crianças aprendem observando o comportamento dos outros e também as consequências de suas ações. Elas observam o que acontece com os membros da família quando têm sucesso ou fracassam, e essas experiências tornam-se uma referência de como viverão mais tarde na vida. Chamamos isso de modelagem. Por meio de suas ações, palavras, comportamento e amor, você pode direcionar seus filhos para onde quiser.

Como a educação se dá pelo seu exemplo, sintonize seus pensamentos, sentimentos e comportamentos e avalie-os em relação a como foi a sua criação. Suas decisões devem ser conscientes e intencionais, e não baseadas em um legado familiar negativo — em outras palavras, não deixe o seu sistema familiar ser contaminado. Se, quando criança, você sofreu abuso, negligência ou alguma outra coisa questionável de seus pais, decida que isso termina com você — não "repasse" isso para seus próprios filhos. Não podemos escolher quem são nossos pais e família de origem, mas, quando se trata da criação dos nossos filhos, temos todas as opções. Há infinitas maneiras de influenciar nossos filhos, de forma consciente e inconsciente. Pode ser muita pressão, mas tudo o que você diz e faz importa. Não se esqueça disso.

Mostre aos seus filhos que eles podem ser adultos felizes, equilibrados e satisfeitos, e que você vive como o Melhor de Si Mesmo; dessa forma, eles aprenderão a fazer o mesmo.

Inventário de Relacionamentos

Chegou a hora de avaliarmos seus relacionamentos, que separei em três categorias.

SEUS RELACIONAMENTOS FAMILIARES: Primeiro, classifique em uma escala de 1–10. Um "1" significa que seus relacionamentos familiares são seriamente problemáticos, afetando-o negativamente em sua vida diária e exigindo sua atenção imediata. Um "10" significa que seus relacionamentos familiares dão suporte à sua vida como o Melhor de Si Mesmo e requerem pouca ou nenhuma melhora.

Pode citar alguns comportamentos que funcionam para você nesta área e por quê? Exemplos:

- Estabeleço limites com parentes que se aproveitam de mim.
- Sou honesto com meus familiares, mas respeitoso na minha entrega.

Pode citar alguns comportamentos que você sabe que impedem que você consiga o que quer?

- Cedo às exigências dos parentes mesmo quando não me trazem benefício.
- Permito que os comentários dos meus parentes diminuam meus sentimentos e sinto-me culpado e ressentido em relação aos membros da minha família.

SUAS RELAÇÕES ÍNTIMAS: Primeiro, classifique em uma escala de 1–10. Um "1" significa que seu(s) relacionamento(s) íntimo(s) não é(são) funcional(is) para você e não dão suporte à sua vida como seu Melhor Eu. Um "10" significa que você que seu(s) relacionamento(s) íntimo(s) é(são) saudável(eis) e recompensador(es) para você, não precisando de muitas melhorias.

Pode citar alguns comportamentos que não funcionam nesta área e por quê? Exemplos:

- Ouço as necessidades do meu parceiro e comunico as minhas.
- Sou honesto com meu parceiro.

Pode citar alguns comportamentos que você sabe que impedem que você consiga o que quer? Exemplos:

- Traio alguém que realmente quero honrar com fidelidade e honestidade.
- Tenho reações à flor da pele e muitas vezes perco a paciência com meu parceiro.

(Caso isso se aplique a você):

SUA VIDA COMO PAI/MÃE: Primeiro, classifique em uma escala de 1–10. Um "1" significa que a vida como pai/mãe está sendo difícil, e você sabe que é preciso dar atenção imediata à situação. Um "10" significa que você se sente realmente bem com sua vida de pai/mãe, e você é um pai/mãe com base no Melhor de Si Mesmo na maior parte do tempo.

Pode citar alguns comportamentos que não funcionam nesta área e por quê? Exemplos:

- Crio tradições familiares ou rituais positivos.
- Não importa o nosso nível de estresse, cansaço ou frustração, todas as noites, faço questão de dizer aos meus filhos que eu os amo.

Cite alguns comportamentos que o impedem de conseguir o que quer. Exemplos:

- Levanto minha voz e/ou discuto na frente dos meus filhos.
- Rebaixo meus filhos quando me desrespeitam.

Enquanto Passamos para ESFERAS de Vida Profissional...

Você trabalhou bastante neste capítulo! Que bom. Relacionamentos estão no centro de nossas almas e nos preenchem de alegria. A seguir, vamos dar uma olhada no que você faz quanto a seu trabalho — e, considerando quanto tempo a maioria de nós passa no trabalho, será uma conversa muito importante. Então, vamos garantir que consiga ser o Melhor de Si Mesmo no desempenho de seu trabalho.

ESFERAS
Sua Atividade Profissional

Lembro claramente de quando minha professora da terceira série da Escola Primária de Valencia, a Srta. Takahashi, perguntou à nossa turma o que queríamos ser quando crescêssemos. A pergunta é sempre assim — *o que você quer ser?* As respostas das crianças geralmente caem nas opções comuns — astronauta, bombeiro, médico, presidente. Desde cedo, somos levados a identificar o trabalho que queremos desempenhar e não quem queremos ser como pessoas.

E se oferecêssemos desenvolvimento pessoal nas escolas? E se ensinássemos as crianças a descobrir seu eu autêntico e depois permitir que a vida dite que tipo de carreira seria mais adequada às suas paixões e talentos? Acho que a população apresentaria menos índices de depressão e ansiedade se esse fosse o padrão em vez de nos concentrarmos tanto no que queremos ser quando crescermos.

Acredito profundamente nesse ideal, e é a teoria sobre a qual construí o programa de tratamento de diagnóstico duplo, base em que os CAST Centers prosperam. Nosso slogan é "Criamos a liberdade de ser o Melhor de Si Mesmo", e conseguimos isso por meio do Modelo de Alinhamento CAM-CAST, que passamos anos projetando. Acho que todos, não apenas os que sofrem com o vício ou algum grau de problemas de saúde mental, merecem descobrir essa liberdade em suas vidas. Queremos que cada um que venha ao CAST tenha as melhores e mais avançadas terapias e programas de tratamento personalizados, com os cuidados mais dedicados e considerados. O desafio de ajudar as pessoas a atingir esse objetivo mora na necessidade de adaptar nossos programas a todos.

Cada pessoa tem uma jornada própria. Seria mais fácil adequar-se aos paradigmas de tratamento mais comuns? Seria. Mas não me propus a criar uma experiência-padrão — isso não seria autêntico para mim, não representaria minha paixão nem perspectiva. Ao longo da minha vida, percebi que não há atalhos, mas, se você estiver aproveitando a jornada, vai escolher a rota com paisagens de qualquer forma. Nesse tempo, empreguei centenas de pessoas em várias empresas e startups — de advogados a terapeutas, médicos, gerentes de escritório, recepcionistas, pessoal de limpeza e assim por diante — e o que aprendi é que há dois tipos de funcionários: aqueles que fazem o básico para receber o contracheque no fim do mês, e aqueles que são apaixonados por seu trabalho. Não temos uma bola de cristal em uma entrevista de emprego que realmente diga se essa pessoa é a que só quer o salário ou alguém apaixonado pelo trabalho. Não importa quanto estudo ou treinamento ela tenha, nada disso afeta o tipo de funcionário que será. Mas aqueles profundamente apaixonados pelo trabalho que desempenham e conectados ao Melhor de Si Mesmo no campo profissional são os melhores e mais felizes funcionários.

Há vários anos, enquanto formava a equipe dos CAST Centers, e como a empresa estava crescendo e se tornando bem-sucedida, comecei a contratar pessoas que estavam no mercado há mais de 20 anos. Especificamente para um papel que construiria uma ponte entre nosso trabalho administrativo e clínico — essa pessoa seria nossa diretora-executiva. Ela era muito mais do que experiente, praticamente uma superestrela. Um dia, ela me disse: "Mike, o que está acontecendo com o seu diretor clínico?" Na conversa que tivemos, descobri que os prisioneiros estavam comandando a cadeia, em termos figurativos. Nosso diretor clínico na época chegava para trabalhar às 11h, com seus cachorros (barulhentos, fedidos e nada adequados ao local de trabalho), e atendia pacientes particulares em nossos escritórios durante o horário de trabalho. Quando chamei-o para conversar, ele rebateu as acusações e achou que eu ficaria ao seu lado, mas, no final, pediu demissão. Depois de sua saída, minha nova diretora-executiva conseguiu mudar completamente as coisas dentro da empresa. E este é o segredo: alguém que estava ali apenas pelo salário nunca teria tomado estas atitudes ou se arriscado a mudar as coisas — mas como se importava muito com o trabalho e era tão apaixonada pela nossa missão, conseguiu fazer mudanças que melhoraram o funcionamento do sistema como um todo. Seu entusiasmo por seu trabalho é contagiante e ela é amada por todos do CAST.

Neste capítulo, meu principal objetivo é ajudá-lo a compreender se você está agindo como o Melhor de Si Mesmo no trabalho, assim como faz em casa. Tanto na minha carreira como na dos meus clientes, percebi que se você não pode ser você mesmo no trabalho está perdendo um tempo valioso para sua vida. Muitas pessoas parecem se perder no medo de tentar ser algo que não são enquanto estão no trabalho; elas têm dificuldade em sincronizar quem são no ambiente de trabalho com quem são no resto de suas vidas. A ideia é ser o Melhor de Si Mesmo em todos os momentos.

Estes são alguns sinais de que você não é o Melhor de Si Mesmo no trabalho:

- Você se preocupa se seus colegas de trabalho gostam de você.
- Sente-se completamente exausto no final do seu dia de trabalho.
- Tem constantes sentimentos de tédio no trabalho.

- Sente-se desconfortável com as roupas que precisa usar no trabalho.
- Seus colegas de trabalho o evitam ou não querem passar mais tempo com você.
- Sente que o chefe sempre promove outras pessoas à sua frente.
- Acha que não está usando seus talentos verdadeiros em seu trabalho.
- Não adiciona nada ou simplesmente fica em silêncio nas reuniões.
- Não sente como se agisse em "modo esponja", absorvendo novas habilidades, ideias e informações regularmente no trabalho.
- Mal pode esperar pelo fim do seu dia de trabalho.
- Seu trabalho não faz com que você se sinta inspirado.
- Não consegue ser honesto com seus colegas ou chefe sobre o que precisa melhorar dentro de sua organização.
- Você não gosta de seus colegas.
- Quando volta para casa, tenta esquecer completamente o seu trabalho. Está compartimentalizando.
- Não tem orgulho de si mesmo no trabalho ou do que está fazendo lá.

Se precisa fingir o dia todo para ganhar a vida, ficará esgotado. Mas, não se desespere, não é algo permanente. Vamos determinar se o seu trabalho combina com seu estilo de vida autêntico e fazer as mudanças necessárias, se for o caso.

Qual É a Sua Arte?

Lembra-se do início do livro, quando eu disse que somos todos artistas? Isso é verdade — nós simplesmente precisamos descobrir nossas formas artísticas únicas. Penso em sua arte como seu "porquê". Se você ainda não ouviu falar de Simon Sinek, dê uma pesquisada online — ele criou o que conhecemos como Círculo Dourado (Golden Circle). Parece basicamente um alvo — com o anel externo que representa "o quê", o anel do meio "como" e o círculo interno "por quê". Para ele, o círculo dourado funciona principalmente para empresas e marcas. Mas no contexto do meu trabalho e da minha vida, meu círculo dourado seria:

O quê = Sou life coach

Como = Guio as pessoas por meio de vários exercícios e modalidades

Por quê = Para dar às pessoas a liberdade de serem o Melhor de Si Mesmas

Todos os projetos em que estou envolvido, desde o trabalho que fazemos no CAST, até minhas participações no *The Dr. Phil Show* se ligam ao meu "por quê". Quando estou operando em meu "por quê", meu trabalho *nunca* é frustrante, chato ou fatigante, em nenhum aspecto. No "por quê" está a sua arte.

Sempre digo a todos com quem trabalho que eles são artistas. Trabalhei com alguns dos maiores popstars do planeta, mas eles não são mais ou menos artistas do que você. Nossa arte é aquela conexão entre o nosso Melhor e o mundo. Encontrar-se com quem você é lá no fundo e operar com base nele é o primeiro passo para resolver qualquer problema que você enfrente dentro de ESFERAS da vida profissional.

E eu pergunto: qual é a sua definição atual de trabalho? Que tal desafiar a si mesmo aqui, especialmente se você não gostar do seu trabalho ou se realmente não gostar de alguns elementos dele? O dicionário define trabalho como "uma atividade mental ou física como forma de obter renda; emprego". Posso garantir que, se não ama seu trabalho, é porque não está alinhado com seu "por quê" e, portanto, não está alinhado com sua expressão artística.

As pessoas que se sentem assim muitas vezes mal podem esperar pelas tardes de sexta-feira — o final da semana de trabalho e o início do fim de semana. Elas também têm horror às segundas-feiras e sofrem com a melancolia da noite de domingo. Em alguns círculos sociais, já ouvi pessoas dizendo: "Não vamos falar sobre o trabalho." Há essa sensação de que, de certa forma, o trabalho deve ser algo cansativo para ser de fato considerado "trabalho". Os norte-americanos parecem acreditar especialmente que, se você não estiver completamente estressado e fisicamente exausto na tarde de sexta-feira, não trabalhou o bastante nessa semana. Há muito mais ênfase no número de horas que dedicamos do que naquilo que realmente realizamos ou cumprimos em nosso trabalho. E não menciona-se o quanto gostamos de desempenhar esse trabalho ou o quanto nos divertimos nisso. E na maioria das indústrias então isso nem é cogitado — divertir-se no trabalho?! E, quando se trata de férias, as pessoas costumam falar sobre desligar-se completamente do trabalho, ignorar e-mails, desligar o telefone do trabalho etc., porque, no momento em que as férias chegam, elas estão completamente esgotadas do trabalho. Isso me parece ser uma indicação de que as áreas ESFERAS estão fora de equilíbrio. Quando me sento e converso com alguém que está passando por um esgotamento profissional, geralmente o motivo não é o trabalho em si. A questão é mais que essas pessoas estão perdendo a paixão e diversão em suas vidas, e é fácil culpar o trabalho por isso. Mas, se sua carreira é um reflexo ou manifestação de sua arte, seu trabalho deve energizá-lo e não o esgotar.

Temos aqui um pequeno teste para ajudá-lo a enxergar seu trabalho menos como uma descrição de emprego e mais como uma arte.

Anote três momentos dos últimos meses em que você sentiu que amava seu trabalho.

1. _____
2. _____
3. _____

Por que cada uma dessas experiências fez você amar seu trabalho?

1. _____
2. _____
3. _____

É possível ter mais dessas experiências em seu trabalho atual?

Qual seria uma de suas artes?

Sua arte atualmente faz parte do seu trabalho?

Quando estou com meus clientes, às vezes, demora para chegarmos à definição real de quem essa pessoa é como artista, por isso não se surpreenda se essas perguntas forem ligeiramente complexas. Talvez pense que sua arte é ajudar as pessoas. Bem, não necessariamente uma arte, mas algo que o agrada. É um conceito amplo, então de que forma específica você gosta de ajudar as pessoas e que tipo de pessoas gosta de ajudar? Talvez por meio do atendimento ao cliente. Se esse for o caso, então, pense em sua arte como "criar espaço para as pessoas se sentirem ouvidas".

Quando identificamos sua arte como espaço para as pessoas se sentirem ouvidas, ela assume muitas formas diferentes. O importante é identificar sua arte. Se o seu trabalho atual for auxiliar por telefone na configuração de um computador, isso pode não estar alinhado com a sua arte, portanto você pode não estar se sentindo realizado nessa função. Use o que aprendeu sobre sua arte para encontrar formas de se expressar em seu trabalho. Pode ser que seu trabalho atual apresente possibilidades para tal, ou talvez seja a hora de cogitar uma mudança.

Meu irmão, David Bayer, é o exemplo perfeito de uma pessoa que passou muito tempo em um trabalho que o satisfazia em termos de segurança financeira, mas deixava a desejar no quesito do propósito. Ele se formou em uma faculdade da Ivy League e trabalhava com marketing digital. Quando ele finalmente se cansou, aos 37 anos, mudou de profissão e tornou-se coach de desenvolvimento pessoal. Ele é agora o CEO de um dos principais seminários de realização do país, chamado Powerful Living Experience. Basicamente, ele construiu um negócio focado em ajudar as pessoas a se conectarem com suas artes, paixões e propósitos com suas carreiras, e nunca se arrependeu da mudança.

Fazendo Dinheiro

Constantemente, as pessoas me dizem que querem ganhar mais dinheiro. É um desejo comum e compreensível, para dizer o mínimo. Vamos explorar sua relação com o dinheiro usando as seguintes perguntas.

1. O que o dinheiro significa para você?
2. Quais foram as suas primeiras experiências com a compreensão do dinheiro?
3. Você passou por algum evento traumático ou estressante importante relacionado ao dinheiro?
4. Quais crenças limitantes com relação ao dinheiro você criou?
5. Acredita que o dinheiro pode vir facilmente para você?

Empreguei pessoas muito talentosas ao longo dos anos e, quando uma conversa sobre dinheiro era necessária, a energia na sala ficava instantaneamente desconfortável. Nossa fonte de renda é uma área particularmente sensível para explorarmos. É um lugar-comum para os medos dominarem. E até faz sentido, na verdade. Ninguém quer sentir como se não pudesse pagar as contas no fim do mês. Para alguns, é uma questão de orgulho — poder sustentar nossa família é importante. Para outros, foi um medo que se desenvolveu na infância por terem sido criados na pobreza ou em uma família que passava por dificuldades financeiras. Muitas das pessoas com quem trabalhei se lembravam de ir com sapatos furados para a escola ou até mesmo ir dormir com fome. Essas experiências ficam profundamente enraizadas em nossas memórias emocionais. À medida que envelhecemos e nos tornamos responsáveis por nosso sustento, às vezes ainda agimos como essa criança indefesa e escolhemos empregos que não gostamos simplesmente pelo salário, ou aceitamos o primeiro emprego que nos é oferecido por medo de que nada mais apareça. Isso faz sentido; mas, em algum momento, você deve permitir-se considerar outras possibilidades. Pergunte a si mesmo: se o dinheiro não fosse importante, o que você gostaria de fazer?

É tentador dizer que tudo que mais queria era apenas ficar se bronzeando em uma praia em algum lugar e ver o pôr do sol no conforto de uma rede pelo fim dos seus dias. Mas, veja bem, isso não é realista, e posso garantir que as pessoas que conheço que vivem assim muitas vezes sentem-se vazias e desconectadas, porque não estão servindo a um propósito além da sua própria satisfação.

Então, agora vamos repensar a pergunta. Desta vez, quero que pense como se estivesse operando a partir do Melhor de Si Mesmo. O que o Melhor de Si Mesmo adoraria fazer como trabalho? Que tipo de emprego o faria se sentir como se estivesse usando seus talentos, fazendo sua arte, de forma produtiva e recompensadora? Deixe sua imaginação correr solta, sem limites. Olhando para o seu interior, permita que todos os seus medos se dissolvam. Livre e desimpedido. Sua vida é sua, e você pode escolher o que seu coração desejar. Pergunte ao Melhor de Si Mesmo o que procura.

- Depois de criar essa visão, no que você estava pensando?
- Alguma coisa atrapalhou a visão? Acha que essa visão é impossível ou não existe?
- Em seguida, tire-a da sua mente e imagine como pode ser traduzida para o mundo real.
- Como tirar a essência da carreira que você realmente quer e criar, de forma realista, um ponto de partida?

Se adora passar o tempo em seu jardim nos fins de semana, e todos os seus amigos aproveitam a abundância de frutas, verduras e ervas frescas que você cultiva, talvez possa haver um emprego no qual isso possa ser aplicado. Ou talvez você sempre tenha sido apaixonado por arte visual. Mesmo que não seja um Picasso, você ainda pode trabalhar na loja de artigos de artesanato da vizinhança e estar cercado pelo que ama (e até mesmo usar seu desconto de funcionário em umas tintas e telas novas!). Se você for um bom escritor e sempre teve destaque em gramática e pontuação, há trabalhos freelance online que permitem expressar seu interesse em escrita, edição ou revisão e ganhar dinheiro com isso. Pode ser que trabalhe com varejo e seja preciso um movimento simples como sair do departamento de calçados, no qual não está satisfeito, para o departamento de maquiagem, que pode estar mais alinhado com os seus interesses. Ou se trabalhar com finanças, mas não se sentir estimulado pelo tipo de trabalho que está fazendo, porque você é uma pessoa que gosta de lidar com o público e seu trabalho é solitário na frente de um computador na maioria dos dias, pode ser que suas habilidades sejam mais bem aplicadas em se tornar um consultor financeiro, interagindo com os clientes diariamente. Há muitas maneiras de efetivamente conectar os desejos internos do seu coração à renda. Basta ser um pouco criativo.

Como É Seu Estilo de Vida?

Que tipo de estilo de vida você quer? Talvez seja importante neste momento da sua vida conseguir criar um cronograma bem flexível em seus próprios termos. Há muitas formas hoje em dia de ganhar dinheiro online e por meio de aplicativos com os quais você controla sua disponibilidade. Desde passear com cachorros até design gráfico, serviços caseiros de spa e salão de beleza, passando por tarefas ou trabalhos manuais para os que estão na sua cidade — há aplicativos e sites com vagas em todas essas áreas e muito mais. Às vezes você está no caminho certo com sua carreira ou trabalho atual, mas precisa apenas de uma mudança pequena. Quando estava estudando para me tornar conselheiro de abuso de álcool e drogas, não foi bem o que eu imaginava. Eu passava horas a fio cuidando de papelada. Tínhamos que escrever todos os detalhes de nossas interações com os pacientes. As razões para isso fazem todo o sentido, e eu sabia que era um trabalho importante, mas simplesmente não combinava com a minha personalidade. Então eu fiz uma mudança. Mudei de conselheiro para intervencionista e adorei. Eu não fui feito para lidar com papelada; sou uma pessoa do público. Essa foi a melhor jogada que eu poderia ter feito e me colocou no caminho certo para chegar ao meu eu autêntico, motivo pelo qual sou muito grato.

Outro aspecto importante sobre o seu estilo de vida que deve ser considerado quando pensando em seu emprego é o seu trajeto. Se estiver gastando horas a fio de casa para o trabalho e isso impactar em seu relacionamento com sua família, então é hora de pesar seriamente o que é importante para você e determinar se precisa procurar um emprego mais próximo de casa, ou até mesmo considerar mudar sua família para uma casa mais perto do seu local de trabalho. Não podemos arriscar acumular ressentimento em relação ao nosso trabalho porque, de alguma forma, nos sentimos forçados a dedicar menos tempo a nossas famílias por causa dele. Lembre-se de que apenas você pode fazer as mudanças necessárias para criar o estilo de vida que deseja.

A questão aqui é que pode ser preciso que você mude sua perspectiva de emprego. O trabalho não se resume a dinheiro, nem deve ser algo temível. E é algo que a reformulação está completamente ao seu alcance. Você pode, e deve, fazer com que seu trabalho se encaixe em sua vida autêntica como um todo. Quando você realmente acreditar nisso, o resto virá naturalmente.

Pronto para Fazer uma Mudança?

Hoje, você pode estar em um trabalho de que não gosta por vários motivos. Acho que é prudente primeiro analisar, verdadeiramente, o motivo da sua infelicidade. A seguir, temos uma pequena avaliação que já usei várias vezes e pode ajudá-lo a entender se é hora de mudar de emprego/carreira; ou talvez seja a hora de agir de maneira diferente no trabalho que você tem atualmente. Em outras palavras, o trabalho precisa mudar ou é a sua abordagem que precisa ser mudada?

- O que você não gosta no seu trabalho?
- Acha que sua vida será muito melhor e a maioria dos seus problemas será resolvida se puder sair do seu emprego e encontrar um novo?
  ○ SIM   ○ NÃO
- Esses problemas se apresentaram de forma similar em trabalhos anteriores?   ○ SIM   ○ NÃO
- Esse trabalho, mais do que outros anteriores, faz com que se sinta como se não fosse capaz de ser o Melhor de Si Mesmo?   ○ SIM   ○ NÃO
- Sente-se pior com relação a si mesmo e à sua vida enquanto está no trabalho do que quando em outras atividades de sua vida?
  ○ SIM   ○ NÃO
- O que gostava do trabalho quando começou, se houver algo?
- O que o Melhor de Si Mesmo acha que deve ser feito com relação ao trabalho? **(Ou seja, demitir-se agora, fazer ajustes dentro dele, conversar com seus supervisores sobre suas preocupações etc.)**
- Será mesmo que o trabalho é o problema?   ○ SIM   ○ NÃO

Se respondeu "sim" a essa última pergunta, acha que é possível que o problema esteja com você e não nos trabalhos que teve? Você e seu chefe batem de frente constantemente? Ou foi disciplinado repetidamente pelas mesmas coisas, como atrasos, descumprimento das políticas da empresa etc., em diferentes organizações? Se conseguir ver um padrão de problemas de um emprego para o outro, então acha que será diferente se for trabalhar em outro lugar? Ou acha que pode fazer mais sentido olhar para si mesmo e descobrir por que continua repetindo o mesmo comportamento no trabalho?

Pode ser possível que esteja tentando trabalhar em uma indústria que simplesmente não combina com quem você é? Talvez a moral e a ética gerais da indústria em que está atualmente não estejam de acordo com o seu eu autêntico, deixando-o em um estado constante de dissonância cognitiva. Se estiver trabalhando com empréstimos hipotecários, mas não se sentir confortável com alguns dos empréstimos que seus clientes pedirem, pode ser que você esteja vivendo alguns dilemas éticos. Ou digamos que seja vendedor de algum tipo de produto para a saúde e descubra que ele é testado em animais, e você tem um problema ético com isso — isso o coloca em desacordo com a empresa. Se tudo isso fizer sentido, a resposta pode ser ampliar seu escopo e considerar outros setores que lhe interessem.

Se, por outro lado, sua promoção na hierarquia da organização em que trabalha não for possível porque não tem certas graduações ou certificações, este é um ótimo momento para investir em seu futuro! Se quiser reinventar sua relação com o emprego, será preciso fazer o trabalho necessário. Mas o esforço vale mais a pena no longo prazo. Há também outra possibilidade, e essa já ouvi várias vezes: você gosta do seu trabalho, mas não das pessoas com quem trabalha. Se estiver lidando com pessoas que agem inadequadamente ou de alguma forma tornam sua vida profissional mais difícil do que deveria, talvez seja melhor marcar uma reunião com seu departamento de RH e pedir suporte para resolver esses problemas com seus colegas. Uma das principais funções dos diretores de RH é ajudar a amenizar os problemas dos funcionários e atuar como mediadores em seu nome. E pode ser que você descubra, ao longo desse processo, que algum aspecto de uma de suas personalidades Antagonistas entrou em sua vida profissional e que os problemas com seus colegas de trabalho são resultado de suas inseguranças. Tenha sempre a mente aberta e esteja disposto a assumir a sua parcela de culpa em qualquer conflito de trabalho, para assim encontrar uma solução mais eficaz.

Se, após uma pesquisa exaustiva, concluir que, na verdade, é hora de deixar seu emprego atual, a primeira coisa a fazer é criar um plano detalhado. Quanto dinheiro você tem na poupança? Você é financeiramente capaz de se demitir sem ter outro emprego em vista? Se não, então é preciso criar uma meta para encontrar um novo emprego que seja gratificante para você e, então, seguir os sete passos do Capítulo 13 para atingir esse objetivo.

Encontrar um novo emprego pode parecer difícil no começo, e pode até ser esse o motivo pelo qual você ficou tanto tempo no seu emprego atual. Mas, assim que sua estratégia para conseguir o emprego dos seus sonhos estiver sendo aplicada, isso tudo será muito mais realista e estará ao seu alcance. Apenas lembre-se de que merece ter uma carreira que se alinhe com seu eu autêntico, então não acomode-se. Persevere pela criatividade e indo além do alcance médio. Um dia você vai olhar para trás e agradecer muito por ter feito isso.

O Cenário do Desemprego

Todos ficamos desempregados alguma vez nessa vida. O desemprego faz parte da jornada ESFERA. Então, se estiver desempregado agora ou tiver certeza de que está pronto para sair de seu emprego atual, a questão é não confundir atividade com produtividade em termos de procura de emprego. Enviar seu currículo por e-mail para centenas de gerentes de RH que você encontrou online é certamente um bom começo, mas é preciso ir além para realmente conseguir o emprego desejado. Isso significa ligar para acompanhar como tudo está indo. Em vez de ligar e pedir uma entrevista de emprego, considere solicitar uma reunião genérica e informativa antes. Inicie uma missão de pesquisa sobre as necessidades da empresa e, nesse ensejo, informe-os sobre como suas habilidades se alinham com suas necessidades atuais dela.

Se estiver desempregado atualmente e sentindo a pressão de uma conta bancária cada vez mais vazia ou se sua dívida de cartão de crédito estiver crescendo, então passe o mesmo tempo que gastaria em um emprego durante a semana ativamente procurando por um emprego. Levante-se todos os dias de manhã, vista-se como se estivesse indo trabalhar e passe as oito horas seguintes procurando um emprego. Sempre digo aos meus clientes para criar uma planilha de acompanhamento para todas as empresas que contatarem, com nome, número de telefone e e-mail da pessoa com quem conversaram. Faça isso até que tenha uma oferta de trabalho que sinta-se animado para aceitar.

Caso esteja em dificuldades financeiras, trabalhe como freelancer, faça bicos ou trabalhe em meio período da maneira que precisar para pagar as contas e continue buscando um emprego nas horas vagas. Se for preciso entregar pizzas, trabalhar em uma cafeteria ou atender telefones em um SAC, vá em frente. Nenhum trabalho está "abaixo de você" — esse conceito é puramente alimentado pelo seu ego. Não deixe seu ego atrapalhar sua capacidade de ser o Melhor de Si Mesmo e encontrar sua carreira perfeita. A felicidade verdadeira, no fim de tudo, valerá a pena.

Pode ser até surpreendente os contatos incríveis que você pode fazer em um desses trabalhos iniciais. Trabalhei em duas cafeterias diferentes enquanto estava na faculdade, assim como juiz na ACM, e essas experiências foram muito valiosas. Além de aprender sobre como trabalhar em equipe, lidar com o público e conversar com praticamente qualquer pessoa, também descobri algo importante sobre o meu eu autêntico — nunca consegui prosperar em uma estrutura corporativa. Saber o que *não* funciona para nossas vidas é parte da jornada para descobrir *aquilo* que funciona para nós. Integre todas essas informações em sua missão geral para reinventar sua Vida Profissional em ESFERAS.

> **COMO SE DESTACAR ENTRE OS OUTROS CANDIDATOS**
>
> Entrevistei centenas de pessoas para empregos nos CAST Centers, e o critério número um que considero é o quanto pesquisaram sobre nossa organização antes da entrevista de emprego. Se alguém não tiver um conhecimento prévio sobre nossas instalações e filosofia, como conseguirá nos representar ou garantir que seu sistema de valores fundamental esteja de acordo com o nosso? É algo que me deixa louco saber que 80% dos candidatos não dedicaram um tempo a sequer navegar em nosso site e chegar à entrevista armados com uma compreensão de nossos valores. Aprenda: da próxima vez que você se candidatar a um emprego, certifique-se de ter aprendido o máximo possível sobre a empresa para a qual deseja trabalhar.

Que Tipo de Empregado Você É?

A melhor coisa a fazer para garantir que seja o tipo de funcionário que é sempre visto com bons olhos pelo chefe é se colocar no lugar dele. Pergunte a si mesmo o que é preciso para que as coisas se tornem mais eficientes do ponto de vista dele. Pense no dono da empresa e em seus principais objetivos e prioridades, e como você pode ser uma parte essencial do plano para chegar até eles. Faça sua voz ser ouvida! Compartilhe suas ideias e visão sobre as coisas que faltam e que você poderia adicionar ou problemas que você pode ajudar a resolver.

Seja proativo. Não seja mais um daqueles que espera um aumento todo ano porque simplesmente é um funcionário leal. Sua proposta de aumento salarial deve ser focada na empresa e não em você. Caso tenha uma análise de desempenho anual, foque as maneiras pelas quais foi além da definição-padrão de seu cargo específico e contribuiu com ideias e soluções novas para aumentar a receita ou a produtividade. Nenhuma ideia deve ser desconsiderada — ainda que uma em cada cem seja desenvolvida, ela pode ser o divisor de águas para a empresa e seu crescimento futuro.

Minha equipe atual nunca deixa de me impressionar com sua produtividade e criatividade. Mas já tive funcionários no passado que focavam mais a si mesmos do que o que mais poderiam fazer pela empresa, pelos clientes, pela marca, pela visão. O que eles faziam no CAST era apenas um trabalho e não uma parte vital de uma equipe.

É uma simples mudança de perspectiva, mas poderosa. Os caras egocêntricos não recebem a atenção positiva, promoções rápidas ou grandes aumentos. Chefes e proprietários naturalmente querem recompensar aqueles que trazem novas ideias, centrados na solução de problemas e trabalho em equipe. Seja essa pessoa!

As Maiores Lições da Minha Carreira

Quando penso na evolução da minha carreira, fico profundamente grato por todas as experiências de trabalho que tive — e tive algumas boas, outras nem tão boas e aquelas muito ruins, com certeza. Eu tentei de tudo, desde bartender (com zero treinamento — o que foi no mínimo interessante), barista (outra habilidade que eu não tinha previamente), garçom de restaurante estrelado (quebrando uma boa quantidade de garrafas de vinho) até árbitro de futebol (sem conhecer qualquer regra do futebol). Também fiz alguns bicos temporários, trabalhando como peão de obra e coisas assim. Uma das experiências que se destacam é a dos turnos noturnos em um centro de reabilitação onde eu fazia a contagem das celas de pessoas condenadas por um crime e aguardando sentenciamento, com certeza. Meu histórico de trabalho varia, em termos simples, e posso apostar que suas próprias experiências de trabalho variam também.

E, como já contei, aos 22 anos fiquei sóbrio e reiniciei minha vida. Minha família parou de me ajudar financeiramente, quero dizer, cortou tudo *mesmo*. Minha ideia era voltar para Nova York após 30 dias, mas eu não tinha como chegar. Com dinheiro, eu sabia como resolver as coisas, mas agora estava completamente falido. Então aceitei o que é muitas vezes chamado de "trabalho sóbrio". É o tipo de trabalho que você usa para se recuperar. Eu estava contando moedas para comprar um simples sanduíche nesse ponto. E foi nesse trabalho que realmente aprendi a fazer a coisa certa.

Até aquele momento, eu levava a vida de acordo com minhas próprias regras, e minhas regras eram, para ser sincero, imaturas e não profissionais. Mas no meu primeiro trabalho sóbrio realmente tentei ser o melhor que pude ser. Aprendi a esfregar, limpar, receber pessoas e também aprendi que as cafeterias sempre tocam as mesmas músicas. (Também aprendi que o leite de soja "grita" quando é evaporado. Poucas pessoas sabem disso.) A questão é: não há um caminho fácil para chegar no topo. Muito menos atalhos.

No primeiro dia de trabalho em um centro de tratamento, tive um mentor que me disse que quando trabalhamos com autoajuda é preciso "crescer ou partir". A pessoa tem duas opções: evoluir ou partir dessa vida. E essa escolha é obrigatória. Até hoje levo isso como lema. Sempre esteja no "modo esponja". Não importa qual seja o seu trabalho, absorva lições e informações daqueles ao seu redor para continuar a evoluir como o Melhor de Si Mesmo.

Questionário da ESFERA de Atividade Profissional

Chegou a hora de fazer o inventário da sua Vida Profissional. Agora que já pensamos juntos e, se tudo der certo, você tem uma nova perspectiva, responda a essas perguntas com sinceridade.

PARTE 1: Avalie sua vida profissional em uma escala de 1–10. Um "1" significa que sabe que sua vida profissional está mal das pernas e precisa de atenção imediata. Um "10" significa que está muito satisfeito com sua vida profissional e status atual, e há pouca ou nenhuma necessidade de

melhorias. Os aspectos de sua vida profissional a ponderar para a atribuição da classificação incluem:

- Seu prazer/natureza de gratificação do seu trabalho ou experiência escolar.
- Como seu trabalho provém financeiramente para o seu estilo de vida.
- Seus relacionamentos profissionais.
- O nível de equilíbrio do seu horário de trabalho comparado a outros aspectos da sua vida.

Classificação da vida profissional: _____ a partir de _____ (data)

PARTE 2: Agora, liste alguns comportamentos que funcionam em sua vida profissional e por que isso acontece.

Exemplos:

- Esforço-me para ir bem no trabalho, enquanto mantenho minha vida em equilíbrio.
- Sinto-me recompensado pelo meu trabalho.
- Encorajo os outros no meu local de trabalho e construí relacionamentos positivos lá.

Comportamentos que funcionam na minha vida profissional são:
_____ Por quê? _____
_____ Por quê? _____
_____ Por quê? _____

PARTE 3: **Cite alguns comportamentos que sabe que o impedem de conseguir o que quer em sua vida profissional.**

Exemplos:

- Sou preguiçoso com minhas funções do trabalho e sempre espero até o último minuto para terminá-las.
- Sou um *workaholic* — trabalho até não aguentar mais e não tenho equilíbrio entre meu trabalho e minha vida pessoal.
- Criei algumas relações tóxicas com colegas devido à minha competitividade ou inveja.

Comportamentos que não funcionam para mim em minha vida profissional são:
_____ Por quê? _____
_____ Por quê? _____
_____ Por quê? _____

PARTE 4: Baseado em tudo que acabou de escrever, pode pensar no que precisa fazer para aumentar sua classificação atual para 10 nas áreas da sua vida.

Você fará isso observando os comportamentos que precisa *manter* porque estão funcionando, comportamentos que precisa *interromper* porque estão impedindo que faça o que quer fazer, e aqueles comportamentos que precisa *começar* a ter.

Para que minha vida profissional pareça estar nota 10,

Preciso continuar: _____

Preciso parar: _____

Preciso começar: _____

Ame a Forma como Você Vive

Se a autenticidade for sua base enquanto exerce sua profissão, a vida o surpreenderá mais do que ousou sonhar. Haverá dias difíceis — isso acontece em qualquer carreira, com qualquer pessoa, o tempo todo. Mas nem todo dia precisa ser difícil. Se algum dia teve amor pelo que faz, mas tudo se tornou banal, revisite aquilo que o inspirava e reacenda esse fogo dentro de si mesmo. O ideal é que seu trabalho o faça se sentir energizado, realizado e cheio de vida.

Tome como missão criar para si uma carreira recompensadora que seja um reflexo do Melhor de Si Mesmo. Pode exigir alguns simples ajustes ou uma revisão completa do seu trabalho —, mas comprometa-se com a jornada e, então, faça tudo o que estiver ao seu alcance para *aproveitá-la*. Todos os dias, escolha a rota do otimismo e verá as coisas acontecendo, alinhando-se com essa perspectiva.

Já chegamos muito longe, mas a jornada ainda não acabou! Na verdade, tudo o que discutimos até agora nos leva ao último item das ESFERAS, sua sublimação espiritual. Por trás de tudo — vida profissional, relacionamentos, educação e até mesmo saúde — está a nossa vida espiritual. Espiritualmente falando, quem é você? De que forma sua vida espiritual contribui e se manifesta na sua vida em geral? Vamos explorar essas grandes questões juntos no próximo capítulo. Estou animado e espero que você também!

Sua Sublimação Espiritual

ESFERAS

Neste capítulo, vamos nos aprofundar em sua sublimação espiritual. Deixei este item por último de propósito quando falando de ESFERAS porque sentia que era importante que houvesse uma compreensão muito clara de quem você é em todas as outras áreas de sua vida antes de mergulhar neste tópico. Acredito que sua vida espiritual constitui a base para todas as outras ESFERAS.

Vamos definir o que significa espiritualidade dentro do contexto do nosso trabalho juntos. O dicionário define espiritualidade como: "A qualidade de considerar o espírito ou alma humana em oposição às coisas materiais ou físicas." Acredito que nossa vida espiritual dê sustentação a todo o restante nessa vida. Para mim, o Melhor de Si Mesmo é realmente o seu eu espiritual. Seu eu espiritual é aquele lugar lá no seu interior, de onde toda a bondade e luz são emanadas para fora. É lá que você forma sua integridade, valores e o modo como trata os outros.

Pela minha experiência, as pessoas tendem a negligenciar sua vida espiritual no cotidiano; entretanto, é a ela que se apegam quando as coisas ficam difíceis. Muitas vezes, a fé é a base sólida a que as pessoas recorrem durante momentos de crise, medo, arrependimentos extremos ou qualquer coisa fora do normal. Pode-se dizer que, em vez de esperar até que algo de ruim aconteça em nossas vidas, é melhor manter sempre uma conexão com o nosso eu espiritual. E eis o motivo.

Sempre ouvimos que devemos evitar falar de religião durante um jantar, a menos, é claro, que estejamos buscando uma discussão acalorada. As crenças religiosas das pessoas são muito fortes e profundas. Há milhares de tipos de religiões por todo o mundo, e cada uma considera sua fé como a correta, o que faz sentido porque, se você vai confiar sua eternidade a alguém ou algo, precisa confiar que isso é real e verdadeiro. Esclarecendo, não quero me aprofundar nos detalhes de vários sistemas de crença a que você pode aderir. E, assim, para o que interessa a este capítulo, vamos separar sua espiritualidade da religião.

Independentemente de qualquer organização religiosa específica, sua jornada espiritual é única para você — cada um de nós tem sua própria forma de conectar-se com a sua espiritualidade. No meu caso, não cresci em uma família religiosa. Éramos uma daquelas famílias que celebravam o Chanucá e o Natal, porque meu pai é judeu e minha mãe, luterana. A forma como agora escolho me conectar com a minha espiritualidade é por meio de práticas como a meditação (que expresso de maneiras diferentes, dependendo do dia ou circunstância), autoafirmações e o ritual e mantra que já compartilhei. Não são coisas que aprendi desde pequeno; eu as descobri com o tempo. E elas me ajudam a alinhar minha espiritualidade. Esta é uma função da minha personalidade — em geral, sinto-me conectado quando estou sozinho, e a maneira que se expressa na minha espiritualidade é que prefiro praticá-la sozinho em detrimento de estar em um ambiente religioso como uma igreja, sinagoga ou mesquita. Claro que entendo que há muito valor para muitas pessoas quando estão reunidas como uma comunidade com crenças em comum, e eu certamente já participei de uma missa ou até mesmo de um jantar de Sabá, mas — para mim — acho melhor praticar minha espiritualidade sozinho. Pode ser que isso mude com o tempo, ou talvez sempre seja assim — estou aberto a tudo! O filósofo Dallas Willard expressou de uma forma que julgo perfeita quando disse: "Pessoas espirituais não são aquelas que participam de certas práticas espirituais; são aquelas que vivem com base em um relacionamento em quem dialogam com Deus." Neste capítulo, vamos explorar como essa relação lhe parece e como *você* pode estar mais alinhado com quem é espiritualmente.

Algumas pessoas eliminaram completamente qualquer crença ou fé em Deus, um poder ou uma energia superior, porque uma certa religião lhes foi imposta na infância e essa prática em particular os deixava frios ou desconfortáveis. Agora, enquanto adultas, apegar-se a essas ideias não se alinharia com o Melhor de Si Mesmas. Tentar obliterar completamente a espiritualidade é uma resposta comum a essa situação, mas creio que todos somos seres espirituais, e tentar ignorar isso exigirá mais energia do que buscar acatar a espiritualidade de uma maneira que funcione para você. Quero ajudá-lo a definir o que a espiritualidade significa para você e determinar por que este tema pode trazer questionamentos.

A questão central em que nos concentramos neste capítulo é: quanto do Melhor de Si Mesmo está ativamente alinhado com sua fé? Vejo a fé como algo que não se prova, e acho que é uma das maneiras mais poderosas de transformar sua vida. Também acredito na noção de que a fé morre sem manutenção, o que significa que é preciso agir para alinhar-se com a sua fé, tanto interna como externamente, na forma de dedicar nosso tempo, talento e dons para os outros.

A fé também me parece ser uma forma de externalizar para o Universo algo que você quer autenticamente em sua vida e acredita que assim voltará para você. Há uns sete anos, percebi que adorava trabalhar com artes. Moro em Los Angeles e há muitas pessoas tentando "dar certo" por aqui. Como eu queria trabalhar com artes, comecei a visualizar como seriam os tipos de pessoas interessantes com as quais eu poderia me conectar e de que forma as ajudaria a expandir suas bases, para conseguirem enviar mensagens positivas e capacitadoras a seus milhões de fãs. Só consegui atrair essas experiências para a minha vida porque acreditava lá no ponto mais interno e autêntico do meu ser que esse era o meu destino. Eu tinha fé de que isso aconteceria.

Pesquisas reforçam a ideia de que um senso de espiritualidade tem efeitos positivos em nossa vida, especialmente quanto à nossa saúde mental e física. Pessoas com fé demonstraram viver mais e correr menos risco de ataque cardíaco.[*] Elas também relatam sentir menos ansiedade e estresse em suas vidas,[†] menos depressão e mais contentamento,[‡] sofrem menos dor física,[§] são menos propensas a entrar em pânico sob pressão;[¶] e as crianças que aprendem sobre a fé, e cuja fé é cultivada desde cedo, são menos propensas a se envolver com drogas e sexo na adolescência. Não há dúvida de que a fé pode melhorar sua

---

[*] Laura E. Wallace, Rebecca Anthony, Christian M. End, Baldwin M. Way, "Does Religion Stave Off the Grave? Religious Affiliation in One's Obituary and Longevity", 2018, http://journals.sagepub.com/doi/abs/10.1177/1948550618779820 [conteúdo em inglês].

[†] Deborah Cornah, "The Impact of Spirituality on Mental Health: A Review of the Literature", Mental Health Foundation, 2006, www.mentalhealth.org.uk/sites/default/files/impact-spirituality.pdf [conteúdo em inglês].

[‡] "Spiritual Engagement and Meaning", Pursuit of Happiness, 2016, http://www.pursuit-of-happiness.org/science-of-happiness/spiritual-engagement/ [conteúdo em inglês].

[§] Ozden Dedeli e Gulten Kaptan, "Spirituality and Religion in Pain and Pain Management", *Health Psychology Research* 1, nº. 3 (2013): 29, doi:10.4081/hpr.2013.1448 [conteúdo em inglês].

[¶] Rudy Bowen et al., "Self-Rated Importance of Religion Predicts One-Year Outcome of Patients with Panic Disorder", *Depression and Anxiety* 23, nº. 5 (2006): 266–73, doi:10.1002/da.20157 [conteúdo em inglês].

vida e enriquecer seus dias de formas poderosas, muitas das quais vão realmente além do nosso entendimento.*

Nossa conexão espiritual surge ao longo do dia, de forma intermitente, pois somos constantemente lembrados de que não estamos no controle do que acontece conosco. Algo maior e mais forte dá as ordens e temos a escolha de: nos alinharmos a esses desmandos ou nos desconectarmos. Quando nos desconectamos, começamos a nos perder, duvidar da vida, atrair pessoas não alinhadas com quem somos, e começamos até mesmo a acreditar em coisas sobre nossos irmãos e irmãs nessa caminhada chamada vida. O bem é mais abundante que o mal neste mundo — ou você pode surfar na onda dos guerreiros da liberdade e do amor ou pode ser seu pior inimigo. Não somos feitos para seguir nesta vida sozinhos. Quando uma música toca sua alma, quando você se sente livre ao respirar e encontra sua verdade e clareza, quando você se sente bem ajudando os outros, é nesses momentos que você está vivendo uma experiência espiritual. O filósofo francês Pierre Teilhard de Chardin, na minha opinião, disse algo que resumiu bem isso: "Não somos seres humanos passando por uma experiência espiritual. Somos seres espirituais tendo uma experiência humana."

Vou contar uma história de um cliente que redescobriu e se reconectou com seu eu espiritual por causa de uma circunstância desafiadora que enfrentava na vida. Pode ser que, a princípio, a história pareça pertencer ao capítulo sobre Vida Profissional, mas o que quero mostrar é que sua espiritualidade pode ter um efeito positivo em todos os setores de ESFERAS. Como ele aprendeu a confiar em sua fé de novas maneiras, toda a sua vida mudou para melhor.

---

* Lisa Bridges e Kristin Moore, "Religion and Spirituality in Childhood and Adolescence", *Child Trends*, 2002, https://www.childtrends.org/wpcontent/uploads/2002/01/Child_Trends2002_01_01_FR_ReligionSpiritAdol.pdf [conteúdo em inglês].

Henry Algemado
e Seu Despertar Espiritual

Quando Henry e eu começamos a trabalhar juntos, ele era executivo de publicidade nível júnior em uma empresa boutique. Ele trabalhava lá há quatro anos. Geralmente era o primeiro a chegar e quase sempre o último a sair. Henry tinha fome e paixão, além de uma profunda determinação de se destacar dentro de uma indústria difícil. Mas também era muito humilde; ao contrário de alguns de seus colegas mais egoístas, não andava por aí batendo no peito sobre suas realizações. Nunca sentiu necessidade de ser o centro das atenções; vindo de uma grande família e sendo o filho mais velho, assumiu muita responsabilidade ao cuidar dos irmãos mais novos. Ele adorava esse aspecto de sua vida, entretanto, como o Melhor de Si Mesmo era um cuidador natural, acabou assumindo o papel de manter a casa funcionando e agradar aos seus pais. Ele gostava de agradar às pessoas.

Em sua carreira, ele era muito habilidoso no trato com os clientes individualmente. Eles se sentiam parte integrante do processo na criação de belas e atraentes campanhas publicitárias que elevavam suas marcas. Ele os fazia sentirem-se ouvidos; suas tendências de cuidador certamente o ajudaram a ganhar rapidamente a confiança de seus clientes, e eles sempre falavam bem dele. Henry tinha um verdadeiro dom.

Ele também era diácono na igreja que frequentava com sua família e me disse logo de cara que orava todos os dias e se considerava um homem de fé. Eles eram ativamente envolvidos na comunidade da igreja e conhecidos como uma família generosa e amorosa que faria qualquer coisa pelos necessitados.

Donald, o dono da agência de propaganda onde Henry trabalhava, permitira recentemente que seu enteado, Ronnie, assumisse uma grande parte do negócio para que ele pudesse se concentrar em um novo projeto. Como Donald sabia que Henry era muito habilidoso com os clientes, também lhe deu um papel mais significativo na empresa, o que deixou Henry muito feliz. Do dia para a noite, ele se tornou um dos mais jovens executivos de sua indústria, considerando seu título e nível de responsabilidade. Henry achava que deveria dar um passo à frente, porque esse tipo de oportunidade nunca mais lhe seria oferecido.

O problema era que Ronnie não sabia nada sobre publicidade, então se sentia ameaçado por Henry. E queria todo o poder para si mesmo. Ronnie usava as finanças da empresa para custear suas férias extravagantes e detonava os negócios com clientes importantes, exigindo mais dinheiro. Em várias ocasiões, os funcionários até mesmo testemunharam explosões violentas dele, lançando itens contra a parede de seu escritório com raiva, batendo o telefone no chão, bebendo em seu escritório e trocando mensagens sexuais com as colegas do trabalho. O cara estava fora de controle.

No meio de tudo isso, quando a agência começou a adquirir uma má reputação, um dos maiores clientes de Henry decidiu demiti-los e contratar uma nova agência de publicidade — um cliente poderosíssimo que tinha sido um cliente fiel por décadas. Isso o deixou arrasado. O que ele não sabia é que uma das pessoas-chave naquela empresa, a antiga cliente, contou aos novos executivos de publicidade sobre Henry e pediu que tentassem contratá-lo para ajudar a administrar a conta. Isso significaria um salto gigantesco para uma empresa da lista da *Fortune* 500, com o salário de nível executivo e os benefícios adicionais correspondentes, mas Henry não fazia ideia de que isso estava acontecendo — ele não atendeu às ligações deles.

Quando Donald, o dono, chegou para questionar a equipe sobre o motivo de eles terem perdido o grande cliente, acreditou nas alegações de Ronnie de que Henry estava falhando e entregando um desempenho abaixo do normal. Ele fez seu padrasto acreditar que Henry era a razão pela qual a empresa havia perdido o cliente e até mesmo inventou um rumor ridículo de que Henry estava tendo um caso com a esposa de um cliente. Como resultado, Donald exigiu que Henry reparasse a situação, recuperasse os clientes que haviam perdido e fizesse de tudo para restaurar a situação anterior da empresa — essencialmente limpar a imagem de Ronnie.

Henry estava tão apavorado por esse ser o seu primeiro cargo importante que aceitou toda a culpa, permitiu que tudo acontecesse e prometeu trabalhar ainda mais para atrair clientes novos e maiores. Mas seu corpo começou a se rebelar. Ele passou a sofrer com ataques de pânico debilitantes; ficava doente o tempo todo. Até mesmo começou a perder o cabelo por causa de todo o estresse.

"Simplesmente não consigo ver como melhorar essa situação", disse ele. "Estou fazendo tudo o que sei, mas, com Ronnie lá, é uma batalha exaustiva."

"Você me disse que é um homem de fé, que frequenta a igreja. Já orou sobre esta situação?", perguntei a Henry, em nosso primeiro encontro.

"Sem parar, basicamente. Sinto que estou no modo de oração 24 horas por dia, pedindo pela ajuda de Deus."

"Mas, pelo que vejo, você não acredita que o problema vai se resolver." Essa afirmação atingiu Henry em cheio. Acho que ele foi pego de surpresa por isso.

"Como assim?"

"Sinto que está permitindo que a situação e as pessoas o manipulem e se aproveitem. Parece que acha que a vida está acontecendo com, e não para você."

"E qual é a alternativa? Não quero retroceder. Recebi esse cargo e oportunidade incríveis para, basicamente, administrar a empresa; não posso falhar."

"Você está com medo?"

"Aterrorizado."

Então, fizemos o exercício do Antagonista e o personagem que Henry criou foi o Henry Algemado. Ele metaforicamente havia se algemado a esse emprego, permitido, assim, que as pessoas no poder o tratassem como bem entendessem. Ele era o único de seus colegas com um cargo tão alto, e estava com medo de que não fosse digno dele, e que nunca mais teria outra oportunidade tão grande. Por estar tão misturado com o seu Antagonista, ele realmente se convenceu de que, de alguma forma, merecia os maus-tratos e que seu caráter fosse destruído.

"Se alguém estivesse sentado em seu lugar agora, o que você lhe diria sobre esse medo?" Ele pensou por um momento.

"Tenha fé."

"E como seria isso?"

"Sair, arriscar, não controlar tudo nem aceitar circunstâncias terríveis. Deus quer mais para eles." Fez uma pausa. "E o que Deus fez uma vez, fará de novo."

"Alguma parte disso se aplica a você?"

"Sim. Com certeza." Ele começou a se mexer em seu assento, sentou mais ereto — era como se a luz estivesse voltando para seus olhos. "Sinto que sou uma criança brigando por causa de um velho triciclo surrado. Deve haver algo melhor para mim."

O Henry Algemado estava no comando porque o medo tinha se enraizado. Mas assim que Henry tirou as algemas e começou a acreditar, mas acreditar *verdadeiramente* na força de seu espírito, de que havia algo melhor para ele do que essa pequenina agência de publicidade oferecia, coisas interessantes começaram a acontecer. Dois dias depois, ele me ligou e disse que havia encontrado um e-mail que de alguma forma foi parar na lixeira — era da importante agência de publicidade que mencionei anteriormente. Eles queriam encontrá-lo. Ele aparentemente também perdeu duas ligações deles — estava tão focado em tentar resolver e controlar seus problemas com Ronnie que sequer notou as mensagens de voz que eles deixaram pedindo para que ele fosse a uma entrevista.

Três anos depois, ele foi para essa grande agência, e então seguiu para trabalhar sozinho, criando uma ONG que está florescendo. Sempre que falamos sobre esse período de sua vida agora, ele diz: "Nunca mais vou agir como o Henry Algemado. Nunca mais! A partir de agora, viverei como Henry Livre."

Quando nos conectamos, ou reconectamos, com nosso eu espiritual e nos apoiamos em nossa fé, coisas surpreendentes *podem* acontecer em nossas vidas. Henry Algemado estava impedindo que boas coisas acontecessem. Ele tentava controlar cada aspecto da vida de Henry, mas fazia isso com as mãos atadas. Desse jeito, nunca chegaria a lugar algum. Quando ele removeu as algemas, abraçou sua fé e libertou da necessidade de controle, sua vida começou a acontecer *a favor* dele, e não *contra* ele.

Ser espiritualizado significa acreditar que você merece se sentir realizado, ser bem tratado, e isso significa ter uma atitude de prosperidade, e não de escassez. Deus (poder superior, espírito, o Universo, a vida ou qualquer palavra que faça você se sentir seguro e conectado) quer mais para você, e tudo que você precisa fazer é aceitar isso e receber em seu coração. Henry havia criado uma falsa narrativa para si mesmo — ele acreditava que, se reagisse a seus patrões abusivos, perderia a primeira e única oportunidade que teve de comandar uma empresa. Ele estava tão perdido, temeroso e duvidoso que aceitaria até mesmo sacrificar seu próprio bem-estar para poder manter aquela falsa segurança.

Isso é algo comum por toda a história da humanidade; temos uma forma de nos colocarmos em caixas invisíveis e nos recusamos a ver o maravilhoso e incrível mundo de possibilidades que nos cerca. Rumi, um pensador islâmico do século XIII, escreveu: "Por que você continua na prisão quando a porta está tão escancarada?" Já sentiu isso em sua vida? Parecendo estar preso, algemado, incapaz de sequer se mover? Como se tivesse perdido todo o controle e estivesse à mercê dos outros? O que você provavelmente não percebe nesses momentos é que a porta está realmente escancarada — basta você decidir sair por ela.

É importante nesses momentos nos perguntarmos qual seria o nosso Melhor. O Melhor de Si Mesmo está sempre pronto para ajudá-lo a se libertar de suas algemas autoimpostas. Mas isso pode ser difícil. Eu sei disso. Certa vez, o monge budista e pacifista Thich Nhat Hanh disse: "As pessoas têm dificuldade em deixar o sofrimento para trás. Por medo do desconhecido, elas preferem o sofrimento que lhes é familiar." Acho que isso realmente mostra o ponto principal dessa questão. Temos pavor de escolher algo diferente da realidade atual, porque pensamos: "E se for pior?" É exatamente por isso que quero ajudá-lo a construir sua vida espiritual de forma que possa corroer seus medos e ajudá-lo a buscar força e coragem para enfrentar o desconhecido. A incrível verdade sobre o desconhecido é que, geralmente, ele é muito melhor do que você poderia imaginar.

Cultive Sua Espiritualidade

Ainda que seus sistemas particulares de fé e crença, se existentes, fomentem sua espiritualidade, quero ajudá-lo a se conectar com seu eu espiritual em um nível que vá além da especificidade da religião. Em outras palavras, meu objetivo é remover as camadas das suas crenças para chegar ao seu centro espiritual.

Vou mostrar agora algumas técnicas para que você se conecte, ou reconecte, com sua espiritualidade de forma significativa.

1. Crie uma intenção em torno de sua espiritualidade

Comece este processo decidindo o que almeja em sua vida espiritual. Isso vai ser diferente de pessoa para pessoa, mas alguns exemplos podem incluir: dedicar mais tempo para oração; começar a frequentar cultos religiosos que antigamente o faziam sentir-se preenchido, mas que agora você está sem tempo para frequentar; meditar diariamente; encontrar uma prática espiritual que você possa compartilhar com um ente querido e assim por diante. Você terá mais chances de sucesso se sua abordagem a este assunto tiver uma intenção sólida.

2. Alimente as chamas do seu espírito

Hoje em dia, temos muitos materiais incríveis que servem de inspiração em um nível espiritual. Seja por meio de citações inspiradoras de pessoas que você admira, pela leitura da Bíblia, de livros inspirados escritos por pessoas que testemunharam milagres ou um despertar espiritual em suas vidas, audiolivros de guias espirituais ou gurus — qualquer coisa que ressoe com você e alimente seu espírito com esse tipo de conteúdo. Passamos muito tempo sendo distraídos por redes sociais e entretenimentos que não oferecem um significado mais profundo, por isso precisamos trabalhar com conteúdos que nos elevem.

3. Busque a calma

A vida atual é barulhenta. Já falamos muito sobre como diminuir o barulho da vida, e, quando se trata de nos conectarmos com nossa espiritualidade, é essencial buscarmos aquele lugar calmo dentro de nós mesmos e simplesmente *focar*. E eu não falo do barulho que ouvimos com nossos ouvidos — na verdade, se a sua forma de se conectar sua voz interior for aumentar o volume de um rock e dançar em sua sala de estar, vá em frente. Estou falando de uma calma dentro de você, quando ignora todas as outras vozes e influências externas. É muito comum, hoje em dia, que uma resposta que estejamos buscando surja em nosso nível de consciência ou quando tenhamos uma percepção ou vejamos algo de uma forma nova. Sentar e dizer algo que lhe dá uma boa vibração positiva é uma das formas pelas quais você pode chegar àquele ponto de calma dentro da sua mente. Você pode ter visto pessoas nos filmes ou na TV dizendo "ommm" algumas vezes ou usando algum tipo de canto, concentrando-se apenas no som vibrante que fazem quando dizem a palavra e deixando todos os outros pensamentos desacelerarem até ficarem parados, quase congelados. Orar também pode ajudá-lo a acalmar os pensamentos constantes em sua mente. Ou pegar uma foto ou uma obra de arte que lhe traga paz e tirar um tempo para ficar apenas olhando para ela. Torne uma prioridade tirar esse tipo de tempo de "tranquilidade" consigo mesmo pelo menos uma vez por semana.

4. Perceba os sinais

Mantenha seus olhos espirituais, assim como os físicos, abertos o tempo todo e fique atento aos sinais que são enviados a você. Tenho uma amiga que estava de luto pela perda de seu cachorro e orava pedindo paz. Uma tarde, ela viu um arco-íris no chão da sala no local exato onde seu cachorro costumava tomar sol à tarde. Ela tomou isso como um sinal de que a alma de seu cão vivia, e que ela poderia escolher ficar em paz sabendo disso. Outro tipo comum de sinal de espiritual é o que chamamos de sincronicidade. É quando você ouve a mesma frase várias vezes ou vê o mesmo número específico em vários lugares; pode ser apenas um simples lembrete de que há algo maior que você, do que nós e que a vida é mais do que suas atividades do dia a dia — que todos fazemos parte de um universo que está além da nossa compreensão. Conheço uma pessoa que diz que teve uma profunda experiência espiritual enquanto assistia ao filme *O Rei Leão*. Uma certa cena naquele filme despertou seu espírito, e ela de repente sabia o que precisava fazer em uma situação com seu filho. Tudo, desde uma música no rádio até palavras ditas por um estranho até uma bela visão na natureza, tudo pode ser visto como um sinal se o tocar, e seu coração está aberto para receber esses estímulos dessa maneira.

Além disso, saiba que há oportunidades em cada esquina. Permaneça aberto às dádivas que o Universo quer dar a você para que não as deixe passar. Se alguém se oferecer para pagar sua xícara de café na Starbucks, receba essa dádiva. Uma vez, o escritor cristão Rob Bell disse: "Esta respiração, este momento e esta vida são um presente e estamos todos juntos nisso. Todos temos inúmeras opções todos os dias para desistirmos ou continuarmos de pé, abertos e respirando fundo e dizendo SIM ao presente." Estar aberto para receber os presentes que a vida me trará foi uma decisão poderosa em minha vida. Se eu tivesse tentado manter o controle de qualquer aspecto da minha vida, traçando planos claros e me atendo a eles, não importa o que fossem, teria perdido o bonde de forma trágica. Nunca poderia ter previsto a trajetória pela qual a vida me levaria, e sou muito grato por ter relaxado e estado aberto ao que quer que tenha acontecido. Já tinha me convencido de que não trabalharia na televisão, mas, quando o Dr. Phil me pediu para fazer alguns episódios, eu disse sim! Disse sim porque pensei que talvez houvesse algo maior por trás disso. Agora que já apareci várias vezes em seu programa de televisão, sei que estava certo.

Há sinais por toda parte, e, se você permanecer aberto, começará a vê-los nos lugares mais improváveis.

5. Reconheça o crédito

À medida que se torna mais conectado a sua consciência espiritual, se algo positivo acontecer com você ou alguém em sua órbita, conecte os pontos ao trabalho que você está fazendo. Não acredite em acaso ou coincidências. Entenda que seu desenvolvimento espiritual o ajudará a se sentir mais realizado de maneiras surpreendentes e muitas vezes misteriosas. Dedique um momento a reconhecer essa conectividade, para continuar seguindo neste caminho incrível. Até pequenas mudanças, melhorias e momentos aparentemente insignificantes de alegria ou paz fazem parte dessa jornada espiritual.

6. Compartilhe com os outros

Converse com outras pessoas sobre sua jornada espiritual e peça que compartilhem as próprias jornadas com você. Isso enriquecerá sua experiência e servirá de inspiração para os outros. Observe que nem todos estarão abertos a esses tipos de discussões, portanto, se alguém não responder positivamente, não tome como pessoal. Eles não estão prontos para esse tipo de compartilhamento — a jornada deles é única, assim como a sua. Escolha lançar sua luz espiritual sobre o mundo ao seu redor, e ela voltará como reflexo para a própria vida.

7. Divirta-se sempre

O riso é a expressão externa da alegria interior. Acho que pode ser muito benéfico manter a alegria na sua busca pelo seu eu espiritual. Divirta-se com isso. Ria, mesmo em momentos difíceis. Permita que a alegria transborde do seu espírito. Mesmo nos momentos mais difíceis, podemos escolher o riso, encontrar um motivo para sermos felizes e uma alegria que queremos compartilhar, e a onda desse contentamento pode até mesmo nos ajudar nos desafios.

8. Retribua

A maioria das religiões tem uma crença fundamental de que, quando retribuímos generosamente, recebemos generosamente. A Bíblia diz: "Não se engane: Deus não pode ser debochado. Um homem colhe o que semeia. Quem semeia para agradar à carne, da carne colherá a destruição; quem semeia para agradar ao Espírito, do Espírito colherá a vida eterna." É o mesmo conceito básico do karma. Se você tratar as pessoas de uma forma ofensiva, cruel ou vingativa, de uma maneira que seja apenas dirigida a ajudá-lo ou aumentar seu ego, não importa o quanto você ore ou com que frequência você compareça aos cultos religiosos — não será recompensado. Quando digo recompensado, simplesmente quero dizer que você não será capaz de viver como o Melhor de Si Mesmo. Destratar os outros é como lançar um obstáculo gigantesco em seu próprio caminho.

Aproveite seu espírito generoso e encontre formas de compartilhar a bondade com o mundo ao seu redor. Se encontrar alguém passando por um dia difícil, ofereça ajuda. Descubra novos modos de ajudar os que precisam dentro de sua comunidade. Pergunte aos seus amigos e familiares o que você pode fazer por eles. Seja sempre generoso em sua caminhada nesse mundo. E não precisa ser financeiramente — há muitas outras formas de agir com generosidade. Você pode compartilhar seus talentos, seu tempo. E, mesmo que espere receber algo em troca da sua experiência de voluntariado ou caridade, sei que você descobrirá rapidamente que o maior presente é a doação em si.

RITUAL ESPIRITUAL MATINAL

Se pudesse adicionar alguns minutos extras ao início de cada dia, o que gostaria de incluir em sua rotina matinal para alinhar-se com o Melhor de Si Mesmo? Talvez dedicaria um tempo a ler citações inspiradoras. Acordaria e assistiria ao nascer do sol? Ou passaria esse tempo em oração? Uma oração que tem sido fundamental para me ajudar a receber cada dia como o Melhor de Mim é a Oração do Terceiro Passo dos Alcoólicos Anônimos:

Deus, ofereço-me a Ti –
Para que construa
e faça o que quiser comigo.
Liberte-me da escravidão do ego,
para que eu possa realizar melhor a Tua vontade.
Remova minhas dificuldades,
para que a vitória sobre elas possa testemunhar
diante daqueles a quem ajudarei pelo Teu Poder,
Teu Amor e Teu Modo de Vida.
Que eu sempre possa realizar a Tua vontade!

A ideia por trás dessa oração é irmos além de nós mesmos e permitir que uma força maior, o Universo ou o que quisermos chamar tome o controle. Onde não podemos alcançar, ele pode. Saber disso me traz grande confor-

> to. O oposto é carregarmos tudo em nossas costas, tentarmos administrar as dificuldades sozinhos e dependermos apenas de nós mesmos. Essa é a receita perfeita para o fracasso. Perceber que não temos todas as respostas não é admitir a derrota – na verdade, é proclamar a vitória. Confiar no Universo, ser espiritual ou como queira chamar o que não podemos ver e que não entendemos, é difícil. Mas, ao nos rendermos, encontramos liberdade e paz. E, como já disse muitas vezes, o Universo está trabalhando a nosso favor e não precisamos brincar de Deus.

Definindo Sua Vida Espiritual

Agora que já digerimos algumas ideias sobre a espiritualidade, vamos fazer uma pausa para que você possa refletir sobre a situação atual de sua vida espiritual. Isso ajudará você a entender sua realidade e determinar se há algum ajuste que queira fazer.

- Como você imagina uma vida espiritual saudável?
- Há motivos para acreditar que a vida está trabalhando a seu favor?
    - Se sim, por quê? E quando você começou a acreditar nisso?
    - Se não, por quê não? E quais são suas lembranças mais antigas de se sentir assim?
- Há aspectos de sua vida espiritual que o satisfazem e você gostaria que fossem mais predominantes em sua vida diária? Se sim, quais são?
- Quem são seus mentores espirituais ou pessoas em quem você confia dentro do seu mundo espiritual?
- Acha que o modo como foi criado afeta sua abordagem ao desenvolvimento espiritual?
    - Quais elementos você escolhe manter?
    - Quais elementos você escolhe descartar?

- Se você sentia falta de algo em sua vida espiritual durante a sua infância, o que você pode fazer para atrair tal coisa agora, se quiser?

- Quais são os princípios do Melhor de Si Mesmo para viver uma vida espiritual? Os meus são paciência, compreensão para com os outros, despreocupação, inspiração, sensatez e criatividade e sentir que as possibilidades da minha vida são infinitas.

Qual É Sua Afirmação de Missão Espiritual do Melhor de Si Mesmo?

Uma forma de manter uma forte conexão com sua espiritualidade e fé e/ou sistemas de crença que a informam é criar sua afirmação de missão espiritual. Para tal, revise os princípios que escreveu no último exercício e faça afirmações com foco na ação. Eis a minha:

A Afirmação de Missão Espiritual do Melhor do Mike

Sou um indivíduo generoso, paciente, compreensivo, inteligente e despreocupado, e levo a vida todos os dias com a crença fundamental de que tudo é possível. Mantenho-me aberto às dádivas que o Universo me dá praticando a humildade. Busco, intencionalmente, inspiração em lugares inesperados, sou singularmente criativo e meu propósito e paixão é ajudar os outros a encontrarem a liberdade de se tornarem o Melhore de Si Mesmos.

Essa é a minha, mas a sua será diferente, é claro. Pode ter o tamanho que você quiser, também pode mudar com o tempo, então você deve voltar a esta afirmação frequentemente e ver se precisa ser atualizada. Uma recauchutagem da afirmação de missão, por assim dizer.

Você pode escrevê-la e colocar na geladeira, pintar em uma tela e pendurar na parede e até mesmo bordar em um travesseiro. Deixe-a exposta, entretanto, da forma que quiser ser constantemente lembrado de sua afirmação de missão. Mesmo que seja colada no monitor do seu computador ou no visor de seu carro — tudo isso vale!

Inventário de Desenvolvimento Espiritual

Chegou a hora de determinar o que você gostaria de realizar na área de sua expiação espiritual. Estas perguntas o ajudarão.

PARTE 1: Primeiro, avalie sua vida espiritual em uma escala de 1–10. Um "1" significa que reconhece que sua vida espiritual está sofrendo e precisa de mais atenção. Um "10" significa que acredita que sua vida espiritual está funcionando bem e há pouco ou nenhum espaço para melhorias. Aspectos da sua vida espiritual a ponderar para a atribuição de sua classificação incluem:

- Seu grau de desenvolvimento na sua vida espiritual.
- Como está usando sua espiritualidade para reforçar/apoiar sua busca pelo seu Melhor Eu.
- O grau de gratificação que sente pela sua vida espiritual.

Classificação de Vida Espiritual: _____ a partir de _____ (data)

PARTE 2: Agora, liste alguns comportamentos que funcionam em sua vida espiritual e por que isso acontece.

Exemplos:

- Medito regularmente e acho que a meditação me ajuda a estar alinhado com minha autenticidade.
- Pratico uma religião ou a espiritualidade, que é uma fonte de satisfação.

Comportamentos que funcionam na minha vida espiritual são:

_____ Por quê? _____

_____ Por quê? _____

_____ Por quê? _____

PARTE 3: Cite alguns comportamentos que não funcionam para sua vida espiritual e por quê.

Exemplos:

- Estou praticando alguns ritos de certa religião, mas nada disso me parece real/não me satisfaz.
- Tenho raiva demais por causa das mágoas do passado para me envolver em qualquer tipo de espiritualidade.

Comportamentos que não funcionam na área da espiritualidade são:

_____ Por quê? _____
_____ Por quê? _____
_____ Por quê? _____

PARTE 4: Baseado em tudo acima, pense no que precisa fazer para aumentar sua classificação atual para 10 nesta área da sua vida.

Você fará isso observando os comportamentos que precisa *manter*, porque estão funcionando, que precisa *interromper*, porque estão impedindo que faça o que quer fazer, e aqueles que precisa *começar* a ter.

Para que minha vida espiritual fique nota 10,

preciso continuar: _____
preciso parar: _____
preciso começar: _____

Seguindo em Frente com Firmeza

"Assim como uma vela não pode queimar sem fogo, os homens não podem viver sem uma vida espiritual." Isso foi dito por Buda, e acredito fortemente nisso. Estou convencido de que você não pode ser o Melhor de Si Mesmo sem ter uma vida espiritual vibrante, o que quer que isso possa parecer para você. Pode ser uma prática de yoga, meditação, oração, conexão profunda com uma igreja e assim por diante. Sob qualquer prática espiritual há uma fundação e uma crença de que há mais nessa existência do que apenas nós mesmos, que há bem para você e uma crença no bem e na beleza que não se pode ver.

Enfim trabalhamos em todas as sete áreas de ESFERAS! Parabéns. Agora vamos usar todos os dados importantes que coletou sobre si mesmo, todas as áreas em que sabe que gostaria de fazer ajustes, alterações ou até mesmo revisões e planejar como agir. Os últimos capítulos deste livro são voltados para a ação, e estou muito feliz em compartilhar essas ferramentas com você. Já vi muitos clientes e amigos usá-las com sucesso, e a melhor parte é que, quando implementar estas ações em sua vida, sentirá os resultados positivos imediatamente.

12

Formando Seu Melhor Time

As pessoas ao nosso redor têm uma baita influência em nossas vidas e em todas as áreas das ESFERAS. Qualquer pessoa bem-sucedida dirá a você que nunca conseguiria alcançar tudo que tem em sua vida sozinha. Walt Disney não criou seu império sozinho. Steve Jobs também não criou a Apple sozinho. Muito menos Martin Luther King acendeu o movimento dos direitos civis sem ajuda, e nem você construiu sua vida sozinho. Embora possa parecer que, às vezes, estamos sozinhos nessa coisinha chamada vida, isso simplesmente não é verdade. A riqueza, profundidade e complexidade do nosso tempo aqui na Terra são definidas pela forma como nos relacionamos com os outros, pelas conexões que fazemos. Estamos todos juntos nisso, quer escolhamos perceber ou não, e creio que podemos e devemos nos dedicar à elevação da experiência mútua do mundo, aprender com as perspectivas de cada um e estar abertos a dar e receber os incríveis dons que cada um de nós tem para compartilhar. Podemos conseguir muito mais juntos do que sozinhos.

Não há dúvida de que podemos e, de fato, temos uma infinidade de tipos de relacionamentos com pessoas em nossas vidas, mas há uma distinção importante que quero mostrar antes de prosseguirmos. Nem todas as pessoas com as quais se relaciona devem estar no seu "time", ao qual também me refiro como seu grupo mais próximo. Seu time é formado por pessoas que você *escolheu*, porque pode mais fácil e fluidamente ser o Melhor de Si Mesmo perto delas; elas o inspiram e você as inspira, e seus relacionamentos com elas são positivos. Já falaremos dos detalhes de avaliar e selecionar seu próprio time, mas não quero arriscar que pareça ser algo frio, distante ou como se você estivesse montando um time de beisebol que deve ganhar a World Series a qualquer custo. Isso não é como no filme *O Homem que Mudou o Jogo* — estamos falando da sua vida. Ao contrário de um time esportivo, o time da sua vida quer mais do que apenas vencer — o objetivo é aproveitar a jornada juntos. Lembre-se, a jornada é o destino, e você *e* o seu time devem prosperar a cada passo do caminho.

Este capítulo é de extrema importância, nunca se esqueça disso. Todos os clientes com quem já trabalhei me dizem que, ao analisar seu time, eles conseguiram fazer mudanças ou adições que melhoraram tremendamente suas vidas. A ideia é que aqueles que o cercam o inspirem e encorajem a ser o Melhor de Si Mesmo. Geralmente, nós não dedicamos tempo para a avaliação de todos que nos cercam e podemos não pensar muito sobre a ideia do nosso "time", até que estejamos em crise e a força dos outros seja o que precisamos para nos apoiarmos. Uma das razões pelas quais você pode não ter dedicado um pouco do seu tempo a analisar os que o cercam é que você não está convencido de que realmente merece que as pessoas que são seu suporte desempenhem papéis importantes em sua vida, porque acredita que sua função principal na vida é ajudar, apoiar e servir aos outros. Talvez você tenha se tornado meio que uma ilha nesse sentido — flutuando sozinho, desconectado. Nesse caso, lembre-se de que o Melhor de Si Mesmo acredita que você merece ter um time incrível e também sabe que, para você se doar completamente aos outros, precisa da força, conhecimento e assistência do seu time. Ao mesmo tempo, pode ser que seu time seja como uma porta giratória — você continua adicionando membros e depois, quando eles o desapontam, prejudicam ou, de alguma forma, causam dano, você os coloca para fora. Pode ser um padrão traiçoeiro e perigoso, e, ao ler este capítulo, lembre que ter um time não é ter alguém para culpar por seus problemas — na verdade, seus problemas precisam ser resolvidos dentro das suas áreas de ESFERAS e por meio do Melhor de Si Mesmo.

Com base no trabalho que fizemos neste livro, você utilizou o Modelo do Melhor de Si Mesmo e sete ESFERAS para ver quais áreas da sua vida estão alinhadas e quais estão negligenciadas ou disfuncionais. Neste capítulo, vamos realizar um inventário completo das pessoas em sua vida. Vamos definir quem deve estar mais envolvido em sua vida e de quem pode ser melhor se afastar ou mudar a dinâmica do relacionamento de maneira sutil. Todos sabemos que ninguém é perfeito, e, se não lida com todos do seu time como o Melhor de Si Mesmo, essa deve ser nossa primeira tentativa; então veremos os prós e os contras da presença dessas pessoas e tomaremos algumas decisões.

Você é o centro de sua vida. Orbitando ao seu redor nesta galáxia harmoniosa, estão parceiros, filhos, familiares, amigos íntimos, conhecidos importantes, colegas e assim por diante. O tamanho da sua galáxia não importa, mas o ideal é que você tenha pessoas que o apoiem em todas as sete áreas de ESFERAS — e essa pode ser uma nova forma de observar seus relacionamentos. Há quem possa se encaixar em várias das suas áreas de ESFERAS, já outras pessoas podem ser adequadas apenas para uma — e isso é perfeitamente aceitável. Já trabalhei com pessoas que tinham times enormes e, como resultado, carregavam muito estresse. Elas precisam reduzir suas galáxias. Também trabalhei com pessoas cujos times são pequenos, e elas descobriram que precisavam de mais suporte. Nosso objetivo com o trabalho neste capítulo é encontrar o time exclusivo que lhe ofereça um maior equilíbrio em sua vida.

Com o tempo, novas pessoas surgirão em sua órbita e outras desaparecerão. Há uma enorme gama de motivos pelos quais as pessoas vêm e vão de nossas vidas — desde uma mudança geográfica, profissional, psicológica, uma epifania, uma nova paixão, perdas e muito mais. Há provavelmente algumas pessoas que você conhece há muitos anos, mas só as vê de vez em quando. Independentemente disso, quando se encontram é como se nunca tivessem ficado longe um do outro. Você provavelmente tem seus vizinhos que são amigos a quem você pode pedir um favor, e aqueles a quem você recorreria no meio da noite se houvesse uma emergência porque sabe que prontamente o ajudariam. E há aqueles que você não conhece intimamente, mas de quem depende para serviços profissionais — contador, paisagista, cabeleireiro, massagista, personal trainer, nutricionista e assim por diante. E também tem as pessoas em sua vida que servem a um tipo diferente de propósito — como amigos com quem você pratica um esporte e que ajudam a mantê-lo ativo, ou pessoas com quem participa de um clube do livro, com as quais participa de cultos religiosos etc. A questão aqui é que todos temos nossos próprios e únicos times de pessoas na vida e nosso objetivo é determinar se todos o ajudarão a se alinhar com o Melhor de Si Mesmo.

VOCÊ TAMBÉM FAZ PARTE DO TIME!

Quero que tenha sempre isto em mente: você é um integrante-chave do time de alguém, e essa pessoa tem sorte de contar com alguém que está trabalhando para ser a melhor versão de si mesmo. Qualquer pessoa que estiver nesta jornada, na minha opinião, é uma verdadeira dádiva para qualquer time. Então, ao analisar seu time, pense no papel que desempenha na vida dos outros e em como pode continuar a crescer. Mais adiante neste capítulo, nos aprofundaremos mais nesse conceito de reciprocidade, mas queria apenas dar uma introduzida no conceito logo de início.

Vamos começar este processo analisando seu time no que diz respeito às sete categorias de ESFERAS. Provavelmente, algumas pessoas podem se enquadrar em várias categorias. E não há qualquer problema com isso; o importante é descobrir como sua vida é e funciona da melhor forma para você, e o que pode não ser ideal no momento.

Lembro que, há algum tempo, estava falando com minha amiga Alexis sobre um problema que teve com sua cabeleireira. Veja bem, seu cabeleireiro ou barbeiro pode não ser a primeira pessoa em que pensa quando está analisando seu time, mas para Alexis sua cabeleireira, Cindy, tinha um propósito muito maior do que apenas dar a ela um belo corte e coloração. Ela era cliente da Cindy há quase 20 anos, e durante esse tempo elas se tornaram amigas muito próximas. Ambas eram divorciadas e se ajudavam de muitas maneiras — desde cuidar dos cães uma da outra quando viajavam, ajuda mútua para lidar com suas vidas amorosas e até mesmo um simples ombro para chorar quando as coisas ficavam difíceis. Mas Alexis começou a notar que Cindy estava ficando muito desleixada com seu trabalho e, apesar dos pedidos de Alexis por uma cor diferente ou um corte melhor, Cindy não estava acertando. Ela perdia tanto tempo falando de sua vida, em vez de fazer seu trabalho, que Alexis começou a sair do salão com mechas estranhas e franja irregular. Ela acabou chegando ao limite e sabia que precisava de um novo cabeleireiro. Mas também sabia que seria como apunhalar Cindy pelas costas. Ela não queria fazer nada escondido, indo fazer o cabelo em outro lugar, então decidiu encará-la e a levou para jantar. Eles riram e conversaram como de costume, e então Alexis simplesmente disse: "Cindy, amo você como uma irmã e quero que sejamos sempre amigas. Mas a verdade é que eu não amo mais como você faz meu cabelo. Eu quero começar a ir em outro salão. Sinto muito! Espero que entenda."

Cindy colocou a bebida na mesa e começou a se mexer desconfortavelmente, a cabeça baixa. Seus ombros se curvaram um pouco. Alexis continuou: "Sei que você é uma artista e que é muito talentosa. Mas acho que nossa amizade atrapalha um pouco sua capacidade de fazer o meu cabelo. E valorizo muito a nossa amizade, então vamos continuar a crescer como amigas!"

Cindy estava triste, com certeza, mas também ficou comovida com o que Alexis disse e finalmente respondeu: "Agradeço por ser honesta comigo. Nem consigo imaginar ficar sem fazer o seu cabelo, mas contanto que você prometa que ainda vamos nos ver regularmente, tudo bem se não for no salão. Ainda que eu saiba que ninguém mais vai conseguir domar essa loucura de cachos na sua cabeça tão bem quanto eu! Você vai voltar correndo!" Elas riram e se abraçaram. Alexis conseguiu, com sucesso, trocar a função de Cindy em seu time. (E ela propositadamente dava uma bagunçada no cabelo antes de encontrá-la, para que Cindy não se sentisse mal.)

Eis algumas formas de encarar os grupos de pessoas em suas áreas de ESFERAS:

- **Encontros Sociais:** Desde amigos que o acompanham a eventos sociais, nos quais pode fazer contatos, até os mais próximos, que atuam como confidentes confiáveis. São as pessoas com quem sai para se divertir (filmes, eventos esportivos, jantar, drinques etc.) ou convida para uma noite tranquila fazendo algo que adora.
- **Setor Pessoal:** Seus colegas de time em sua esfera pessoal são aqueles que ajudam você a se sentir bem internamente. Podem ser as pessoas que ajudam você na beleza exterior, como seu cabeleireiro ou manicure. Porém esse grupo também inclui pessoas com quem você pode ter conversas íntimas como um terapeuta, mentor ou conselheiro.
- **Bem-estar Físico:** Pode ser um clínico geral ou um especialista. Um médico especializado em medicina preventiva, nutrição, massagista, medicina holística etc. Esse integrante do seu time é alguém em quem você confia para aconselhá-lo quanto a sua saúde física. Até mesmo seu personal trainer ou aquele amigo de academia se encaixam aqui.

- **Estudo:** Nesta categoria, você deve incluir educadores/professores, mentores de carreira, figuras públicas e qualquer pessoa que você procure para absorver novas informações de seu interesse ou que despertem seu desejo de conhecimento. Pode ser o apresentador de um podcast que você ouve diariamente em busca de conhecimento ou até mesmo seu palestrante motivacional favorito. Estamos sempre aprendendo e espero que existam pessoas em sua vida que o estimulem com novos conhecimentos.
- **Relacionamentos:** Os mais íntimos, no sentido tradicional — membros da família, parceiros românticos, seus pais, irmãos, sogros, seu cônjuge ou parceiro, a pessoa com quem namora. Lembre-se, algumas pessoas nesta categoria podem não ser confiáveis, ou você pode ter relacionamentos problemáticos com elas, mas sua permanência em sua vida se dá por obrigações familiares.
- **Atividade Profissional:** As pessoas com quem trabalha de perto, incluindo seu chefe e qualquer pessoa que você gerencie. Esta categoria também inclui aqueles que o aconselham quanto às suas finanças também.
- **Sublimação Espiritual:** Um integrante do time espiritual pode ser parte de uma organização religiosa da qual você é um membro. Mas, na verdade, é aquela pessoa que o mantém em sua própria espiritualidade ou serve como guia para um alinhamento maior nesse campo de sua vida.

Um motivo para analisar seu time tão especificamente é que essas pessoas podem ser suas parceiras de responsabilidade. Se eu ganhasse um real para cada vez que ouvi a frase "Não tenho tempo para fazer o que realmente quero fazer", estaria rico. Mas se o seu "time" estiver atento, pode ajudá-lo a se reinventar o suficiente para realizar *qualquer coisa* que desejar. Você não está sozinho nessa jornada.

Outro motivo para pensar sobre seu time é que estar preparado para um suposto momento de crise em sua vida é crucial. Na Califórnia, todos temos kits de terremotos prontos. Eles têm todas as ferramentas necessárias, caso não tenhamos acesso à água potável e alimentos ou soframos algum ferimento. O kit inclui uma muda de roupa, suprimentos médicos, garrafas de água e afins. Pense no seu time como um kit de terremoto (ainda que, claro, as pessoas em sua vida tenham um papel muito maior e mais importante!). É um recurso quando você precisa de uma resposta rápida para uma crise parecer meramente uma pausa momentânea e não o fim do mundo. Crises podem ter diferentes formas e tamanhos, e, quanto melhor seu time for, mais você estará preparado para lidar com o que surgir pelo seu caminho.

Como mencionei, guiei centenas de pessoas na avaliação de seus times quanto a cada uma das sete áreas de ESFERAS, e, toda vez que faço isso, eles identificam que certas edições ou adições são necessárias. Mas, devo repetir, não deve ser algo mecânico — afinal, você tem proximidade e carinho por essas pessoas e talvez isso seja um fato de muitas décadas. Se estiver sentindo que algum de seus relacionamentos está complicado ou perturbado de alguma forma, sugiro que volte para o capítulo Relacionamentos e examine as listas de valores. Pode haver algumas diferenças fundamentais no que você e essa pessoa valorizam, então é um ponto importante para começar. Passei muito tempo analisando cuidadosamente as relações em minha vida e garantindo que meu time evoluísse da mesma forma que eu faço. Dentro de cada uma das minhas sete áreas de ESFERAS, tenho especialistas e confidentes que considero meus parceiros de pensamento. Compartilharei com você meu processo para identificar, analisar, avaliar e fazer a curadoria do seu time de forma que forneça suporte em sua busca pelo Melhor de Si Mesmo.

A meu ver, seu time é como um organismo vivo, que respira. Ele não existe apenas para ajudá-lo em sua jornada; também exige uma ação recíproca. Assim como com tudo na vida, quanto mais você se dedicar, mais vai receber. Então, ao longo deste capítulo, tenhamos sempre em mente que é preciso analisar o seu time através dessa lente de reciprocidade. O objetivo é avaliar e projetar seu time de forma que vocês reforcem *uns aos outros* na busca por ser o Melhor de Si Mesmo.

Alguns de seus colegas de time podem ser especialistas em quem você confia para retirar informações ou estratégias precisas. Outros podem apenas ter expertise sobre você e o que atrai seu interesse, porque o conhecem há muito tempo, ou são pessoas que simplesmente o "entendem" de verdade. Todos são valiosos e merecem seu apreço e gratidão.

Também é importante reconhecer e admitir que pode haver pessoas que você aceitou em seu grupo mais próximo que não atendem a esses critérios. Pode ser que alguns de seus relacionamentos sejam tóxicos ou, no mínimo, desequilibrados. Descobrir essas situações é parte do que estamos tentando fazer ao longo desse processo. Então, se houver uma pessoa na sua órbita que muitas vezes pareça levá-lo na direção errada, que é uma má influência no sentido de que encoraja você a cair nos seus vícios, traz o seu Antagonista à tona, constantemente se aproveita de você, mas raramente retribui, ou que você vê como um sabotador, ainda quero que inclua essa pessoa na sua lista.

Agora é hora de anotar as várias áreas de ESFERAS e organizar seus companheiros de time em cada uma delas. Novamente, caso alguém se enquadre em várias categorias, escreva seu nome em cada uma delas.

Meu Time por ESFERAS

ENCONTROS SOCIAIS
_____
_____
_____

CLASSIFICAÇÃO:
_____

SETOR PESSOAL
_____
_____
_____

CLASSIFICAÇÃO:
_____

BEM-ESTAR FÍSICO
_____
_____
_____

CLASSIFICAÇÃO:
_____

ATIVIDADE PROFISSIONAL
_____
_____
_____

CLASSIFICAÇÃO:
_____

RELACIONAMENTOS
_____
_____
_____

CLASSIFICAÇÃO:
_____

ESTUDO
_____
_____
_____

CLASSIFICAÇÃO:
_____

SUBLIMAÇÃO ESPIRITUAL
_____
_____
_____

CLASSIFICAÇÃO:
_____

Avalie Seu Time Dentro das Suas Áreas das ESFERAS

A seguir, quero que avalie seu time em cada uma das suas áreas de ESFERAS. Classifique-o de 1–10, sendo 1 um time absolutamente desanimador, que não o satisfará ou dará o que você precisa, e 10 como sendo um time de alto nível, tão forte que você tem a sensação de que não precisará de mais alguém nessa categoria. Existe uma linha para a Classificação na parte inferior de cada área de ESFERAS. Preencha agora.

Ao observar as classificações do seu time, você pode facilmente identificar o que pode estar desequilibrado em sua vida. Caso ache que seu time está fraco em algumas áreas, isso é uma ótima notícia, porque agora você identificou uma necessidade. Então, pode se concentrar em preencher essa necessidade. Em caso de alguma categoria não ter ninguém listado, ou a pessoa em quem você confia atualmente para esse tipo de suporte não forneça valor suficiente, comece a pensar em quem poderia ser mais adequado. Isso pode exigir um pouco de pesquisa e reflexão, mas o esforço valerá a pena.

É improvável que você avalie seu time como um 10 perfeito em cada área de ESFERAS da sua vida; então, agora pergunte ao Melhor de Si Mesmo como seria um time nota 10 em cada categoria. Como ele funcionaria? Quem seria o seu principal jogador em cada categoria? O que você faria se tivesse o maior apoio possível em cada uma das áreas de ESFERAS?

Meu time nota 10 perfeito em:

1. **Encontros Sociais:** _____
2. **Setor Pessoal:** _____
3. **Bem-estar Físico:** _____
4. **Estudo:** _____
5. **Relacionamentos:** _____
6. **Atividade Profissional:** _____
7. **Sublimação Espiritual:** _____

Caso não tenha certeza como seria o seu time nota 10, não se preocupe. É um processo e sua consciência está sendo construída. Quanto mais consciente você estiver, mais aberto se tornará. Quanto mais aberto você estiver para conhecer pessoas que o apoiam em ser o Melhor de Si Mesmo, mais oportunidades terá de conhecer pessoas assim. Acredito que o Universo funcione dessa forma — as oportunidades aparecem com mais frequência para quem está aberto. Pode parecer estranho ou irreal, mas preste atenção neste exemplo que vou compartilhar. Minha amiga Christina estava procurando uma babá para o filho, porque planejava voltar a trabalhar depois de uma breve licença-maternidade. Ela buscava uma babá que fosse como um membro da sua família, honesta e confiável, e que amaria e adoraria seu filho, mas também estabelecendo limites apropriados para ele. Apesar de saber que seria uma tarefa difícil, ela não aceitaria menos que isso. Durante um almoço, com a ajuda de uma amiga, ela tentou chegar a uma conclusão. "Sinto que a pessoa certa virá até nós, e, ainda que esteja pesquisando serviços de babá online, preferiria que a encontrássemos por meio de uma referência." Os olhos de sua amiga de repente se iluminaram e ela disse: "Quer saber? Acho que conheço a pessoa certa para você. Vai parecer loucura porque ela nunca trabalhou como babá, mas tem três filhos crescidos e dois netos, e é a mulher mais doce e carinhosa que já conheci. Atualmente, ela está trabalhando em uma fábrica no centro da cidade, e tem sido muito difícil. Você deveria entrevistá-la!" E foi o que ela fez — na semana seguinte. Christina e o marido concordaram imediatamente que ela era a pessoa certa para a família deles, e, embora não tivesse qualquer treinamento formal, era uma mulher gentil, maternal e amorosa que cuidaria muito bem de seu filho. Isso foi há quatro anos, e ela ainda trabalha com eles cinco dias por semana, e tem sido um membro importante do time deles como a babá perfeita para seu filho, que a considera sua melhor amiga. Christina estava aberta a oportunidades que pudessem surgir e, por causa disso, encontrou uma integrante para seu time da forma mais inesperada possível.

Quando faço esse exercício com clientes, eles quase sempre percebem que precisam remover alguém do time, porque não são mais confiáveis, estão pedindo mais do que oferecem, não agem pensando no melhor para eles ou apenas não estão de acordo com sua integridade. Todos temos fases na vida, e, às vezes, uma pessoa era a escolha certa para nós em um determinado momento, mas à medida que crescemos percebemos que ela deixa de ser certa. Agora é a hora de ser brutalmente honesto consigo mesmo. Se estiver mantendo alguém próximo sem merecimento simplesmente porque quer evitar o conflito, descubra uma maneira de remover essa pessoa de sua função no time. Um exemplo comum disso é quando um relacionamento romântico muda significativamente porque o casal se distanciou.

Há alguns anos, um amigo era figura permanente no meu círculo de confiança, mas, com o tempo, percebi que estava sendo permissivo com seu comportamento negativo. Ele mentiu para mim em várias ocasiões, não era confiável quando se tratava de fazer planos e suas ações mostravam que não dava ao nosso relacionamento o tipo de respeito que eu achava que merecia. Eu tinha muita pena por ele ter sofrido muito na infância, mas, mesmo quando discutíamos os problemas que eu tinha com seu comportamento, percebia que ele simplesmente não podia mudar. O que eu oferecia não me era retornado; não havia reciprocidade em nossa amizade.

Por mais que eu gostasse de estar perto desse amigo, por ser um cara carismático e simpático, descobri que quando pesava os contras e os prós, não conseguia mais confiar nele para ser um membro do meu time. Não significava que precisávamos de uma pausa dramática, briga ou que nunca mais nos víssemos, eu apenas reconheci que ele não podia estar no meu time. Essas escolhas nem sempre são algo fácil de fazer, mas são importantes. Seu tempo e energia são preciosos demais para gastar com alguém que não faz o mesmo por você.

Aprofundando

Agora que você identificou e categorizou seu time atual, vamos nos aprofundar e fazer algumas perguntas sobre seus membros.

- Em quem confia para ser um parceiro de pensamento objetivo quando surge um novo desafio? Para mim, um parceiro de pensamento é alguém que ajuda a pensar nas coisas com base em quem você é — a pessoa não diz o que é preciso ser feito; em vez disso, ajuda a pensar, para que você mesmo encontre a resposta.
- Há algum ponto em comum entre as pessoas que aceitou em seu time? O que essas semelhanças dizem sobre você?
    - Quem em sua vida o encoraja a atuar como o Melhor de Si Mesmo? Algum membro do seu time o faz sentir como nunca tivesse que alterar qualquer parte de sua personalidade quando estão juntos? Há alguém em sua vida que você considere particularmente difícil ser o seu Melhor Eu quando estão juntos? Ou quem em sua vida traz o seu Antagonista à tona? Há algum membro do seu time com quem seja preciso se censurar e mascarar suas verdadeiras opiniões?

- Quem sempre pensa no melhor para você, em vez de fazer valer suas próprias vontades?
- Alguém no seu time pode estar manipulando-o ou usando-o de alguma forma?
- Pensando por outro lado, você está tentando controlar ou manipular alguém para conseguir o que deseja?
- Algum dos seus companheiros está atrapalhando ou sabotando você?
- Eles o animam, deixam empolgado com a vida e inspiram a pensar criativamente?

Essas perguntas podem fazê-lo pensar e forçá-lo a fazer perguntas. Tire um bom tempo para explorar seu time. Caso descubra por meio desse processo que há, de fato, algumas pessoas dentro de seu grupo mais próximo com quem não pode ser o Melhor de Si Mesmo ou que não estão agindo da maneira que eles se comprometeram a agir, reavalie essa conexão. Quando alguém lhe mostra quem é, acredite nele e aja de acordo. Claro, não há um relacionamento ou uma conexão perfeita — então, se estiver correndo atrás disso no que diz respeito ao seu time, não é uma abordagem realista. Mas se, por exemplo, você percebeu que um colega de trabalho está sempre falando mal de outros funcionários, pode pensar que talvez essa pessoa também possa estar falando mal de você ou está simplesmente fazendo isso para avançar em sua própria carreira ou interesses.

Entendo que essas perguntas podem parecer um pouco severas quando as aplica a membros da família. Não podemos escolher a família em que nascemos, mas só porque somos do mesmo sangue não significa que precisamos deixar que nos machuquem, atrapalhem ou se aproveitem de nós. Se alguns de seus parentes não estiverem ajudando-o a ser o Melhor de Si Mesmo, não há problema em encontrar maneiras de reduzir seu contato com eles ao mínimo. Não se deve manter qualquer relacionamento prejudicial por causa do senso de obrigação.

Reciprocidade no Amor

Agora vamos examinar seu time por outra ótica importante. Vamos garantir que, para todos na sua lista, você seja recíproco. Pergunte a si mesmo: o que estou retornando para *eles*? Manter o equilíbrio é fundamental, e você pode fazer isso pelo que eu chamo de reciprocidade de amor. Este conceito é básico, na verdade, mas pode ser facilmente deixado de lado. Em relacionamentos interpessoais, você precisa dar tanto quanto está recebendo, se não mais.

Faça a si mesmo esta pergunta: você traz alegria para outras pessoas? Quando foi a última vez que propositadamente fez algo que colocaria um sorriso no rosto de um amigo? Talvez tenha sido recentemente, e isso é ótimo. Se não, tudo bem também — eu certamente não quero que você se sinta culpado. Sei como é fácil se perder nas exigências cotidianas e perder de vista, ou até mesmo nunca perceber completamente, o poder de espalhar alegria e amor para as pessoas ao nosso redor. Mas isso *é* poderoso, saiba disso. Se não fizer nada diferente em sua vida hoje, recomendo que dedique alguns minutos agindo em função de alguém querido. Não espere nada em troca, porque a verdade é que doar-se aos outros é um presente por si só.

Se cuidar do seu time da forma como cuidamos de um jardim, ele vai prosperar e florescer. Se estiver constantemente esperando receber de seu time, mas não tiver qualquer cuidado com ele, ele não poderá operar em sua capacidade máxima. De agora em diante, apenas entenda que, se você der nem que seja um pouco para o seu time, receberá muito em troca. Pessoalmente, sou bom em fazer conexões entre pessoas que sei que serão frutíferas. Adoro apresentar pessoas que pensam da mesma maneira e que podem se ajudar de alguma forma em suas jornadas individuais. Essa é uma maneira de retribuir ao seu time. E não se esqueça de perguntar ao seu time o que eles querem ou precisam para que você possa ajudá-los — você não lê pensamentos e nem eles —, então todos devem se perguntar o que podem fazer uns pelos outros.

Confiança e Expectativas

Como a maioria das pessoas, há aquelas em quem você sabe que pode confiar implicitamente. Pode haver também aquele grupo de pessoas em quem confie de algumas maneiras, mas não de todas as maneiras. E ainda há quem esteja na vida por razões específicas, mas que são mantidos a certa distância intencionalmente. Outros estão em outras esferas do Universo, e você os observa atentamente. E, por fim, há provavelmente algumas pessoas de quem se espera nunca ver ou ouvir — aquelas em quem não se pode confiar e que sabemos que causarão problemas.

Você confia em todas as pessoas que estão atualmente no seu time? Lembre-se, só porque alguém é da família não significa necessariamente que *mereça* sua confiança. O Dr. Phil costuma dizer que nunca devemos dar a ninguém o benefício da dúvida. Se permitiu que alguém entrasse no seu núcleo mais próximo porque alguém atestou por essa pessoa ou ela é amiga de um amigo, mas não comprovou sua confiabilidade a você, fique o mais alerta possível. Não confie cegamente em ninguém. Não se trata de ser suspeito ou paranoico — é simplesmente sobre como: assim como você não esperaria o pior de alguém logo de cara, também não deve esperar o *melhor* tão rápido. Deixe que eles mostrem quem são por suas ações, em vez de criar expectativas irreais. A verdade é que as suas expectativas em relação a outras pessoas podem ser ressentimentos à espera de acontecer, porque se alguém não lhe mostrou quem é, como saber o que esperar dessa pessoa? Por exemplo, uso muito aplicativos de serviço de carro. Sempre me pego esperando que venha um carro limpo, com uma música em um volume razoável, e que o motorista me ajude com minha bagagem. Mas isso é uma falsa expectativa e frequentemente me pego desapontado. Desde que abaixei minhas expectativas, na verdade, tenho me sentido muito mais feliz com minhas experiências com serviços de carro. Agora fico agradavelmente surpreendido em vez de aborrecido. Esperar que as pessoas façam o que você considera apropriado por seus padrões simplesmente não funciona, porque elas agem de acordo com a própria estrutura.

Para ajudar na avaliação da confiabilidade e de suas próprias expectativas para com seu time, veja essas perguntas simples a serem feitas sobre cada pessoa, para poder considerá-las objetivamente.

O Teste de Expectativas:

1. Geralmente, podemos confiar nessa pessoa para chegar em uma hora marcada sem qualquer problema ou desculpas?

    ○ SIM   ○ NÃO

2. Se essa pessoa lhe disser que algo vai acontecer, isso normalmente acontece?

    ○ SIM   ○ NÃO

3. Quando essa pessoa descreve uma conversa ou um evento, geralmente corresponde às informações que você ouviu de outros sobre a mesma conversa ou evento?

    ○ SIM   ○ NÃO

4. De acordo com seu conhecimento, ela já mentiu para outra pessoa ou presumiu que você mentiria em nome dela — ela sempre escolhe a mentira ao invés da honestidade?

    ○ SIM   ○ NÃO

5. Pelo que sabe, essa pessoa já escondeu informações tentando evitar conflitos com outra pessoa?

    ○ SIM   ○ NÃO

6. Já percebeu algum comportamento hipócrita nessa pessoa — por exemplo, agindo de forma que julgaria os outros por fazer?

    ○ SIM   ○ NÃO

7. Tal pessoa cria desculpas por seus comportamentos em vez de assumi-los?

   ○ SIM   ○ NÃO

8. Essa pessoa demonstrou lealdade mais de uma vez?

   ○ SIM   ○ NÃO

Com base nas suas respostas, suas expectativas para determinadas pessoas do seu time podem ser ajustadas. Há quem nunca chegará na hora. Então, não devemos pedir para essas pessoas nos buscarem e levarem para o aeroporto. Mas essa mesma pessoa pode ser a mais honesta com você quando for preciso ou o ombro para chorar quando esta for a sua necessidade. Entender as capacidades e limitações de seus colegas de time ajudará a entender a quem deve-se pedir o quê.

Tive uma cliente que disse que, tirando a confiança e as expectativas, o mais importante para ela era ter uma boa química com seu time. Ela realmente sabia que alguns dos membros de seu time não eram ótimos com a realização e, por isso, precisou diminuir um pouco suas expectativas para alguns deles, mas não via problema nisso. O ponto principal é que a consciência é a chave — *saiba* quem são as pessoas e *espere* apenas o que elas podem dar, e assim não ficará desapontado ou caminhará para o fracasso.

Química é a conexão intangível com outra pessoa — vocês podem ser o par mais improvável por muitas razões, mas simplesmente se conectam muito bem em uma área específica. Artistas especialmente tendem a valorizar a química acima de qualquer outra coisa. Quando temos química com alguém, nos sentimos seguros e podemos ter a mente aberta. A química pode ser incrível com a pessoa que você está namorando, por exemplo, mas, se os seus valores não se alinharem, é provável que tenham problemas. Ou pode-se ter uma química maravilhosa com um colega de trabalho ou colaborador em um projeto, e isso é ótimo, mas saiba que pode haver limitações nessa química — em outras palavras, essa pessoa pode ou não ser uma boa amiga e colaboradora. O objetivo aqui é que mantenha a conscientização sobre as pessoas em seu time em termos do que precisa delas, o que se pode esperar realisticamente dessas pessoas e o que considera mais valioso em relação a cada uma delas.

Elementos-chave: Inspiração, Alegria e Iluminação

Como pode ver, seu time é um aspecto essencial na sua jornada para se tornar verdadeiramente conectado com o Melhor de Si Mesmo em todas as áreas de ESFERAS da sua vida. Mas é mais do que isso. E vai muito além. Caso escolha navegar pela vida ao lado de pessoas que o inspiram, estimulam e iluminam, terá escolhido uma experiência totalmente nova e potencialmente alucinante. Ao ajustar seu time, você pode se descobrir fazendo um esforço maior do que nunca em direções positivas, simplesmente por estar motivado por aqueles que o cercam.

Seu time, ou, pelo menos, alguns dos que fazem parte dele, podem lhe fornecer inspiração infinita. Deve haver algumas pessoas que o encorajam a experimentar coisas novas e se aventurar fora de sua zona de conforto. A troca livre de ideias entre vocês deve ser intrigante. Alguns ou todos os integrantes do seu time devem dar-lhe segurança para explorar sua imaginação e aperfeiçoar sua arte. Lembre-se: todos somos artistas, e seu time deve ajudá-lo a identificar e elevar sua própria forma de arte.

As qualidades, perspectivas e ideias únicas que seu time agrega também devem lhe trazer empolgação — que é uma versão elevada de felicidade ou entusiasmo pela vida. De forma ideal, deve, profundamente, agitar algo em sua alma que você não consiga explicar ou dar-lhe a sensação de que há um mundo inteiro lá fora e basta você explorá-lo. Talvez alguns estejam fazendo coisas empolgantes nas próprias vidas ou tenham realizado algo que você admira e aspira a realizar sozinho. Todas são qualidades incríveis para ter em seus companheiros de time.

Sempre estamos em constante estado de aprendizado de novas informações, e você também deve estar aprendendo com seu time. Quando for dormir, espero que se sinta mais bem informado do que quando acordou pela manhã. Você e seu time devem educar uns aos outros de todas as maneiras. Amplie seus horizontes pelo poder de seu time, e o único limite para o que você pode fazer e aonde pode ir é sua própria imaginação.

Como disse no início deste capítulo, a vida não deve ser vivida como uma ilha. A interconexão entre os humanos é o que cria a magia da vida. Seu time o ajudará a prosperar em todas as suas áreas de ESFERAS, além de enriquecer e aprofundar suas experiências. Aproveite o poder que um time incrível oferece!

SETOR PESSOAL • BEM-ESTAR FÍSICO • EDUCAÇÃO • RELACIONAMENTOS • ATIVIDADE PROFISSIONAL • SUBLIMAÇÃO ESPIRITUAL • ENCONTROS SOCIAIS

13

Sete Etapas para Atingir os Objetivos do Melhor de Si Mesmo

Agora que cada uma das áreas das ESFERAS foi minuciosamente observada, tem-se uma melhor compreensão de quais áreas estão em desequilíbrio e impedindo que você viva a vida como o Melhor de Si Mesmo. E, agora, devemos criar alguns objetivos tangíveis que o ajudarão a conseguir o que deseja, precisa e merece de sua vida. É hora de colocar toda a teoria em prática. Chegou o momento de mudar sua vida.

Observe ESFERAS:

Consulte as avaliações que fez para cada uma das suas áreas de ESFERAS e, abaixo, anote sua classificação atual para cada uma delas, tal como o primeiro objetivo a ser tratado em cada uma. Se, por exemplo, sabe que há um relacionamento específico em que precisa trabalhar, escreva em Relacionamentos. Caso precise melhorar sua saúde com exercícios regulares, escreva em Bem-estar Físico.

Então, pense em seu time em cada área de ESFERAS. Será preciso também criar metas para melhorar seus times em cada área de ESFERAS.

O gráfico abaixo o ajudará a organizar seus pensamentos.

ESFERAS	CLASSIFICAÇÃO DAS ESFERAS	CLASSIFICAÇÃO DOS TIMES
Encontros Sociais		
Setor Pessoal		
Bem-estar Físico		
Educação		
Relacionamentos		
Atividade Profissional		
Sublimação Espiritual		

Depois disso, pegaremos os dados que juntou sobre em que quer realizar melhorias e, então, transformaremos essas informações em metas reais com a aquisição de metas em sete etapas. Este processo visa transformar suas esperanças, sonhos e desejos em realidade. Apenas você tem o poder de criar a vida que sempre quis — e torná-la real. Sugiro que se apodere disso e vá em frente, porque sua nova vida está esperando por você do outro lado destes sete passos.

TIMES	PONTOS DE FOCO DOS TIMES	PONTOS DE FOCO DAS ESFERAS
Encontros Sociais		
Setor Pessoal		
Bem-estar Físico		
Educação		
Relacionamentos		
Atividade Profissional		
Sublimação Espiritual		

> **A META VERDADEIRA**
>
> Chegou a hora de conversar com o Melhor de Si Mesmo e certificar-se de que cada uma das suas metas se alinha com quem você realmente é, e não com seu ego. A motivação para alcançar seus objetivos deve ter uma raiz positiva e repleta de luz no seu âmago e refletir um desejo sincero de melhorar sua vida.
>
> Quando pensa sobre o que deseja todas as áreas da sua vida, é importante ter certeza de que seus desejos são realmente seus. Às vezes, pensamos que queremos alguma coisa porque alguém em nossa vida a tem, ou porque a sociedade diz que deveríamos querer, ou porque querer isso fará alguém em nossa vida feliz. Mas esses não são desejos verdadeiros. Pare e se observe ao longo desse exercício e certifique-se de que tudo o que você diz que quer venha do Melhor de Si Mesmo.
>
> Caso esteja considerando um novo empreendimento, mas ele não combine com quem você realmente é, mude de rota e encontre um objetivo similar. Acredito que realizar algo simplesmente por fazer não serve realmente a um propósito positivo; deve-se ter certeza de que o foco é o prêmio máximo em tudo – a felicidade verdadeira e duradoura.

Passo 1: Defina Sua Meta em Termos de Eventos ou Comportamentos Específicos

Parece óbvio, mas compreender o que você quer, aquilo que *realmente* quer, é o primeiro passo para conseguir conquistá-lo. Deixe-me explicar melhor: você deve conseguir definir o objetivo que almeja de uma maneira específica. Por exemplo, você não pode simplesmente desejar uma emoção. Definir como objetivo sentir-se feliz, por exemplo, é muito vago. Definindo seus objetivos em termos de eventos ou comportamentos específicos, estará mais perto de realizá-los. Caso queira mais felicidade em sua vida, primeiro é preciso definir o que vai torná-lo mais feliz. Digamos que viajar com os amigos lhe traga alegria, e você sabe que ter uma viagem marcada vai deixá-lo feliz. Aí é o momento de definir seu objetivo em termos de eventos ou comportamentos específicos, afirmando: "Meu objetivo é planejar, organizar e economizar para uma viagem com meus amigos." É assim que pegamos uma noção vaga como "ser mais feliz" e criamos um objetivo específico como um evento ou comportamento.

Este primeiro passo no processo de realização da sua meta pode mudar totalmente o jogo. Você pode ter sentido que não tinha força ou dedicação suficiente para alcançar uma meta, mas o problema real pode ter sido que não havia definição adequada. Qualquer pessoa que já tenha conseguido algo grande simplesmente *conseguiu* essa vitória porque a *definiu*, antes de tudo.

Então, marque seu destino no mapa da sua vida e siga em frente.

Agora é sua vez. Anote sua meta em termos de eventos ou comportamentos específicos.

Minha meta é: _____
_____
_____
_____

Passo 2: Expresse Sua Meta em Termos que Possam Ser Medidos

O segundo passo para atingir sua meta é expressá-la de forma quantificável. Assim, você conseguirá determinar seu progresso ao longo do caminho e saberá quando chegou com sucesso ao objetivo. Por exemplo, se sua meta for arrumar a bagunça da sua casa para conseguir ter mais produtividade e tranquilidade, quais quartos ou armários pretende limpar? Você os listaria, um por um — poderia dizer que quer limpar e organizar seu armário, seu quarto e sua garagem. Agora seu objetivo é mensurável — há três espaços a serem limpos. Você saberá quando tiver atingido seu objetivo, porque esses espaços estarão limpos e organizados.

Minha meta, em termos que podem ser medidos, é: _____
_____
_____
_____

Passo 3: Escolha uma Meta que Você Possa Controlar

Há coisas na vida sobre as quais temos controle, como X e X. E há aquelas que estão fora de nosso controle, como Y e Y. Na criação de metas, não é proveitoso que você crie objetivos que sejam conectados a coisas além de seu controle. Ir atrás de um objetivo além do nosso controle é uma tarefa tola, e o resultado sempre será a sensação de desesperança e fracasso iminente. No fim das contas, a única coisa que podemos controlar é a nós mesmos.

E as únicas ações/comportamentos sobre as quais você tem controle são as suas — ou seja, sua meta não pode depender de uma ação específica de outra pessoa. Por estar no controle da sua vida, seus objetivos não podem depender de pessoas ou forças alheias.

Sua meta é controlável?

○ SIM   ○ NÃO

Se não, pense na sua meta e mude de rota para um caminho que pode controlar, então escreva:

Minha meta *controlável* é: _____
_____
_____

Passo 4: Planeje e Programe uma Estratégia que Leve Você à Meta

Criar uma estratégia específica para alcançar sua meta é estimulante, pois há infinitas possibilidades disponíveis e assim você poderá ver a melhor para o seu caso. Também é preciso considerar quaisquer obstáculos que possam existir em seu caminho e criar estratégias para superá-los. Seu ambiente, cronograma e responsabilidade precisam fazer parte da equação da programação da estratégia para alcançar sua meta.

Uma armadilha que já vi com clientes em processo de alcançar suas metas é que ficam tão empolgados com o que desejam alcançar que são levados a um nível emocional alto no qual acreditam que a força de vontade os levará ao sucesso. Esse pensamento é problemático. É fácil sentir-se animado com um novo empreendimento, mas o que acontece quando a excitação começa a diminuir? Podemos nos perder no caminho. Não quero que isso aconteça com você, então é imperativo planejar sua estratégia.

Quanto mais claramente traçá-la, menos tentador será desviar-se dela. A programação de seus dias para incluir o que for necessário para atingir seu objetivo criará um impulso positivo. Digamos que sua meta seja correr uma meia maratona em seis meses. Agora podemos encontrar online todos os tipos de programas de treinamento bem detalhados sobre como preparar sua mente e corpo para percorrer mais de 20km. Encontre um que faça sentido para o seu estilo de vida e, então, crie o seu planejamento. Escolha em quais dias a cada semana você se dedicará a correr, alongar, fazer treinamento de força, meditar e quaisquer outros requisitos. Seu ambiente pode ser programado comprando as roupas e sapatos certos para onde fará a corrida. Caso tenha uma viagem de descanso programada no meio do treinamento, determine como vai continuar o programa enquanto estiver fora, para não sair do ritmo. Programe precisamente o que é exigido para atingir esse objetivo até o último detalhe e, então, mãos à obra.

Minha estratégia para atingir minha meta é: _____
_____
_____

Passo 5: Defina Sua Meta em Termos de Etapas

Grandes mudanças na vida acontecem aos poucos. O foco aqui é que você saiba que todas as etapas estão entre o ponto de partida e a chegada da meta. Ninguém quer ficar pelo meio do caminho, sem saber o que fazer a seguir. Antes de começar, escreva cada passo que será necessário ao longo do caminho.

Por exemplo, perda de peso é um objetivo comum, e todos sabemos que não acontece da noite para o dia, não importa o quanto queiramos. Há passos que se fazem necessários ao longo do tempo para essa perda de peso. É preciso definir claramente quais são essas etapas desde o início, para ser possível consultá-las a qualquer momento, para sabermos onde estamos no processo e o que mais é preciso ser feito. Assim, ainda no exemplo de perda de peso, digamos que escolheu seguir uma dieta paleo e está se comprometendo a 45 minutos de exercícios diários, 4 dias por semana, como seu plano de perda de peso, então seus passos específicos seriam: programar minha cozinha para o sucesso, removendo todos os alimentos e bebidas que não combinam com meu objetivo de perda de peso; ir ao mercado e estocar minha cozinha com alimentos que acredito que me ajudarão a perder peso; criar um plano de refeições semanal e prepará-las a cada fim de semana, para não sofrer pensando no que comer durante a semana; e anotar na minha agenda "ir à academia" como um compromisso, para evitar arrumar desculpas para fugir de fazer exercícios.

As etapas específicas que precisarei realizar para atingir minha meta são: __
_____
_____
_____

Passo 6: Atribua uma Linha do Tempo para a Meta

Já percebeu como é fácil deixar as coisas pela metade sem a pressão para concluí-las? Há quem deixe sua casa acumular bagunça e desordem até saber que visitas estão chegando, por exemplo. Conheço muitas pessoas que procrastinam até o último momento para estudar para uma prova que estão prestes a realizar. O poder do tique-taque do relógio é inegável — quando um prazo se aproxima, somos mais propensos a concluir o trabalho do que se não houver uma data clara na qual ele precise estar concluído. É da natureza humana.

Como sabemos que estamos mais propensos a terminar algo quando há um prazo, então faz todo o sentido que criemos um prazo para nossos objetivos. Dessa forma, promoveremos um senso de urgência e propósito. Seremos motivados a continuar no caminho certo.

Este passo vai além de definir um prazo dentro do qual teremos atingido nossa meta. Ele nos obriga a atribuir um cronograma para todas as etapas necessárias para alcançá-la. Digamos que, por exemplo, seu objetivo é obter qualquer tipo de certificação. Talvez seja preciso passar por 20 horas de treinamento prático. Se sabe que pode dedicar 4 horas por semana ao treinamento, então pode definir 5 semanas como prazo para a conclusão. Se hoje for 10 de agosto, seu treinamento prático será concluído até 14 de setembro.

Ainda mais especificamente, caso saiba que pode treinar às sextas-feiras, reserve 4 horas toda sexta-feira, entre 10 de agosto e 14 de setembro, para esse trabalho. Fazendo isso, sua linha do tempo está pronta. Abaixo você preencherá as principais datas quando completará partes da sua própria meta. Isso ajudará a mantê-lo responsável por isso.

Pense em como é incrível ver um calendário e circular a data em que alcançou sua meta. Isso é poderoso! E quando alcançar o objetivo, pode olhar para o mesmo calendário e ver a evidência de todo o seu trabalho duro e como isso valeu a pena, exatamente quando você disse que realizaria.

Linha do tempo para minha meta

Data limite: _____

Outras datas importantes: _____

Passo 7: Crie Responsabilidade pelo Progresso em Direção à Meta

O passo final nesta fórmula comprovadamente bem-sucedida para alcançar sua meta é criar responsabilidade. No capítulo anterior, ajustamos seu time, e esta é a oportunidade perfeita para colocá-lo em ação. Escolha alguém que você sabe que será um parceiro de responsabilidade confiável em qualquer que seja seu objetivo específico, conte a esta pessoa todos os detalhes de como planeja concretizá-lo e, em seguida, peça que o ajude a continuar responsável por isso. Concorde em reportar-se periodicamente a essa pessoa (ou pessoas, no caso de considerar necessário ter mais de uma) ao longo do caminho, com consequências reais se não o fizer. O risco de relaxar, procrastinar ou desistir pode ser mitigado criando esse tipo de responsabilidade.

O(s) meu(s) parceiro(s) de responsabilidade enquanto trabalho para alcançar esta meta é/são: _____

_____

_____

_____

Esqueça Esse Papo de em Breve

Acredito que há sonhos e desejos escondidos nos profundos recessos de nossas mentes. Quando vêm à tona de nossa consciência, reflexivamente, nós os suprimimos, ignorando-os — e por quê? —, porque é mais fácil fazer isso do que os reconhecer ou adicionar à nossa sempre crescente lista de coisas a fazer. Pensamos: *Oh, em breve cuidarei disso... em breve...* Em breve. Quando será "em breve", exatamente? Quando você vai finalmente dar voz aos anseios mais íntimos do seu coração? Chegou a hora de tornar seus sonhos uma realidade. Não espere. A vida é curta, e seu papel neste mundo é maior do que você pensa.

Já havia dito que este seria um capítulo cheio de ação, e essa ação será tomada por *você*. Agora é hora de empregarmos a alquimia — você vai transformar seus "em breve" em dias da semana. Chegou a hora de dar vida aos seus sonhos.

E isso vai ser feito porque o passo importante de se concentrar em si mesmo o suficiente para ler este livro já foi dado. Você dedicou um tempo para encontrar o Melhor de Si Mesmo, e examinou todos os cantos, recantos e frestas de sua vida sob essa ótica. Qualquer um que dedique tempo e esforço a isso está pronto para fazer uma mudança. Para melhor e para sempre.

Metas Dentro de ESFERAS

Agora que conhece o processo de criação e alcance de metas, é o momento de criar suas metas mais urgentes, controláveis e realistas em todas as sete áreas de ESFERAS.

Mesmo que pareçam enormes e inatingíveis neste momento, anote-as. Não importa o quão intimidante tenham parecido no passado, ou quantas vezes tentou ou não conseguiu alcançá-las, anote. Não importa se acredita que merece ou não essas metas, escreva. Mesmo se não estiverem completamente formadas; ainda que sejam apenas sussurros silenciosos entre seu eu interior e seu coração, tome nota.

O objetivo aqui é ir ao seu interior, permitindo-se ser vulnerável e dizer a si mesmo a verdade sobre os desejos, esperanças e anseios que descobrir por lá. Lembre-se, identificá-los é o primeiro passo imperativo para alcançá-los.

ESFERAS	OBJETIVO
Encontros Sociais	
Setor Pessoal	
Bem-estar Físico	
Educação	
Relacionamentos	
Atividade Profissional	
Sublimação Espiritual	

Sua Planilha de Aquisição de Metas em Sete Etapas

Minha sugestão é escolher a meta dentro de ESFERAS com a classificação mais baixa como a primeira a que você se dedicará, já que essa é a área mais urgente que requer sua atenção. Use a planilha a seguir para planejar como alcançará esse objetivo e todos os seus outros objetivos daqui para frente. É uma ferramenta muito útil, então faça um bom uso dela!

PASSO 1: Defina seu objetivo em termos de eventos específicos ou comportamentos.

Meu objetivo é: _____

_____
_____
_____
_____

PASSO 2: Expresse seu objetivo em termos que possam ser medidos.

Minha meta, em termos que podem ser medidos, é: _____

_____
_____
_____
_____

PASSO 3: Escolha uma meta que você possa controlar.

Sua meta é controlável?

○ SIM   ○ NÃO

Se não, mude sua meta para uma que seja controlável e escreva aqui:

Minha meta *controlável* é: _____

_____
_____
_____
_____

PASSO 4: Planeje e programe uma estratégia que o leve à sua meta.

Minha estratégia específica para atingir minha meta é: _____

_____

_____

_____

PASSO 5: Defina sua meta em termos de etapas.

As etapas que precisarei realizar para alcançar minha meta são: _____

_____

_____

_____

_____

PASSO 6: Atribua uma linha do tempo para a sua meta.

Linha do tempo para meu objetivo

Data limite: _____

Outras datas importantes: _____

PASSO 7: Crie responsabilidade pelo progresso em direção à sua meta.

O(s) meu(s) parceiro(s) de responsabilidade enquanto trabalho para alcançar essa meta é(são):_____

_____

_____

_____

As datas em que reportarei ao meu parceiro de responsabilidade são:

_____   _____

_____   _____

_____   _____

As consequências de não cumprir o cronograma de reportar ao meu parceiro de responsabilidade são: _____
_____
_____
_____
_____

Exemplos do Processo de Concretização de Metas em Sete Etapas

Para ajudá-lo a entender ainda mais esse processo, acho que pode ser útil mostrar dois exemplos de clientes com quem trabalhei, que viram uma necessidade dentro de suas áreas de ESFERAS e criaram metas em torno delas com grande sucesso.

Margaret gastara tanto tempo e energia construindo uma carreira de sucesso e criando o tipo de estilo de vida familiar que desejava em casa, que negligenciara e ignorara completamente algo que era antes da maior importância em sua vida — sua área de Sublimação Espiritual de ESFERAS. Sua falta de conexão com seu sistema de crenças causava um efeito dominó severo em todas as outras áreas de sua vida. Ela se irritava facilmente com seus filhos, não tinha paciência com seus colegas de trabalho e até mesmo se afastou de seu marido a ponto de dormir em um quarto separado. Nem mesmo garçons ou pessoas na fila da mercearia estavam imunes à sua irritação. Esse tipo de comportamento irracional não era natural — e quando começamos a conversar, ela não entendia como havia chegado a esse ponto. Mas de uma coisa ela sabia, com certeza — seu temor era que tudo pelo que ela trabalhou tão duro desaparecesse se ela continuasse assim.

Enquanto conversávamos, ela percebeu que sua área problemática era a de Sublimação Espiritual em ESFERAS. Ela era muito ligada à igreja e tinha verdadeira paixão por retribuir à comunidade, mas aos poucos afastou essas atividades de sua vida para abrir espaço para uma carreira em expansão e uma família que exigia muito de sua atenção. Para retomar o caminho certo, sabia que era preciso criar algumas metas naquele espaço de ESFERAS.

Analisamos seu time atual, e imediatamente identificou-se que seu time espiritual estava enfraquecido, e ela sabia que precisava de mais pessoas que pensassem de forma semelhante quanto às crenças espirituais, com as quais pudesse conversar, aprender e crescer. Assim, ela criou uma meta específica, mensurável e controlável de encontrar três novas pessoas para adicionar ao seu time de Sublimação Espiritual. Em seguida, planejou e programou uma estratégia de se envolver com o corpo de voluntários em sua igreja e determinou que trabalharia como voluntária duas vezes por semana durante duas horas para conhecer mais pessoas e também retribuir à comunidade.

Além disso, levaria consigo sua filha, que se beneficiaria muito da alegria e do trabalho árduo de voluntariar em favor dos necessitados. Ela criou etapas — iria à reunião de voluntários na quinta-feira seguinte e depois descobriria quando seus serviços e de sua filha seriam necessários. Uma linha do tempo foi atribuída também — ela sabia que queria adicionar 3 pessoas ao seu time de Sublimação Espiritual dentro de 90 dias. Um amigo com quem costumava frequentar a igreja foi designado como parceiro de responsabilidade. Margaret sempre realizou tudo com excelência, e essa situação não foi exceção. Não só ela e sua filha se aproximaram por meio do processo, mas seu marido também entrou nessa. Agora os 3 frequentam regularmente uma igreja que todos adoram, e até mesmo realizam estudos bíblicos nas noites de quarta-feira em sua casa. Ela se comprometeu a conquistar sua meta e os efeitos positivos foram sentidos em todas as partes de sua vida e de seu time.

Outro exemplo é o caso de Maurice. Ele sabia que sua saúde estava sendo prejudicada porque comia demais, especialmente à noite. Então, criou uma meta específica, mensurável e controlável de encerrar sua alimentação às 21h. Sua estratégia era mudar o jantar de 18h para 19h30 e assim não sentir fome mais tarde, ir para a cama mais cedo e preparar suas refeições com antecedência para que soubesse exatamente o que comeria. A ideia era colocar essa rotina em prática dentro de duas semanas, então uma data foi definida em seu calendário para ele começar.

A responsabilidade veio pela escolha de um amigo do trabalho que sabia que tinha um cronograma rígido de alimentação, e eles concordaram em enviar mensagens um ao outro 3 vezes por semana para permanecerem no caminho certo. Cerca de 2 meses depois de começar a trabalhar as etapas de seu plano, e se saindo muito bem — ele me contou que já perdera 15kg e sentia muito mais energia, e seu médico ficou muito feliz com o progresso. Perguntei o que havia de diferente entre essa situação e todas as outras ocasiões em que tentara mudar sua saúde, e ele disse que o principal motivo era a escolha de uma meta específica e viável e a anotação das etapas que precisava seguir. Quanto mais ele se via bem-sucedido, mais motivado ficava para levar seu plano à frente.

Como se pode ver, seguindo as sete etapas e construindo uma estratégia, podemos esboçar rapidamente o seu plano de ataque para alcançar suas metas, assim que você se decidir por fazê-lo. É muito simples!

O Bem Não Renovável: Tempo

Há *tantas* formas de preencher seu calendário, não é? Simplesmente tentar gerenciar os requisitos diários de manter sua vida e sua casa funcionando podem fazer você se sentir como a pessoa mais ocupada do mundo. Ou talvez tenda a preencher seu calendário com obrigações sociais e planeje sem pensar se tudo a que está se comprometendo ou tentando realizar sequer o faz se sentir realizado.

A mecanização do modo como usamos nosso tempo pode ser perigosa; muito rapidamente, podemos nos perder — perder essa conexão com quem somos autenticamente — e, em vez disso, nos tornarmos escravos do cronograma em vez de aproveitar o momento nesses eventos. Veja bem, não estou sugerindo que deixemos de lavar as roupas, ir ao trabalho ou fazer as compras — é claro que há certas atividades que devem ser feitas para que nos sintamos saudáveis, higiênicos e alimentados. Simplesmente quero que esteja atento ao fato de que, sem um pouco de introspecção intencional de vez em quando, pode ser que perceba, um dia, que todo o seu tempo é gasto em coisas que não importam quando pensamos no quadro geral da sua vida. E, pior, nada disso o deixa animado. Não há um sentimento de preenchimento, energização, paixão ou de estar ativamente cumprindo o propósito de sua vida — nunca. Você está apenas se deixando levar. E não foi esse o motivo que o fez ser colocado neste planeta, meu amigo, e, se você se identificar o mínimo que seja com essa realidade sombria, continue lendo, porque estamos prestes a colocar o trem desgovernado nos trilhos certos.

Vamos dar uma olhada em sua programação diária. Este exercício tem como objetivo mostrar como e em que você gasta a maior parte do seu tempo. Ver por escrito exatamente em que seu precioso tempo é gasto pode ser uma coisa poderosa. Quero que escreva como é um dia típico da sua semana. Anote tudo o que faz, hora a hora. Sinta-se à vontade para ajustar os horários de acordo com o seu horário de sono/atividade. Quanto mais detalhes incluir, melhor. Além disso, se os dias da semana diferirem drasticamente porque seu trabalho é em meio período e desempenha outras responsabilidades em dias de folga, pode anotar em vários dias.

Todos os detalhes do seu dia importam, porque mais tarde vamos trabalhar juntos para ajustar seus dias de uma maneira proposital. Tenha cuidado e seja honesto sobre este exercício, aqui temos alguns parâmetros básicos:

1. Anote "acordar" ao lado da hora em que você costuma abrir os olhos, mas depois inclua a primeira coisa que faz depois de acordar. Pula da cama e corre para o chuveiro? Passa 15 minutos se atualizando nas redes sociais? Aperta o botão de soneca umas 5 vezes? Acorda seus filhos? Vai direto para a cozinha tomar um café? Esses detalhes de "como você recebe o seu dia" são importantes.

2. Seja honesto com você mesmo. Todos os exercícios do livro são para *você*. Não há vantagem em tapeá-los! Por exemplo, se dedicar um tempo a algo de que não se orgulhe exatamente — qualquer coisa, desde se afundar em um pote de sorvete às 22h até ceder a um tipo inadequado de relacionamento —, anote. É só para que você entenda isso tudo!

5h: _____

6h: _____

7h: _____

8h: _____

9h: _____

10h: _____

11h: _____

12h: _____

13h: _____
14h: _____
15h: _____
16h: _____
17h: _____
18h: _____
19h: _____
20h: _____
21h: _____
22h: _____
23h: _____
0h: _____

Agora, vamos focar seus finais de semana. (Se o seu horário de trabalho incluir trabalhar aos finais de semana, escolha um dia em que você está de folga e preencha-o de acordo.) Como é seu dia típico no fim de semana? Você dorme até mais tarde? Participa de algum tipo de culto/encontro religioso? Vai ao cinema? Janta com os amigos? Escreva tudo aqui:

5h: _____
6h: _____
7h: _____
8h: _____
9h: _____
10h: _____

11h: _____
12h: _____
13h: _____
14h: _____
15h: _____
16h: _____
17h: _____
18h: _____
19h: _____
20h: _____
21h: _____
22h: _____
23h: _____
0h: _____

Pare um momento e examine seus horários. Entenda que esta é a sua imagem do "antes". É assim que você gasta seu tempo agora. Como só podemos esperar resultados com base no tempo que dedicamos, fica mais fácil ver os tipos de resultados esperados da sua programação atual. Vou usar o aprendizado de um novo idioma apenas como exemplo — caso esteja gastando tempo falando sobre as últimas séries de TV ou passando por seus feeds de mídia social, é hora de dedicar esse tempo aos estudos. Se dedicar esse tempo ouvindo audiolivros nesse idioma ou imerso com outros falantes, estará muito mais perto de se tornar fluente. Lembre-se desta fórmula: tempo + esforço = resultados.

Se quiser mudar sua vida, precisará mudar como seu tempo é gasto. Vamos fazer perguntas um pouco mais específicas agora:

A maior parte do seu tempo é gasta fazendo o quê? _____
_____
_____
_____

Como se sente sobre essa atividade em que gasta muito do seu precioso tempo?
_____
_____
_____
_____

O sentimento que escreveu, é positivo ou negativo, em geral? Marque um:

○ POSITIVO   ○ NEGATIVO

AÇÃO:

Caso tenha marcado negativo, é preciso descobrir uma forma de *substituir* essa atividade por outra que traga uma sensação positiva. Em outras palavras, como o Melhor de Si Mesmo lidaria com isso?

Por exemplo, suponhamos que tenha percebido, com o trabalho feito neste livro, que é hora de sair de um relacionamento que se tornou tóxico. Talvez tenha entendido, ao investigar sua rotina, que o tempo que passa com essa pessoa resulta em brigas, ou simplesmente não se sente bem consigo mesmo ou com sua vida. Então, sua prioridade é usar o tempo em que sairia com essa pessoa para chamá-la para uma conversa sobre seu relacionamento. Escolha um momento em que esteja calmo e conduza a discussão em um local neutro. Dependendo das circunstâncias, talvez tenha certeza de que esse relacionamento precisa terminar, ou talvez esteja disposto a discutir os problemas e ver se é possível chegar a uma resolução. Seja qual for o caso, a ideia é primeiro usar esse tempo em seu cronograma para conversar com essa pessoa. Então, use o tempo que passariam juntos, e traria resultados negativos, para algo positivo que o incentive, o inspire, com o qual possa aprender e assim por diante. Até mesmo dedicar um pouco desse tempo para meditação ou apenas ficar parado, quieto e solitário pode ser um bom uso. É preciso que você se dê espaço e tempo para se curar da toxicidade que vivenciava nesse relacionamento.

Em alguns casos, há um sentimento negativo sobre como seu tempo está sendo gasto, não por causa da coisa com que está gastando tempo, mas por causa de um medo em torno disso. Se for esse o caso, vamos falar sobre como enfrentar e superar esse medo. Acho que às vezes é preciso um novo par de óculos e não um ambiente totalmente novo. Em outras palavras, pode ser preciso que mudemos nossa percepção, e isso pode ocorrer se nos libertarmos do medo.

Agora, pense em algo que gostaria de ter mais tempo para fazer, mas que dificilmente aparece na sua agenda. Talvez queira passar mais tempo caminhando ao ar livre para melhorar sua saúde, lendo livros que o inspirem ou aprendendo um novo idioma. Talvez tenha sempre cogitado ser voluntário. Pense no que diz a outras pessoas o tempo todo — tipo: "Adoraria manter um diário, mas simplesmente não tenho tempo" ou "Gostaria de ser o tipo de mãe que prepara refeições saudáveis, mas sempre recorro ao delivery devido à minha agenda agitada". Pode até ser que você saiba que precisa de mais sono porque está constantemente esgotado, mas passa toda noite acordado até a meia-noite navegando na internet ou olhando seus feeds de redes sociais.

Se houver algo a que gostaria de dedicar mais tempo, escreva aqui: _____
_____
_____
_____

Quanto aos seus horários atuais, será possível criar tempo para aquilo que gostaria de fazer mais? Antes de responder a essa pergunta, observe atentamente e veja se há algum lugar onde possa ser feita uma troca. Por exemplo, três horas são dedicadas a assistir à TV à noite, quando duas horas poderiam ser gastas em função daquilo pelo que você tem paixão? Ou acha que poderia acordar meia hora ou uma hora mais cedo?

Agora, escreva no que acha que poderia criar tempo em sua agenda para fazer algo que está faltando no momento: _____
_____
_____

AÇÃO:

Hoje, acrescente um pouco mais de tempo ao seu calendário para fazer algo novo pelo qual anseia ter tempo, mesmo que seja apenas 15 minutos. Isso provará que é possível arranjar tempo para o que ama. Além disso, exclua algo que não esteja sendo proveitoso. Se houver algo em que ache que o tempo dedicado poderia ser melhor empregado, reduza a dedicação.

Caso realmente tenha mergulhado fundo em sua vida e feito todo esse exercício, você está de parabéns. Este é um primeiro passo significativo para criar a vida dos seus sonhos.

O Dr. Phil enfatiza a ideia de colocar verbos em suas sentenças. E concordo plenamente com isso. Os verbos são palavras de ação e, para mudar, precisamos agir. Quando estou trabalhando com um cliente e fica óbvio que não há disposição para a ação, posso tentar algumas táticas diferentes, mas, se eles simplesmente ficam apáticos, sugiro que procurem a ajuda de outro profissional. Não é que eu não queira ajudá-los, apenas sei que nunca realizarão mudanças reais em suas vidas se não tomarem uma atitude.

Um dos focos deste exercício era ajudá-lo a aprender como mudar suas prioridades e começar a se comportar (comportamentos = ações) no caminho para o sucesso. O caminho para realmente saber, sem sombra de dúvida, onde estão suas prioridades, é analisar no que está gastando seu bem mais valioso — o seu tempo. Agora que encarou essa realidade, saberá se algo exige uma mudança. O tempo é nosso único recurso não renovável nesta vida. Pense nisso. Quando as pessoas dizem: "Gostaria de recuperar esses 30 minutos da minha vida", estão brincando, é claro, mas há um fundo de verdade nessa afirmação, não é mesmo? Quando perdemos tempo, realmente perdemos algo valioso. Não importa quão ocupadas todas as nossas vidas forem, precisamos criar tempo para viver a vida que realmente queremos.

O tempo gasto descobrindo verdades sobre você e projetando a vida que quer é tempo bem gasto. Você não chegará ao fim da sua vida e pensará: "Com certeza queria ter passado mais tempo olhando as fotos de outras pessoas nas redes sociais", ou "Gostaria de ter trabalhado mais", ou "Queria ter ido a mais bares". Quando chegamos ao fim da vida, as coisas que desejaríamos ter feito têm muito mais a ver com nossas paixões e propósito. Priorize o que é importante *agora*, para não se arrepender *depois*.

Alcançando Novas Metas de Forma Constante

Alcançar novas metas deve se tornar seu modo de vida daqui para frente. O Modelo do Melhor de Si Mesmo não é sobre evoluir para um certo ponto e, logo depois, simplesmente parar. Espero que suas descobertas durante o trabalho neste livro mostrem que o Melhor de Si Mesmo está em constante estado de evolução, ou seja, você continuará a avaliar suas áreas de ESFERAS e encontrar novas áreas em que precisa criar e alcançar metas.

Talvez algumas de suas metas sejam pequenas e simples. E você pode achar que não precisa de uma planilha ou muitos exercícios para alcançá-las. Ou talvez tenha metas grandes que serão trabalhadas simultaneamente, e elas precisam ser planejadas até o último detalhe para que você continue no caminho certo. Qualquer que seja a sua situação, minha esperança é que você nunca diga: "Preciso trabalhar nisso", e em vez disso possa apontar exatamente onde você está na linha do tempo para atingir esse objetivo e uma data limite na qual o terá concluído. Esqueça isso de "em breve"... a vida é hoje!

Conclusão

O robusto carro preto parou na frente da minha casa às 7h da manhã em ponto, exatamente como fui informado. Peguei minhas malas e fui direto para o carro. O motorista usava um quepe e me deu um grande sorriso. No passeio, folheei o livro de 130 páginas pela centésima vez. A cada vez que revisava, encontrava algo que tinha escapado anteriormente. Revisei com minha equipe e a quantidade de informações críticas impressionou a todos nós. Havia entrevistas, fotos, informações de terceiros, autoavaliações, documentos judiciais e assim por diante.

Enquanto cruzávamos a cidade e o tráfego matinal começava a aumentar, as vozes na minha cabeça ficavam mais audíveis, e as dúvidas começaram a aparecer. Como bolas de pingue-pongue, elas quicavam na minha mente — "Será que trouxe roupas demais?", "E se eu não for bom nisso?" e "Será que tenho as credenciais certas para isso?". Estava entrando em um mundo totalmente novo; sempre fui o cara dos bastidores, mas isso estava prestes a mudar. Era um território completamente estranho para mim, e minhas inseguranças estavam tentando tomar conta.

Continuei a questionar a mim e o que eu agregava a esse cenário. *Eu era o bastante?*

Foi aí que percebi. Eram as antigas inseguranças tocando na minha cabeça como aquela música chata de elevador do passado distante. Seria essa uma nova fronteira para mim? Sem dúvidas. Seria esse o "primeiro escalão", a plataforma nacional e internacional número um do gênero em todas as mídias? Os números da audiência não mentem e o programa *Dr. Phil* dominou o gênero por uma margem crescente durante anos. Inclusive, o Congresso dos EUA frequentemente o convoca para consultoria em comissões bipartidárias sobre questões de saúde mental! Ele é o profissional de saúde mental mais famoso do mundo. Veja bem, Dr. Phil e Sigmund Freud aparecem como respostas em palavras cruzadas! Então, sim, era o "primeiro escalão".

Foi aí que pensei: *ele me* convidou para participar do programa! Espera um pouco! É sério? Parecia aquelas cenas de filme em que ouvimos um disco arranhar e tudo para. Eu não pedi para ir ao programa... *ele* ME convidou! Comecei a pensar em seu sucesso incomparável em áreas nas quais tantos outros fracassaram. Ele tem mais diplomas que muitos profissionais consagrados da área e convidou a mim, não um dos milhares de outros especialistas que já encontrou. Era a hora de praticar o que eu ensinava ainda mais e rever minha verdade pessoal para reconhecer que tenho *muito* a oferecer e as pessoas que respeito reconhecem isso — e, na verdade, *eu também*. A crença em ser humilde pode ir *longe demais*, se motivá-lo a negar o que você tem a oportunidade e dom de fazer. De repente, notei que havia mais espaço para os joelhos na parte de trás do carro. Por quê? Estava sentado mais para cima. Quando meu diálogo interno mudou, minha linguagem corporal também o fez! Um impactou o outro e o momento foi construído.

"Está nervoso?", perguntou o motorista, tirando-me daquela profunda introspecção.

"Quer saber? Eu estava, e bastante. Mas agora estou só animado. Estou pensando: 'Hora de colocar o coach em campo! Estou pronto.'"

"Apenas seja você mesmo e, se tiver apenas metade do talento que ouvi que tem, vai ser um sucesso." Ele sorriu, e eu também. Meus pensamentos negativos haviam sumido.

"Esse foi um ótimo conselho. Obrigado." Ele assentiu e pensei na verdade dessa simples afirmação. Ela se aplica a todas as situações da vida, se pensarmos bem. Seja você mesmo. O *melhor* de si mesmo. Todos precisamos de lembretes de vez em quando, de nós mesmos e dos outros.

Contornamos a Avenida Melrose. Fechei o fichário e respirei fundo enquanto avançávamos. Entramos pelos portões mais históricos de toda a Hollywood. Mas não estava pensando em "Hollywood"; pensava que uma grande oportunidade estava diante de mim para que pudesse usar o poderoso "complexo de entretenimento" não para entreter, mas para educar, estimular e criar a mudanças. Realmente compreendi — talvez pela primeira vez — o significado de "aproveitar bem". Estacionamos bem em frente ao Estúdio 29, um gigantesco espaço que mais parece um armazém. Agradeci ao motorista e saí do carro.

Uma mulher me recebeu com um enorme sorriso no rosto. Perguntei se poderia ir ao banheiro antes de tudo. Meu ritual seria especialmente importante hoje. Ela me indicou o banheiro antigo, preenchido por uma longa fileira de cabines antiquadas, e me lembrei mais uma vez da primeira vez que fiz esse exercício. Queria que nem sempre precisasse ser um banheiro público. E se alguém entrasse?

Ah, que seja.

Entrei, abri minhas malas e me ajoelhei na frente da pia e o espelho. Fechei os olhos, respirei fundo e senti um silêncio interior tomar conta. Silenciosamente repassei minhas afirmações. Pensei: *Você está onde deveria estar* e *O Universo tem um plano; Relaxe* e *Seja você mesmo*. E então me levantei, olhei no espelho e disse em voz alta: "Não é sobre você." Quando saí de lá, estava me sentindo forte, centrado e decidido a ser o Melhor de Mim para o que quer que acontecesse durante o resto do dia.

Depois de passar pelo processo obrigatório de cabelo, maquiagem e figurino, fiquei no meu canto, observando os monitores. Eu entendi que, independentemente do que acontecesse naquele palco, meu verdadeiro e autêntico objetivo era o serviço. Meu ego não fazia parte da equação — era uma oportunidade de fazer o que amo, ajudar as pessoas a encontrarem suas próprias respostas dentro de si mesmas e descobrirem e se tornarem o Melhor de Si Mesmas.

A vida é uma jornada, não um destino. Sua jornada não está sob seu controle, a menos, é claro, que você tome as rédeas com firmeza — e, quando o fizer, isso só acarretará sofrimento. Você será arrastado por ela até finalmente largar de mão.

O Universo quer que você se alinhe com o Melhor de Si Mesmo. Você é exatamente quem deveria ser. Ha uma responsabilidade singular nisso.

As luzes brilhantes, a plateia lotada, as sete gigantes câmeras de televisão, o logotipo do *Dr. Phil* por todo o palco — tudo parecia desaparecer enquanto olhava nos olhos do convidado enquanto ele se sentava à minha frente. Instruí que ele fizesse alguns exercícios que o ajudaram a conectar os próprios pontos e, ao fim do segmento, parecia ter conseguido um grande avanço.

Fiquei honrado quando o Dr. Phil me convidou para voltar ao programa depois desse segmento, e mais vezes depois disso. Nunca esperei por isso e também não procurei por isso ou até mesmo sonhei propositadamente. Mas é o que acontece quando você permanece conectado ao Melhor de Si Mesmo — a vida o surpreende. Depois da minha terceira aparição no programa, o Dr. Phil me chamou em seu escritório. Ele perguntou: "E aí, o que achou?"

"Sobre o quê?", retruquei.

"Acha que conseguimos ajudá-los? Parece que temos boas soluções para eles."

"Concordo. Este episódio fornecerá algumas ferramentas de ensino verdadeiramente boas para muitas famílias."

"Foi um exercício perfeito que fez com eles. Funcionou muito bem." Foi incrível ouvir isso do Dr. Phil, não vou mentir.

"Sabe o que precisa fazer?", disse ele. "Escrever um livro."

"Um livro?"

"Sim, e já deveria ter escrito há um mês." O Dr. Phil não mede as palavras. Quando ele tem um plano, joga para o Universo.

"Sobre o que eu escreveria?"

"Bem, fale sobre o Melhor de Si Mesmo, autenticidade e faça seus exercícios. Eles funcionam. Isso ajuda as pessoas", disse ele.

"Tudo bem! Vou começar agora mesmo."

E foi assim que todo este projeto começou. Escrever um livro nunca foi algo que sequer considerei. Nem passava pela minha cabeça. Mas, agora que está pronto, estou muito grato. Com ele aprendi a expressar meu ponto de vista com clareza, saí da minha zona de conforto, fui desafiado de novas formas e fui forçado a evoluir. Aprendi a ser o melhor de mim, cada vez melhor.

Não sou melhor nem pior do que você — nós, todos nós, estamos em uma jornada. O que aprendi é que nosso legado é irrelevante. Nosso passado é irrelevante. O futuro é imprevisível. Este pode ser o seu momento. Cresça ou desista. Escolha crescer e a vida se abrirá para você de modos que sequer consegue imaginar ainda. Encontre o uso com melhor aproveitamento para sua vida, entrando em contato com a melhor versão de si mesmo que puder ser. Agora, e para sempre.